國家古籍工作規劃項目

本書出版得到國家古籍整理出版專項經費資助

國家社科基金重大項目「中國古代方言學文獻集成」(16ZDA202)

古代方言文獻叢刊 華學誠主編

戴震方言疏證

華學誠 點校

中華書局

圖書在版編目(CIP)數據

戴震方言疏證/華學誠點校. —北京:中華書局,2023.5
(古代方言文獻叢刊/華學誠主編)
ISBN 978-7-101-16121-2

Ⅰ.戴… Ⅱ.華… Ⅲ.漢語方言-文獻-匯編-中國-古代 Ⅳ.H17

中國國家版本館 CIP 數據核字(2023)第 037524 號

責任編輯:張　可
責任印製:陳麗娜

古代方言文獻叢刊
華學誠 主編
戴震方言疏證
華學誠 點校
*
中 華 書 局 出 版 發 行
(北京市豐臺區太平橋西里 38 號　100073)
http://www.zhbc.com.cn
E-mail:zhbc@zhbc.com.cn
天津善印科技有限公司印刷
*
880×1230 毫米 1/32 · 13⅛印張 · 2 插頁 · 260 千字
2023 年 5 月第 1 版　2023 年 5 月第 1 次印刷
印數:1-1500 册　定價:68.00 元

ISBN 978-7-101-16121-2

古代方言文獻叢刊總序

華學誠

一

方言痕跡可考於我國最早的出土文獻和傳世文獻，方言記載、方言論述也零星見於先秦時期的文獻，而以活的方言爲對象並結合古方言資料作出系統研究的則始於漢代揚雄，此後近兩千年，研究者代不乏人，積累的成果非常豐富。

對這漫長的方言歷史和方言研究歷史，近現代以來雖有一些專題討論，但既不全面，也不系統。形成這一局面的原因當然不是單一的，但古代方言學資料没有得到全面收集、系統建構、科學整理，致使相關研究缺少必要的學術基礎，則是最基本也是最關鍵的原因。中國古代方言學文獻的整理出版，並不是没有取得成績，只是從總體上來説，數量很少，品質參差不齊，整理出版選題也缺乏科學規劃，所以遠遠無法滿足方言學史、方言史、漢語史、現代漢語方言研究的需要和其他相關學科研究的需要。

揚雄方言校釋匯證二〇〇六年在中華書局出版之後，我就開始思考上述問題，並與顧青編審、秦淑華編審有過多次深入的交流。在中華書局的支持下，我的想法經由全國古籍整理出版規劃領導小組批准而列入了二〇一〇—二〇二〇國家古籍整理出版規劃，中華書局負責出版。二〇一二年擬出了古代方言文獻叢刊分輯及其基本選目，着手組織隊伍；二〇一三年春天在京召開了項目籌備研討會，重點討論了叢刊方案、組織方式、作者選聘、整理原則、宏觀體例等主要問題，項目正式啟動。二〇一六年由我負責申報的中國古代方言學文獻集成批准爲國家社科基金重大項目（編號：16ZDA202），研究隊伍進一步加强，入選書目進一步優化，整理方式進一步完善，爲彌補上述學術缺憾而實施的古籍整理工作得以全面展開。

本項目所整理的方言學文獻限於古代。我們所説的古代，原則上截止到清末，但一九四九年之前承紹古代學術傳統方法研究方言的重要著作如孫錦標的南通方言疏證，重要資料如方志所載方言等則予以收録。明代以來傳教士所撰方言教科書、聖經方言譯本、雙語辭書等資料，當然屬於古代方言學文獻，量很大，價值也很大，因爲這批材料與中國傳統學術無關，且文本中很多或純粹是外文，或漢文與外文間雜，須要用特殊而專門的方法進行整理，所以不納入本項目。

中國古代方言學文獻可以按照多種方式進行分類。比如可以按照周秦漢晉、南北朝唐宋、元明、清代四期來分，用分期來處理資料，時代斷限明確，有利於歷時研究對資料的利用；但是，中國古代方言研究文獻産生的實際情況和存世的情況不利於按照時代順序來處理，如果這樣處理，從古到今就會形成倒寶塔型，時代越早資料越少，時代越遲資料越多，這在項目的組織安排和實際操作上會出現困難。又如可以按照語音、詞彙、語法、文字（方言字）等内容來分，每類中再按照時代來劃分，這樣分類有利於學科内部的專題化研究；但是，中國古代方言學文獻的實際情況是，語法資料極少，詞彙最多，語音其次，且語音、詞彙、文字常常不可分離，所以不僅各類資料的數量極不平衡，而且不少資料的歸類也將面臨無解的難題。因此，按照文獻特點和存世形態來分類，就成爲最好的選擇，這也符合項目的「文獻」特點和「集成」要求。

按照文獻來源，首先把中國古代方言學文獻分成兩大類：一是中國傳統方言學文獻，二是傳教士方言學文獻。如前所説，後一類不列入本項目，所以本項目的第二步分類實質上就是對前一類的劃分。按照文獻存世形態，結合文獻内容、文獻存世數量，本項目把中國傳統方言學文獻分成五類，形成五個子課題，成果出版物則形成五輯；各子課題内部再按照時代先後爲序編排，以體現史學要求。除明代以來傳教士所撰方言類著作之外，本項目囊括了漢代以來中國古代方言學的各類主要文獻，形成以文獻特徵和時代爲經緯構成的資料集成。

本項目的完成，在學術研究上至少有如下幾點重要價值值得期待：有利於系統建構中國古代方言研究史，有利於解決漢語史、方言史研究中的相關問題，有利於深入進行方言本體各分支學科的研究，有利於拓展其他相關歷史學科的專門研究，有利於後續信息化處理歷代方言研究資料。

二

方言校注本整理，由華學誠教授、魏兆惠教授負責。自晉代郭璞以後，直到明代之前，方言的相關研究甚少。明清時期出現多個校注本，有價值者共七種，即：明陳與郊方言類聚四卷，清戴震方言疏證十三卷，清盧文弨、丁傑重校方言十三卷附校正補遺一卷，清劉台拱方言補校一卷，清錢繹、錢侗方言箋疏十三卷，清王維言方言釋義十三卷，清王秉恩宋本方言校勘記。王念孫在方言研究上下過很大功夫，有很多發明，他的一些説法散見於王氏父子存世的各類著作之中，值得輯録以彰顯他的遺説。國内出版過錢氏方言箋疏點校本和戴氏方言疏證的整理本，但戴氏疏證本的整理存在不少問題，須要重校。

其他五種均無現代整理本，爲學術研究服務的集成整理從未有過。本項目對錢氏方言箋疏之外的六種明清方言校注本進行全面整理，加上王念孫遺説的輯録，構成一輯。

廣續方言整理、散存資料輯佚，由華學誠教授、王耀東副教授負責。「廣續方言」指增廣或續補揚雄方言的專書，包括杭世駿續方言，程際盛續方言補，徐乃昌續方言又補，程先甲廣續方言、廣續方言拾遺，張慎儀續方言新校補、方言别録等。「散存資料」指保存在注疏、音義、筆記、辭書等著作形態中而有明確地域指向的方言材料，不包括通行區域不明的俗語、少數民族語和社會方言，亦不包括客觀上反映方言的文學作品、音切、對音材料、外國借字和俗文學中的别字異文等。古代散存方言資料分爲方言記載和方言論述兩類，二者的區别在於有無作者的主觀認識和評價。散存資料整理難度最大，迄無全面輯佚的集成之作。清人廣續方言類著作其實就是搜集的散存方言資料，但很不完整，且訛舛不少，須要進行科學整理；新輯佚的資料與廣續方言中的資料本質上是相同的，所以合併在一起構成一個專題，構成一輯。

非音韻類方言專書整理，由周遠富教授、劉祖國副教授負責。非音韻類方言專書包括貫通方言類、分地方言類。貫通方言類如匯雅前編、方言據、諺原、鄉言解頤、方言轉注録、鄉音俗字通考、今方言溯源、新方言、續新方言等。分地方言類如安丘土語志（山東），秦音、西安村語考字録（陝西），黔雅（貴州），蜀語、蜀方言（四川），吴下方言考、南通方言疏證（江蘇），古歙鄉音集證（安徽），越語肯綮録、越言釋、越諺、湖雅（浙江），操風瑣録（福建），嶺外三州語、客方言（客家話）等。分地方言類只收録獨立的單本著作，不包括地方志中的「方言志」。非韻書類方言專書很難確定邊界，漏收在所難免；已經選入進行整理的專書，也可能會有異議，因爲有些書中的内容未必盡是方言。這類文獻，構成一輯。

歷代方言韻書整理，由徐朝東教授、高永安教授、謝榮娥教授負責。古代方言韻書的整理與研究，近些年來已經受到學界關注，如馬重奇教授帶領的團隊對閩方言韻書的整理與研究就已經取得了豐碩的成果。本項目所説的方言韻書包括官話方言韻書，整理的韻書有以下各類：官話方言包括皇極經世書聲音唱和圖、中原音韻、文韻考衷、交泰韻、元韻譜、韻略匯通、重訂司馬温公等韻圖經、合併字學集韻、音韻集成、書文音義便考私編、韻略易通、五聲譜、五方元音、拙庵韻悟、韻籟、黄鐘通韻、七音譜、徐州十三韻、射聲小譜、字音會集、韻學驪珠、古今韻表新編、中州音韻等；吴語包括荆音韻彙、聲韻會通、韻要粗釋、併音連聲字學集要、字學指南、元聲韻學大成、音韻正訛等；贛語包括類聚音韻；閩語包括戚參軍八音字義便覽、珠玉同聲、拍掌知音、彙音妙悟、建州八音、彙集雅俗通十五音、渡江書十五音、潮聲十五音等；徽語包括山門新語、新安鄉音字義考正等。這類文獻，構成一輯。

歷代方志中的方言資料整理，由曹小雲教授負責。舊方志中的「方言」，包括漢語方言和中國境内民族語言兩大類，漢語方言是主體。漢語方言有官話、晉語、吴語、粤語、湘語、閩語、贛語、客家話、平話和土話等，民族語言有壯語、苗語、瑶語、彝語、蒙古語等。搜集整理的基本原則是：凡方志中標以「方言、言語、語音、俗語、土語、方音」等卷目、節目的，或雖未標明，但在方志中自成一節專門記録方言的，悉數收録。據此，共輯出方言文獻九百六十六種，地域上覆蓋今三十二個省、直轄市和自治區。從方志編纂時代上看，南宋一種、明代二十八種、清代四百八十三種、民國時期四百五十四種。所輯出的文獻均重新編排，文獻内容逐一録入，逐字校勘，逐篇解題，形成精校新排文本。這類文獻，構成一輯。

三

本項目規模如此之大，參與工作的有數十人之多，要把工作做好，要想實現預期目標，困難可想而知。爲了有效開展工作、儘量減少失誤，提前研判各種問題，提出針對性措施，就是必須的。因此，立項之初我們就擬定了詳細的工作規程，明確了各個工作環節的原則、方法和要求。

文獻整理的基礎工作，首先是要選定好底本。規程要求，目録確定之後，每一種書的存世版本都必須全面排查，同時釐清版本系統，在此基礎上，比勘各本，選擇底本。比如戴震方言疏證存世古籍版本共有二十二種，以微波榭叢書本爲代表的各本可稱之爲「遺書系本」，以武英殿聚珍版爲代表的各本可稱之爲「四庫系本」。樊廷緒在嘉慶六年有一個刊本，是武英殿聚珍版書的翻刻本，所以還是屬於四庫系本。比勘之後，發現武英殿聚珍版所依據的是戴震最後的定本，刊行時間不遲於微波榭叢書所收戴氏遺書本，刊校質量也最精，所以確定該本爲底本。

有些古籍須要影印而不能録排，這類古籍採用圈點方式句讀。規程要求，整理結果採用録排方式形成文本的，一律斷句標點。録排採用通用繁體字形（遇有古今字、通假字、異體字、正俗字，採用底本式整理的保留底本原字形），直排，標點符號使用直排式。頓號、引號、書名號、專名號等標點符號的使用容易出現各種各樣的問題，工作規程特别做了具體詳明的規定。

由於本項目涉及的文獻資料異常複雜，校勘採用定本式還是底本式，没有要求統一。但規程明確提出了總原則，即：校各本異同，校底本是非，校引文正誤，不校立説是非。針對校勘中須要注意的問題，規程特别提出了四點要求。第一，要區分校勘與考證的界限。比如文獻中純係事實、材料等方面的出入，是箋證、考釋應當解決的問題，不屬於校勘範圍。第二，凡底本不誤而他本誤者，一般不出校記。遇有特殊情況，比如別本異文仍有參考價值，則視情況而定。第三，一般虛字出入且不影響文意者，在校記中直接表明改正意見；但如涉及文意，則須要説明校改依據。第四，古今字、通假字、異體字、正俗字，採用底本式的保持文字原貌，在校記中分別用「後作某、通某、同某、正字作某」指明，以供研究者參考。

本項目的第二個子課題，基礎工作就是輯佚。由清人完成的廣續方言作品，須要依據輯佚材料來源進行校訂，按照專著進行整理；而更爲重要的工作則是，從現存古籍中全面輯佚散存的歷代方言研究資料，合理編纂。規程確定了散佚資料的編纂通例，包括如何保障輯佚資料的完整性，輯佚資料的著録方式，輯佚資料的年代確定等等。還特別提出了輯佚工作須要注意的問題，包括謹慎選擇輯佚所依據的版本，深入瞭解輯佚所據著作的原書體例，正確處理所據資料存在的關鍵異文，注意甄別補綴、去重辨僞，注意輯佚的目的在於重建方言學術史資料，等等。

其他如，古籍整理提要式前言的撰寫，具體課題承擔人工作的步驟，各子課題成果的提交，索引的編製，項目負責人與子課題負責人的職責，定稿流程，等等，在工作規程裏都有明確要求。

四

由於文獻數量巨大，文獻樣態複雜，項目承擔人水平有限，整體協調難度較大，主編難以逐字逐句審讀，整理出的這個集成文本一定會存在很多問題，如應收而漏收的，底本選擇不理想的，標點斷句有問題的，校勘結果值得商榷的，輯佚質量有瑕疵的，前言論定不準確的，等等，希望得到學界嚴肅的批評指正。

當然，在有限人力、有限時間内，企圖把中國古代方言學文獻全部「集成」，肯定是不可能的。項目是封閉性的，但工作則是開放性的，這個項目的完成並不是這項工作的終結。希望有更多的專家參與進來，不僅能够提出嚴肅的批評指正意見，而且能够「在綫」補充新文獻、新資料，以便使這個文獻集成不斷充實，不斷完善。這不僅是本項目全體承擔人的想法，也是中華書局的意圖。

是爲序。

新冠肆虐、囚禁家中

二〇二〇年二月二十三日初稿

二〇二〇年四月二十七日改定

目録

前　言

戴震（一七二三—一七七七），字慎修，一字東原，安徽休寧人。戴氏生活於清雍正、乾隆年間，出身貧寒，少年從塾師習群經、小學。年二十拜婺源學者江永爲師，學業日進。四十歲得中舉人，後屢試禮部不第。五十一歲被召以舉人資格充四庫全書館纂修官，兩年後被賜同進士出身，授翰林院庶吉士。又二年，卒於官。

戴震博聞强記，於經學、天文、數學、歷史、地理，甚至工程水利諸學問，均有深刻的研究。他精通古音，創九類二十五部之説和陰陽入對轉的理論，立韻類正轉旁轉之例。又善名物訓詁，訓詁學上的一些重要方法論問題多由戴氏提出，並極大地影響了一代學人，推動了乾嘉時期的學術研究。他是清代卓越的思想家、學者和乾隆中期學術界的領袖人物。他的主要著作有原善、原象、孟子字義疏證、聲韻考、聲類表、方言疏證等，另有毛鄭詩考正、考工記圖、勾股割圜記、策算、儀禮正誤、爾雅文字考、屈原賦注、九章補圖、古曆考、曆問、水地記、戴氏水經注、直隸河渠書、文集等著作。

一、戴氏的方言研究

戴氏的方言研究，有三項主要内容：第一是關於方言作者的考辨，這部分内容集中在方言疏證序和方言所附劉歆與揚雄兩封往來書信的疏證中；第二是關於郭注方言傳本譌舛的校訂，第三是關於方言詞語的疏通證明，這兩部分内容都見於方言疏證本文。

（一）關於方言作者的考辨

洪邁在他的容齋三筆卷十五中提出否定揚雄方言著作權的觀點〔一〕。戴震針對洪氏立論的主要理由一一加以辨駁，認爲方言的作者是揚雄。

洪氏置疑的第一個理由是，漢書揚雄本傳盡述其「平生所爲文」，並無所謂方言；藝文志備列揚雄的作品，「亦不載方言」。戴氏認爲，揚雄的作品「溢於雄傳及藝文志外者甚多」，如諫不受單于朝書、趙充國頌、元后誄等，不能據此「輕置訾議」；又，漢書藝文志是據劉歆的七略成篇的，劉歆編七略時，方言尚未成，「歆求之而不與，故不得入録」〔二〕。

〔一〕洪邁容齋隨筆第五九三頁。
〔二〕見方言疏證序。

洪氏的第二個理由是，揚雄答劉歆書「稱『蜀人嚴君平』，按君平本姓莊，漢顯帝諱『莊』，始改曰『嚴』。法言所稱『蜀莊沈冥』『蜀莊之才之珍』『吾珍莊也』，皆是本字，何獨至此書而曰『嚴』」？戴氏認爲洪氏「不知本書不諱而後人改之者多矣。此書下文『蜀人有楊莊者』不改『莊』字」就是明證[一]。

洪氏的第三個理由是，宋本劉歆與揚雄書前「既云成帝時子駿與雄書，而其中乃云孝成皇帝，反復抵牾」。戴震認爲，與劉歆書信題目混在一起的五十二字，「不知何人所記，宋本已有之」。劉歆遺揚雄書求觀方言，「則當王莽天鳳三四年閒，未幾而雄卒」，因此「『漢成帝時』四字最爲謬妄」，「洪邁不察」，「是輕執後人增入者之妄以疑古，疏謬甚矣」[二]。

洪邁還有一個質疑，即「子駿祇從之求書，而答云：『必欲脅之以威，陵之以武，則縊死以從命也！』何至是哉？」戴震在答劉歆書疏證中也做了回答：「雄以其書未成未定爲辭，時歆爲莽國師，故雄爲是言，絶其終來强以勢求，意可見矣」。並指出，洪氏「於知人論世，漫置不辨，而妄議不輕出其著述爲非，亦不達於理矣。」至於洪氏所説「書稱

[一] 見答劉歆書疏證。
[二] 見與揚雄書疏證、方言疏證序。

『汝潁之閒』，先漢人無此語也」，戴氏反詰道：「書內舉水名以表其地者多矣，何以先漢人不得稱汝潁之閒邪？」

戴氏在方言疏證序中還就字數和卷數的質疑做出了很好的解釋：應劭「風俗通義序又取答書中語，具詳本末，而云方言『凡九千字』，今計正文，實萬一千九百餘字，豈劭所見，與郭璞所注傳本微有異同歟？歆遺雄書曰『屬聞子雲獨採集先代絶言、異國殊語，以爲十五卷』，雄答書稱『殊言十五卷』，郭璞序亦云『三五之篇』，而隋（書）經籍志『方言十三卷』，舊唐書作『别國方言十三卷』，其併十五爲十三在璞注後隋已前矣。」

戴氏的觀點都很通達，對洪氏偏執的駁正是有力量的。筆者也認爲揚雄是方言的作者，戴氏的觀點是對的。

（二）關於方言傳本的校訂

郭璞注本方言經過一千五百多年的傳鈔翻刻，訛舛相承，幾不可通。戴震方言疏證改正訛字二百八十一，補脱字二十七，删衍字十七，還校改了一些誤連誤分和竄亂的情況，「自得此校本，然後方言可讀」[一]。例如：

[一] 梁啟超中國近三百年學術史第二〇五頁。

卷六：「揞、揜、錯、摩，藏也。」疏證：「『藏』，各本譌作『滅』，今訂正。廣雅：『揞、揜、錯、摩，藏也。』義本此。説文：『揜，覆也。』玉篇：『揞，藏也。』廣韻：『揞，手覆。』『錯，摩也。』『摩，隱也。』皆于『藏』之義合。」戴説是也。周祖謨方言校箋云：「慧琳音義卷八十二『靡措』條引本書『措藏也』，措與錯同。」

卷一：「[愛]東齊海岱之閒曰亟。欺革反。」疏證：「注内『欺革反』，各本譌作『詐欺也』，于正文不相涉。廣雅：『㥛、憮、俺，愛也。』義本此。曹憲于『㥛』下列欺革、九力二反。今據以訂正。」盧、錢、周諸家皆從戴校改。

卷十三：「凡葬而無墳謂之墓。言不封也，墓猶慕也。」疏證：「諸刻脱『墓猶慕也』四字，今從永樂大典本補。」盧氏亦云脱四字，宋李孟傳刻本有「墓猶墓也」四字，惟「慕」誤作「墓」。太平御覽卷五五七引本文亦有此四字，故周氏云「當據正」。

卷十三：「炖、焃，赫也。」疏證：「説文云：『赫，火赤貌。』……各本『赫』譌作『焃』，下衍『貌』字，今訂正。」據郭注，「炖、焃」皆爲「火盛熾之貌」，而「赫」本身就是形容詞，不當有「貌」字，戴校删「貌」字是對的。

卷八：「[鳩]梁宋之閒謂之鵻。」又：「鳸尸。鳩，燕之東北朝鮮洌水之閒謂之鶝䳭。」疏證：「方言各本『鳰』亦訛作『鳲』，又誤連下條『鳸』字，今訂正。」又：「『鳸』字，各本誤連上條，遂以『尸』爲正文。爾雅：『鳲鳩，鴶鵴。』釋文云：『鳲，音尸，字又作鳸。』今據以訂正。」戴氏改「鳰」作「鳲」，以「鳸鳩」連文，而以「尸」爲「鳸」的注音，都是正確的。

方言疏證取得較大的成就，首先得力於戴震淵博精深的學識，同時也得力於他在本書中所運用的校勘方法。周祖謨這樣評論道：「戴震根據永樂大典的方言開始和明本校勘，進一步更搜集古書引到方言和郭注的文字來和永樂大典本相互參訂，逐條疏證，於是成爲一個善本。因爲永樂大典是根據宋本來的，明本的錯誤可以根據永樂大典本來改正，永樂大典本的錯誤可以用宋以前古書所引來訂正。這個辦法是很好的。」〔一〕周氏的話深中肯綮，是不刊之論。

方言疏證在校勘方面也存在不少問題。王念孫、盧文弨、劉台拱等學者先後補校，周祖謨方言校箋則爲集大成之作。以周氏校箋衡之，戴氏疏證存在的校勘問題主要有以下兩種情形。

〔一〕周祖謨方言校箋自序第XV頁。以下引周説，均見此書。

甲、誤校。戴氏疏證改正删補了三百多條，其中有近四分之一的條目是要糾正或另尋答案的。有不當改而誤改的，有當改而誤改的，有不當删補而删補的。例如：

卷一：「**娥、㜲**，音盈。**好也。……宋衛之閒謂之㜲。**言㜲㜲也。」疏證：「廣雅：『㜲、媌、姣、姝、妍，好也。』義本此。『㜲』，各本訛作『㜲』，惟廣雅不誤。説文：『嬴，從女，嬴省聲。』『嬴』與『㜲』，有省不省之異，實一字。」盧文弨認爲「嬴」音與「盈」殊不近，至於廣雅作「㜲」，從女而嬴不省，他書卻未見，所以仍從衆家本作「㜲」；劉台拱維護戴説，認爲「㜲」不成字，從嬴爲是。王念孫認爲廣雅作「㜲」是訛字，根據是影宋本作「㜲」。可見，戴校所據實爲訛本廣雅。周祖謨認爲：「『㜲』當即『嬴』之增益字，猶曰莫之莫作『暮』，『暮』即『莫』之增益字，盧本不改是也。」

卷一：「**宋衛之閒凡怒而噎噫謂之脅鬩。**」「噎噫」下郭注，各本作「噎謂憂也」，誤。戴本徑改作「噎噫，謂憂也」。劉台拱不同意戴氏的意見，認爲當作「謂噎憂也」，並進行了確然不拔的論證：「詩『中心如噎』傳曰：『噎憂不能息也。』正義以爲『憂深不能喘息如噎之然』。此説非也！憂在心，與喘息何與，天下豈有憂而不得喘者乎？『噎憂』雙聲字。玉篇引詩『中心如噎』，『謂噎憂不能息也』，增一『謂』字，最得毛氏之意。『噎憂』即『歐嚘』，氣逆也。説文『歐』字注：『嚘也。』玉篇『嚘』字注：『老子曰：「終日號而不嚘。」嚘，氣逆也。亦作歎。』廣韻：『歐嚘，歎也。』『歎，氣逆也。』『噎噫、噎憂』一聲之轉。戴本作『噎噫謂憂也』，不知其義而妄增之，非是。」王念孫引劉説後云：「端臨此説寔貫通毛傳、方言之旨。」

卷三：「〔草〕**南楚江湘之閒謂之莽**。嫫母反。」疏證：「注内『嫫母反』，脱『反』字……後卷十内『莽』『嫫母反』可證此條訛脱，今訂正。」盧氏校云：「讀如『嫫母之母』，下本無『反』字，增之非也。」劉台拱校云：「案此當讀『嫫母之嫫』耳，戴增『反』字非，盧音『母』亦非。」劉校是對的，王念孫手校方言疏證校同劉氏，云：「〔淮南子〕脩務訓改『嫫』讀模範之模，説文『模』讀若嫫母之嫫。」

乙、漏校。儘管戴氏校本已經取得了很大的成就，但是由於歷史的局限，方言疏證還留下相當多的當校而未能校正的問題。如卷一的「咢猶怒也」，慧琳音義引此四字在郭注中；卷二「就室曰搜」，原本玉篇引「室」下有「求」字，等等。原本玉篇殘卷、玉燭寶典、慧琳一切經音義、倭名類聚鈔、王仁煦切韻、唐韻殘卷等，都是包括戴氏在内的所有清人没有見到的，因此，對漏校的問題應當歷史地看待。

也有相當一部分訛舛是由於戴氏的疏忽而漏校的，有當改未改的，有當補未補的，也有當删未删的。例如：

卷三：「**蘇、芥，草也。**蘇猶蘆，語轉也。」注内「蘆」是「蔖」字之訛，戴氏未能校改。王念孫手校本方言疏證改作「蔖」，廣雅疏證引此條郭注亦作「蔖」，並云，字或作「苴」，「草謂之蔖，因而枯草亦謂之蔖」，引廣韻、玄應一切經音義、楚辭九章王逸注、詩大雅召旻毛傳爲證。周祖謨認爲王校是對的：「蔖乃枯草之名，與蘇音義相似，故郭云『語轉』。蘆者，葦也，與蘇、芥不類，不得謂之語轉。」

卷九：「**所以藏箭弩謂之箙。弓謂之鞬，或謂之牘丸。**」「弓」下脱「藏」字，當補。左傳昭公二十五年正義引本條云「弓藏謂之鞬」，後漢書南匈奴傳注及董卓傳注引方言作「藏弓爲鞬」；藝文類聚卷六十及太平御覽卷三四七引本文「弓」下並有「藏」字，周祖謨據此斷定，「今本蓋脱藏字」。左傳正義所引和後漢書注所引方言，方言疏證都已經引用，可惜戴氏未能細察。

卷二：「**臺、敵，匹也。**一作疋也。」疏證：「注内疋，各本訛作迮。今訂正。」「疋」爲

「匹」之俗字，唐人俗又作「辺」，遂訛作「迮」。但是「一作疋也」與郭注通例不符，當是校書者所記，後竄入注文。周祖謨據此批評戴氏「以爲郭注原文，非是」。不過，周祖謨所批來自遺書系本，武英殿聚珍版方言正文作「臺、敵，延也」，郭注文作「一作迮也」。疏證云：「『延』蓋『匹』之訛；注内『迮也』蓋『疋也』之訛；『疋』即俗匹字。」

（三）關於方言詞語的疏解

戴震的方言疏證不僅是清人的第一個校本，也是清人的第一個注本。戴氏在校正訛誤的基礎上，對方言「逐條詳證之」，使「漢人故訓之學猶存於是，俾治經讀史博涉古文詞者得以考焉」〔二〕。盧文弨認爲戴氏的疏證在訓詁方面主要做了兩項工作：「義難通而有可通者通之，有可證明者臚而列之。」〔三〕這個概括是比較允當的。

臚列故訓材料證明方言的訓釋，貌似簡單，其實並不容易，在還没有諸如經籍簒詁之類的工具書可供利用的情況下，要做好這項工作尤其不易，淵博的文獻功底和精審的抉擇水準是做好這項工作的前提和保證。例如：

〔二〕方言疏證序。
〔三〕盧文弨重校方言序，乾隆甲辰杭州刻抱經堂本。

卷一：「**躋，登也**……**東齊海岱之間謂之躋**。」疏證：「郭璞江賦：『躋江津而起漲。』謝靈運石門新營所住四面高山迴溪石瀨脩竹茂林詩：『躋險築幽居。』陸機辨亡論：『遂躋天號，鼎跱而立。』李善注皆引方言：『躋，登也。』」

卷六：「**汩，疾行也**。汩汩，急貌也。**南楚之外曰汩**。」疏證：「廣雅：『汩，疾也。』史記屈原列傳：『汩徂南土。』索隱引方言曰：『汩謂疾行也。』司馬相如上林賦：『汩乎混流。』蘇林曰：『揚雄方言：「汩、遥，疾也。」』『遥』字誤。揚雄甘泉賦：『涌醴汩以生川。』李善注引方言：『汩，疾也。』枚乘七發：『汩乘流而下降兮。』注引方言：『汩，疾貌也。』即此條注文。離騷：『汩余若將不及兮。』王逸注云：『汩，去貌，疾若水流也。』洪興祖補注引方言云：『疾行也。南楚之外曰汩。』」

疏通難以理解的詞語，則更須有淹貫精深的學識。方言疏證中最能體現著者水準，也最能代表著者對方言一書詞義研究方面貢獻的正是這部分内容。概括説來，主要有下述四點：

甲、依據聲近義通的原則，疏通難通之義。例如卷三：「**氓**，音萌。**民也**。民之總名。」疏證：「『氓』亦作『甿』。詩衛風：『氓之蚩蚩。』毛傳：『氓，民也。』周禮遂人：『以下劑致甿。』鄭注云：『變民言甿，異外内也。甿猶懵。懵，無知貌也。』亦借用『萌』。漢書霍去病傳：『及厥衆萌。』顔師古注云：『萌，字與甿同。』」「氓、甿」一詞，借作「萌」，其語源義爲無知貌之「懵」。

乙、從語言的觀點出發，揭示古今方俗轉語。例如卷十：「**煤，火也。楚轉語也，猶齊言焜，火也。**」疏證：「詩周南：『王室如燬。』毛傳：『燬，火也。』釋文云：『燬，音毁。齊人謂火曰燬。字書作焜，一音火尾反。或云「楚人名火曰煤，齊人曰燬，吴人曰焜」，此方俗訛語也。』爾雅釋言：『燬，火也。』郭璞注云：『燬，齊人語。』」釋文所説的「方俗訛語」，就是指語音因爲方俗的不同而產生的變轉，也就是説，「煤、焜、燬、火」實質上是一個詞。戴氏深諳此理，引而以證方言，是正確的。

丙、分析通用字、假借字、異體字，以明詞義。例如卷一：「**假、佫，**古格字。**至也。**」疏證：「『佫、格』，古通用……『格』字亦作『佫』。廣雅：『假，至也。』曹憲音『格』。『假、格』，古亦通。」

丁、揭示詞義之間的種種關係，以闡明方言的訓解。例如卷十三：「**易，始也。**易代，更始也。」疏證：「『易』取更新義。書堯典：『平在朔易。』王肅引詩『曰爲改歲』解之，是也，不必如注所説。」僞孔傳云：「易，謂歲改易於北方，平均在察其政，以順天常。」王肅批評的就是這段注文。「易」謂更新、更改，更新、更改則涵「始」義。此例通過補足被釋詞和解釋詞之間的意義關聯，闡明了方言所釋意義和被釋詞之間的引申關係。

應當指出，戴震雖然進行了逐條疏證，但並没有逐詞疏證，所以方言中還有相當一部分詞語並没有給予解釋，這是一；第二，也有一小部分詞語，疏證明確注出「未詳」字樣，這本身固然可以作爲戴氏於所不知而付之闕如的求實精神的證據，但是其中有一些是本可以通過深入研究加以解決的，以上兩點，開卷可見，爲省篇幅，兹不例説。

方言疏證在疏證上也存在一些疏誤。例如卷一：「**眉、梨、老也。東齊曰眉**，言秀眉也。**燕代之北鄙曰梨。**言面色似凍梨。」疏證：「詩豳風：『以介眉壽。』毛傳：『眉壽，豪眉也。』小雅：『遐不眉壽。』毛傳：『眉壽，秀眉也。』『梨』亦通用『黎』。吴語：『播棄黎老。』韋昭注：『鮐背之耇稱黎老。』」王引之云：「眉訓爲老，老訓爲壽，則眉與壽同意。故古之頌禱者皆曰『眉壽』……眉壽，猶言耆壽。」並批評詩之傳箋以「眉壽」爲「秀眉」説云：「眉必秀而後爲壽徵，若但言眉，則少壯者皆有之，無以見其爲壽矣。」[一] 又云：「黎老者，耆老也。古字黎與耆通，尚書『西伯戡黎』，大傳黎作耆（見釋文），是其例也。

[一] 王引之經義述聞卷二二春秋名字解詁上第五三四頁。

作棃者，字之假借耳，而方言郭注乃云『言面色如凍棃』……棃凍而後有斑點，與老人面色相似，若但言棃，則凍與不凍皆未可知，無以見其爲老人之面色矣。凍棃之稱，自取皮有斑點；棃老之稱，自以耇耋爲義。二者絶不相涉，不得據彼以説此也。」〔一〕戴氏未能破讀，沿用前人望文生訓的説法，通人之弊耳。

二、關於方言疏證的現代整理

（一）關於方言疏證的版本情況

方言疏證問世之後，陸續出現了很多翻刻本、影印本、排印本，但長期以來並没有出現符合現代學術研究要求的整理本。二十世紀九十年代，有兩種點校本問世：一是張岱年主編的戴震全書本，收在第三册，黄山書社一九九五年出版（以下簡稱「黄山本」）；一是戴震研究會、徽州師範專科學校古籍整理研究室、戴震紀念館編纂的戴震全集本，收在第五册，由清華大學出版社一九九七年出版（以下簡稱「清華本」）。這兩種

〔一〕王引之經義述聞卷三二通説上第七三九頁。

點校本當然都有其可貴努力甚至貢獻在，但皆不理想，清華本的品質尤其令人遺憾〔一〕，因此，科學整理出一種高品質的方言疏證本仍然是需要繼續完成的任務。

考陽海清等編文字音韻訓詁知見書目，明確著録爲戴震疏證的有十種。其中五種是同一本子，即清乾隆孔繼涵微波榭叢書本，盧文弨的校跋、王念孫的批校都是在這個本子上進行的，安徽叢書戴東原先生全集本則是據微波榭叢書本進行影印的，臺北的本子又是據戴東原先生全集本影印的。另外五個本子，有兩個是二十世紀三十年代的排印本，這兩個本子即使不是祖於微波榭叢書，也肯定晚於此本；另外三種清刻本都是直接或間接祖於微波榭叢書本，如光緒年間汗青簃重刻方言疏證所用的底本就是微波榭叢書。戴震於乾隆四十二年（一七七七）去世，孔繼涵從乾隆四十二年至乾隆四十四年（一七七七—一七七九）輯刊微波榭叢書，戴氏遺書即在其中。可見，此本不早於乾隆四十二年，不晚於乾隆四十四年。

考文字音韻訓詁知見書目，還著録了不少其他方言疏證本子，只是既没有戴震之

〔一〕單是書名、人名、地名等專名以及所引文獻的起止被點破、點錯、標錯的情形，就觸目皆是，這表明整理者既不具備必要的文獻學、語言學基礎，又没有肯下功夫去作必要的文獻查核。

名，也無「方言疏證」或「疏證」字樣，共有十二種，可以區分爲兩類：六種是武英殿聚珍版，包括影印本和翻刻本，其中乾隆四十二年福建刻武英殿聚珍版是最早的。六種是四個四庫全書寫本和兩個影印本，四庫全書各寫本實際繕寫完成時間並不一樣，如文淵閣本書前提要尾署時間爲「乾隆四十二年五月」，而文津閣本則署爲「乾隆四十九年十一月」，前後相差幾達七年半。

除了二十世紀三十年代的排印本之外，上述著録的其他本子實際上有兩個系統，以微波榭叢書本爲代表的各本可稱之爲「遺書系本」，以武英殿聚珍版爲代表的各本可稱之爲「四庫系本」。樊廷緒在嘉慶六年有一個刊本，是武英殿聚珍版的翻刻本，當屬於四庫系本，文字音韻訓詁知見書目未見著録。民國二十六年（一九三七），商務印書館除了把聚珍版影印收進叢書集成外，還把遺書本影印收進了萬有文庫，這兩個影印本都非常通行〔二〕。

〔二〕叢書集成初編關於戴震疏證版本的説明是有問題的：「本館叢書集成初編所選聚珍版叢書收有此書，故據以影印。按，此書即戴氏遺書本方言疏證，遺書本刻字雖工，而校勘不如聚珍版之精審。」聚珍版屬於四庫系本，戴氏遺書本屬於遺書系本，稱聚珍版「即戴氏遺書本方言疏證」，混淆了兩個版本系統，是錯誤的。

(二) 關於底本的比較與選擇

黄山本説自己用的底本是戴氏遺書本，實際上是遺書系本中的安徽叢書本；清華本的整理即以安徽叢書戴東原先生全集本爲底本。儘管安徽叢書本是據微波榭本影印的，但並没有微波榭本好。請看下列例子：

卷四：「**自關而西秦晉之閒無緣之衣謂之裗襬。**」

卷三：「**凡飲藥傅藥而毒，南楚之外謂之瘌，北燕朝鮮之閒謂之癆。**癆、瘌皆辛螫也。音聊。」

卷九：「**南楚江湘凡船大者謂之舸；小舸謂之艖，艖謂之艒艏。**目、宿二音。」

卷六：「**厲、印，爲也。甌越曰印，吴曰厲。**」疏證：「『印』，各本訛作『卬』，今訂正。廣雅：『厲、印，爲也。』義本此……爾雅：『厲，作也。』郭注引穀梁傳：『始厲樂矣。』疏全引方言此條，『印』亦訛作『卬』，餘並同。」

卷十三：「**簇，南楚謂之筲，趙魏之郊謂之⿱竹厺簇。**」疏證：「説文云：『凵盧，飯器，以柳爲之。凵或從竹，厺聲。』士昏禮：『婦執笲棗栗。』鄭注云：『笲，竹器而衣者，其形蓋如今之筥、⿸厂去蘆矣。』……『⿸厂去蘆』即『凵盧』，又即『⿱竹厺簇』。」

第一個例子是關於方言正文的文字，第二、三個例子是關於郭注的文字，第四、五個例子是關於戴震疏證的文字。卷四正文的「裗裾」，安徽叢書本「裗」誤作「統」。卷三郭注「瘌」，安徽叢書本誤作「痢」，方言正文未誤。卷九正文「艒」郭注音「目」，安徽叢書本誤作「自」。卷六戴氏疏證文字中前後兩處「譌作『卬』」之「卬」，安徽叢書本均誤作「印」。卷十三戴氏疏證文字中「『䕆蘆』即『凵盧』」之「凵」，安徽叢書本誤作「口」。依據微波榭本影印的安徽叢書本怎麼會出現這樣一些新錯誤的呢？「裗」與「統」、「瘌」與「痢」、「目」與「自」、「卬」與「印」、「凵」與「口」等字形都極其相近，最大的可能就是，影印不清晰（那時的影印設備、技術與水準與今天無法相比），又没有仔細校核，就逞臆描摹了。黄山本、清華本雖然没有全部沿襲安徽叢書本的上述錯誤，但還是留下了可供判斷的證據，比如「裗」誤作「統」在黄山本和清華本中都保留了下來，「凵」誤作「口」在清華本中依然存在，這表明它們所使用的是安徽叢書本，而這些錯誤在微波榭本中都不存在，四庫系各本也没有〔二〕。由以上舉證可知，即使在遺書系各本中選擇底本，也不應該選擇晚出的安徽叢書本，前文説黄山本和清華本都不理想，這是最基本的原因。

〔二〕卷十三的「凵」，文津閣本誤作「曰」，與安徽叢書本不同。

時間上最早品質上最好的本子是底本的最佳選擇，但這個願望要在版本複雜的情形下實現並不那麼容易。如前所述，方言疏證有兩個系統的本子，遺書系的本子以微波榭叢書本爲最早，四庫系本子以乾隆四十二年的本子爲最早。戴震對方言的校證工作開始於乾隆二十年，進入四庫館之後根據永樂大典本和明本校勘，搜集古書所引和永樂大典本互校，撰成了方言疏證。稿成之後謄寫了一本留在家中收藏，準確時間雖然不可知，但一定早於最後寫定本，孔繼涵刻入微波榭叢書的戴氏遺書包含方言疏證，就是這個家藏本。在四庫館最後送呈「御覽」抄寫、刊行之前，稿本陸續又有一些增删改訂，這些增删改訂都是戴氏生前完成的，因爲在他去世的同年文淵閣本抄寫完成，福建聚珍版正式出版。也就是説，微波榭叢書本假定是在戴震去世之後第一時間刻印了方言疏證，那麼乾隆四十二年（一七七七）就有三個本子面世：微波榭叢書本、文淵閣本、聚珍本。根據這樣的事實，最早問世時間就不是選擇底本最關鍵的理由，作者的最後寫定本才是最佳選擇。文淵閣本、聚珍本依據的都是最後寫定本，而聚珍本校勘向以精審著稱，所以武英殿聚珍版自然是最好的底本。

（三）聚珍本確實是最好的本子

下面舉出一些例子，予以簡要説明，以見優劣。四庫本例子引文據叢書集成初編影印武英殿聚珍版，遺書本例子引文據續修四庫全書影印微波榭叢書本。

首先看看郭注方言文本的差異：

卷二：「繒帛之細者謂之纖。」——遺書本「帛」誤作「白」。

卷三：「官婢女廝謂之娠。」——遺書本「娠」誤作「振」。

卷三：「東齊海岱之閒或曰度，或曰廛，或曰踐。」——遺書本脱「或曰度」三字。

卷一：「[慧]秦謂之謾。……謾，莫錢又亡山反。」——遺書本注内脱「莫錢又」三字。

卷一：「嬛，火全反。續也。」——遺書本注内「全」誤作「金」。

卷三：「凡草木刺人，北燕朝鮮之閒謂之茦。爾雅曰：『茦，刺也。』」——遺書本注内「刺」誤作「賴」。

卷四：「[汗襦]自關而西或謂之袛裯。袛，音氏。」——遺書本「氏」誤作「止」。

卷六：「吴楚偏蹇曰騷，齊楚晉曰逴。行畧逴也。」——遺書本「略」誤作「路」。

卷八：「[鳩]其大者謂之鳻鳩。音班。」——遺書本「音」誤作「立」。

卷九：「轅，楚衛之閒謂之輈。張由反。」——遺書本脱「張由反」三字。

前三條是方言本文四庫本不誤而遺書本誤的例子，後面七條是郭璞注文四庫本不誤而遺書本誤的例子，這類例子有四十多條。當然也有遺書本不誤而四庫本誤的例子，如：

卷十三：「**桃，理也。**」——「桃」，遺書本作「恌」，四庫系文淵閣本、文津閣本以及其他各本均作「恌」，聚珍版誤。

卷四：「**裪𧝞**音𧝞。**謂之袖。**」——注内「𧝞」，遺書本作「橘」，四庫系文津閣本、文淵閣本等同，聚珍版誤。

卷五：「**榻前几，江沔之閒曰桯。**桯，因刑。」——注内「因」，遺書本作「音」，四庫系文淵閣本等各本均作「音」，文津閣本與聚珍版皆誤。

卷十三：「**芋，大也。**芋猶託耳。」——注内「託」，遺書本作「訏」，四庫系文淵閣本、文津閣本等均作「訏」，聚珍版誤。

第一條是方言本文的例子，後面三條是郭璞注文的例子。但是，遺書本不誤而四庫本誤的情況極少，上揭諸例之外已經很少能夠見到了；即使這類情況，四庫系其他各本也没有全誤，還可以互校，這當然也能證明最後寫定本的品質更高。

再看看戴氏疏證内容的差異：

戴氏疏證内容的差異，從寫定本的角度觀察，可以概括爲三種情況：遺書本的内容被删減、遺書本的内容有增加、遺書本的内容被修訂。現從卷一之中各舉一例。

烈、枿，餘也。陳鄭之閒曰枿；晉衛之閒曰烈；秦晉之閒曰肄，或曰烈。

遺書本疏證：「爾雅釋詁：『烈、枿，餘也。』郭注云：『晉衛之閒曰櫱，陳鄭之閒曰烈。』疏云：『方言文。』盤庚疏引郭注亦作『晉衛之閒曰枿』，與方言本文互異。蓋郭注偶訛耳。」

聚珍版疏證：「爾雅釋詁：『烈、枿，餘也。』郭注云：『晉衛之閒曰櫱，陳鄭之閒曰烈。』疏云：『方言文。』盤庚疏引郭注亦作『晉衛之閒曰枿』，與方言本文互異。」

四庫本删去了遺書本「蓋郭注偶訛耳」六字。「櫱」與「枿」同。爾雅郭注作「晉衛之閒曰櫱，陳鄭之閒曰烈」，尚書盤庚疏引爾雅郭注相同，「櫱、烈」二字與傳本方言互異。郭璞是晉代人，注爾雅用的是方言材料；疏引與之相同，證明唐人所見爾雅郭注也是如此。那麽，到底是郭璞引用時錯了，還是方言在傳抄翻刻中形成的錯誤？因爲没有確鑿證據支持論定，所以四庫本删去了這個六字推論〔一〕。

〔一〕新材料證明，遺書本的判斷可能是正確的，原本玉篇「餘」下所引正作「晉衛之閒曰烈」。

慎、濟、𥈭、愵、濕、桓，憂也。……自關而西秦晉之閒或曰惄……自關而西秦晉之閒凡志而不得、欲而不獲、高而有墜、得而中亡……或謂之惄。

遺書本疏證：「『愵』，各本作『惄』。說文云：『惄，飢餓也。一曰憂也。』『愵，憂貌。讀與惄同。』陸機贈弟士龍詩：『惄焉傷別促。』李善注云：『方言：「愵，憂也。自關而西秦晉之閒或曰惄。」』今從李善所引爲正。」

四庫本疏證：「『愵』，各本作『惄』。說文云：『惄，飢餓也。一曰憂也。』『愵，憂貌。讀與惄同。』陸機贈弟士龍詩：『惄焉傷別促。』李善注云：『方言：「愵，憂也。自關而西秦晉之閒或曰惄。」』今從李善所引爲正。此前後字異音義同，猶卷二內前作『顯』，後作『⿰目縣』，郭注論之甚明，此因注偶未及，後人改而一之耳。」

此條四庫本比遺書本增加了三十七字。戴震所見各種明本，雅詁部分均作「惄」，與方言部分的兩處「惄」相同。他據文選李善引文，又據說文釋「愵」爲「憂貌」，且謂「讀與惄同」，改雅詁「惄」爲「愵」。遺書本只擺出了材料和結論，四庫本所增三十七字則對校改的理由做了進一步説明[一]。

初別國不相往來之言也，今或同，而舊書雅記故俗語，不失其方，皆本其言之所出也。雅，爾雅也。**而後人不知，故爲之作釋也。**釋詁、釋言之屬。

遺書本疏證：「『雅記故俗』，謂常記故時之俗。郭注『雅，爾雅也』，以『雅記』對『舊書』，失之。『爾』，各本訛作『小』，據下云『釋詁、釋言之屬』，當作爾雅甚明。『爾』亦作『尒』，遂訛而爲『小』。方言此條自明其作書之意，謂舊書所常記故習之俗所語，本不失其方，而後人不知，是以作方言以釋之。郭璞不達其意，以爲指爾雅釋詁、釋言，亦失之。」

四庫本疏證：「『雅記故俗語』，謂常記故俗之語。郭注『雅，爾雅也』，以『雅記』對『舊書』，失之。『爾』，各本訛作『小』，據下云『釋詁、釋言之屬』，當作『爾雅』甚明。『爾』亦作『尒』，遂訛而爲『小』。方言此條自明其作書之意，謂舊書所常記故俗之語，本不失其方，而後人不知，是以作方言以釋之。郭璞不達其意，以爲指爾雅釋詁、釋言，亦失之。」

[一] 周祖謨認爲戴震的改動没有必要，見方言校箋。改動是不是有必要，是另外一個問題，這裏的對比只是爲了呈現兩個版本系統的差異。

此條四庫本對遺書本文字的修改並不多，但非常重要。比對後可以看到的是：遺書本疏證引文「雅記故俗」，四庫本增一「語」字；遺書本解釋語「故時之俗」，四庫本改作「故俗之語」；遺書本「故習之俗所語」，四庫本改成「故俗之語」。但不能簡單地在疏證文字上對勘這些改動，必須結合對方言本文的理解，因爲這些看起來不起眼的改動涉及對原文的理解與斷句。按照遺書本疏證的意思，得在「故俗」之後斷句；而按照四庫本的意思，就得在「故俗語」之後斷句。同時，四庫本的修訂也解決了遺書本「謂舊書所常記故習之俗所語」與前文「謂常記故時之俗」這兩種理解的矛盾。可見，四庫本不是單純的文字修改，而是對遺書本理解與斷句的訂正。

綜上兩個方面的考查可見，無論是郭注方言原文，還是疏證文字，四庫本的整體品質都要更勝一籌。如果從今天的學術條件和研究水準來看，疏證最後的修訂未必見得每一處都要好於遺書本。但是我仍然認爲以最後寫定本爲底稿的四庫本優於遺書本，因爲四庫本的多數修訂都是正確的，即使是今天看來修訂並不一定正確的那些内容，只要客觀置於當時的條件下來評論，也一樣要肯定戴震所作出的修訂努力是積極的。

當明確了底本應該選用四庫系本，並選用相對更爲精善的聚珍版之後，還應該明確校定本要實現的基本目標。毫無疑義，校定本最基本的目標就是要真實呈現戴震的學術成果。這個目標既規定了校訂的要求，即盡最大可能恢復戴震最後寫定本的面貌；同時也規定了校訂的限度，即不當校改戴氏學術本身的是非。從對象上來説，實現這個最基本目標所校訂的對象就是三個：方言本文、郭璞注和疏證文字。方言和郭璞注必須努力還原戴氏最後校本，疏證文字也必須努力還原戴氏最後寫定本。疏證引述文獻的對與錯，本來是作者自己的責任，也是原作品質與水準的反映，並不屬於古籍整理的基本目標。古人引用文獻常常憑藉記憶，各種錯誤實在太多，所以一個真正好的校定本，一個能很好地爲現代學術研究服務的校定本，應該作這樣的努力，當然不能改動原文，只能出校勘記。

關於整理的一些具體原則，請見本書凡例，不再贅言。

附記：本書前言的基本内容是由本人的兩篇舊文删改而成，一篇是收録在潛齋語文叢稿（南京大學出版社一九九一年一月）書中的論戴震的方言疏證，一篇是發表在語文研究（二〇一三年第三期）上的論戴震方言疏證的整理。

凡例

一、本書以叢書集成初編影印武英殿聚珍版爲底本，以四庫系文淵閣本、文津閣本和遺書系微波榭叢書本、安徽叢書本進行對校。

二、方言文字與郭注文字，各本異同情形及校勘意見出校記，不改動底本。

三、方言文字與郭注文字，各本訛誤相同則不出校記，如卷十第九條郭注「平原人好囒哰也」之「好」，不校改爲「呼」，即是其例。

四、戴氏疏證文字，各本異同情形及校勘意見出校記，不改動底本。

五、戴氏疏證所引古書，均用古籍通行本逐一覆覈，校勘結果出校記，不改動底本。

六、方言文字、郭注文字與戴震疏證文字均斷句標點，標點符號使用新式豎排體，並儘量簡省。

七、方言文字與郭注文字的斷句，依據戴震疏證的實際意思，如卷九第二〇條「或謂之鈀箭」句絶，而非「或謂之鈀」句絶，即是其例。

八、列出校勘參考的全部書目，標明版本，以備讀者查考。

九、按照方言與郭注詞目編製索引，以便讀者查檢。

方言注提要[一]

武英殿聚珍版

臣等謹案：方言十三卷[二]，舊本題「漢揚雄撰，晉郭璞注」。攷晉書郭璞傳，有注方言之文。而漢書揚雄傳備列所著之書，不及方言一字。藝文志亦惟「小學」有雄訓纂一篇；「儒家」有雄所序三十八篇，注云「太玄十九、法言十三、樂四、箴二」；「雜賦」有雄賦十二篇。皆無方言。東漢一百九十年中，亦無稱雄作方言者。至漢末，應劭風俗通義序始稱：「周秦常以歲八月，遣輶軒之使，求異代方言，還奏籍之，藏于秘室。及嬴氏之亡，遺棄脱漏，無見之者。蜀人嚴君平有千餘言，林閭翁孺才有梗概之法。揚雄好之，天下孝廉衛卒交會，周章質問，以次注續，二十七年爾乃治正，凡九千字。」又劭注漢書，亦引揚雄方言一條。是稱雄作方言，實自劭始[三]。魏晉以後，諸儒轉相沿述，皆無異詞。惟宋洪邁容齋隨筆始攷證漢書，斷非雄作。然邁所摘劉歆與雄往返書中既稱在

[一] 方言注：文淵閣本題「方言十三卷」。
[二] 方言：文津閣本作「方言注」。
[三] 實：文淵閣本作「寔」。

「成帝」時不應稱「孝成皇帝」[一]，又東漢明帝始諱莊[二]，不應西漢之末即稱「莊遵」爲「嚴君平」[三]，則未深中其要領。攷書首「成帝」時云云，乃後人題下標注之文，傳寫舛譌，致與書連爲一，實非歆之本詞，文義尚釐然可辨。書中載「楊莊」之名，不作「嚴」字，實未嘗豫爲明帝諱，其「嚴君平」字或後人傳寫追改，亦未可知。皆不足斷是書之僞。惟後漢許慎説文解字多引雄説，而其文皆不見于方言；又慎所注字義與今方言相同者，不一而足，亦皆不標揚雄方言字。知當慎之時，此書尚不名方言，亦尚不以方言爲雄作，故馬、鄭諸儒未嘗稱述。至東漢之末，應劭始有是説。魏孫炎注爾雅「莫貈、螳螂，蛑」字，晉杜預注左傳「授師孑焉」句，始遞相徵引。沿及東晉，郭璞遂注其書，後儒皆稱揚雄方言，蓋由于是。然劭序稱方言九千字，而今本乃一萬二千九百餘字，則字數較原本幾溢三千。雄與劉歆往返書，皆稱方言「十五卷」，郭璞序亦稱「三五之篇」，而隋志、唐志乃竝載揚雄方言十三卷，與今本同，則卷數較原本闕其二，均爲牴牾不合。攷雄答歆書，稱「語言或交錯相反，方復論思，詳悉集之」「如可寬假延期，必不敢有愛」云云，疑雄本有

[一][三] 此下，文淵閣本有「一條」二字。

[二] 又：文淵閣本作「及」。

此未成之書，歆借觀而未得，故七略不載，漢志亦不著録。後或侯芭之流收其殘稿，私相傳述，閲時既久，不免于輾轉附益，如徐鉉之增説文，故字多于前。厥後傳其學者，以漢志無方言之名，恐滋疑竇，而「小學家」有別字十三篇，不著撰人名氏，可以假借影附，證其實出于雄，遂併爲十三卷，以就其數，故卷減於昔歟？反復推求，其真僞皆無顯據，姑從舊本，仍題雄名，亦疑以傳疑之義也。雄及劉歆二書，據李善文選注引「懸諸日月不刊之書」句已稱方言，則自隋唐以來原附卷末，今亦仍之。其書世有刊本，然文字古奥，訓義深隱，校讎者猝不易詳，故斷爛譌脱幾不可讀。錢曾讀書敏求記嘗據宋槧駁正其誤，然曾家宋槧今亦不傳，惟永樂大典所收猶爲完善，檢其中「秦有榛娥之臺」一條，與錢曾所舉相符，知即從宋本録入。今取與近本相較，始知明人妄行改竄，顛倒錯落，全失其初，不止錢曾所舉之一處。是書雖存而實亡，不可不亟爲釐正。謹參互攷訂，凡改正二百八十一字，删衍文十七字，補脱文二十七字。神明焕然，頓還舊觀。併逐條援引諸書，一一疏通證明，具列案語如左，庶小學訓詁之傳，尚可以具見崖略，併以糾坊刻之謬，俾無迷誤後來。舊本題曰輶軒使者絶代語釋別國方言，其文冗贅，故諸家援引及史志著録皆省文謂之方言，舊唐書經籍志則謂之別國方言，實即一書。又容齋隨筆稱此書爲輶軒使者絶域語釋別國方言，以「代」爲「域」，其文獨異，然諸本並作「絶代」，書中所載亦無絶域重譯之語。洪邁所云，蓋偶然誤記，今不取其説焉。乾隆四十四年五月恭校上。

總纂官内閣學士臣紀昀

侍讀學士臣陸錫熊

原纂修官庶吉士臣戴震

郭璞方言注原序〔一〕

蓋聞方言之作，出乎輶軒之使，所以巡遊萬國，采覽異言，車軌之所交，人迹之所蹈，靡不畢載，以爲奏籍。周秦之季，其業隳廢，莫有存者。暨乎揚生，沈淡其志，歷載構綴，乃就斯文。是以三五之篇著，而獨鑒之功顯。故可不出户庭，而坐照四表；不勞疇咨，而物來能名。攷九服之逸言，標六代之絶語，類離詞之指韻，明乖途而同致，辨章風謡而區分，曲通萬殊而不雜，真洽見之奇書，不刊之碩記也。余少玩雅訓，旁味方言，復爲之解，觸事廣之，演其未及，摘其謬漏。庶以燕石之瑜，補琬琰之瑕，俾後之瞻涉者可以廣寤多聞爾〔二〕。

〔一〕 原：文淵閣本作「自」；文津閣本既無「原」字，也無「自」字。

〔二〕 瞻：當作「瞻」。

方言疏證卷次

輶軒使者絶代語釋别國方言一〔一〕

漢揚雄 撰

晉郭璞 注〔二〕

一 黨、曉、哲，知也。楚謂之黨，黨朗也，解寤貌。或曰曉；齊宋之閒謂之哲。

案：「知」讀爲「智」。廣雅：「黨、曉、哲，智也。」義本此。智，古智字。孫綽遊天台山賦：「近智以守見而不之，之者以路絶而莫曉。」李善注云：「之，往也〔三〕。假有之者，以其路絶，莫之能曉也。方言曰：『曉，知也。』」此所引乃如字，讀與廣雅異。注内

〔一〕輶軒使者絶代語釋别國方言一：文淵閣本同。遺書系各本書名序數之上有「第」字；文津閣本則簡作「方言注」，其下爲「卷幾」。

〔二〕遺書系各本無「漢揚雄撰，晉郭璞注」八字，署「戴震疏證」。

〔三〕引文「之，往也」上，李善注原文有「爾雅曰」三字。

「黨朗」，疊韻字也。廣韻作「爣朗」，云：「火光寬明。」

二　虔、儇，慧也。謂慧了。音翾。秦謂之謾；言謾詑。音訑，大和反。謾，莫錢又亡山反[一]。晉謂之㦟；音悝，或莫佳反。宋楚之間謂之倢；言便倢也。楚或謂之䜏；他和反，亦今通語。自關而東趙魏之間謂之黠，或謂之鬼。言鬼眽也。

案：荀子非相篇：「鄉曲之儇子。」楊倞注云：「方言[二]：『儇，疾也。』又曰[三]：『慧也。』與喜而翾義同，輕薄巧慧之子也。」楚辭惜誦篇[四]：「忘儇媚以背衆兮。」王逸注：「儇，佞也。」洪興祖引說文：「儇，慧也。」惜往日篇：「或訑謾而不疑。」說文云：「謾，欺也。」「沇州謂欺曰詑。」注內「訑」即「詑」之俗字。此書「音某」及「某某反」之類，多後人所加，雜入郭注，今無從辨别，姑仍其舊。「鬼眽」，各本訛作「鬼眎」。「眽」俗作「脉」，因訛而爲「眎」。後卷十內：「眽，慧也。」注云：「今名黠爲鬼眽。」廣

[一] 遺書系各本無「莫錢又」三字。
[二] 此下，楊倞注原文有「云」字。
[三] 楊倞注原文無「又曰」二字。
[四] 辭：遺書系各本作「詞」，文淵閣本同。

雅：「虔、謾、黠、儇、諝、懇、捷、鬼，慧也。」義本此。「倢、捷」，古通用。

三　**娥、㜲，**音盈。**好也。秦曰娥，**言娥娥也。**宋衛之閒謂之㜲。**言㜲㜲也。**秦晉之閒凡好而輕者謂之娥；自關而東河濟之閒謂之媌，**今關西人呼好爲媌，莫交反。**或謂之姣；**言姣潔也。**趙魏燕代之閒曰姝，**昌朱反，又音株。亦四方通語。**或曰妦；**言妦容也。音蜂。**自關而西秦晉之故都曰妍。**秦舊都，今扶風雍丘也。晉舊都，今太原晉陽縣也。其俗通呼好爲妍，五千反。**好，其通語也。**

案：廣雅：「㜲、媌、姣、姝、妍，好也。」義本此。「㜲」，各本訛作「㜲」，惟廣雅不誤。説文：「嬴，从女，嬴省聲。」「嬴」與「㜲」，有省不省之異，實一字〔二〕。古詩十九首：「盈盈樓上女，皎皎當牕牖。娥娥紅粉粧。」李善注云：「盈與嬴同，古字通。」郭注于「娥、㜲」竝重言之，又以「姣潔」釋「姣」，正協此詩。楚辭九歌：「靈偃蹇兮姣服。」洪興祖補注引方言：「好或謂之姣。」注云：「言姣潔也。」列子周穆王篇：「簡鄭衛之處子娥媌靡曼者。」張湛注云：「娥媌，妖好也。」楊朱篇：「鄉有處子之娥姣者。」又曰：「豐屋美服，厚味姣色。」玉篇引方言：「自關而東河濟之閒謂好爲媌。」詩陳風：

〔二〕實：文淵閣本作「寔」。

「佼人僚兮。」釋文云：「佼，字又作姣，好也。方言〔一〕：『自關而東河濟之間凡好謂之姣。』」邶風：「靜女其姝。」釋文云：「姝，説文作⿰女殳，云：『好也。』」鄭風：「子之丰兮。」毛傳：「丰，豐滿也。」釋文云：「方言作妦。」宋玉神女賦：「貌豐盈以莊姝兮。」李善注引方言：「姝，好也。」

四　烈、枿，五割反〔二〕。**餘也。**謂烈餘也。**陳鄭之間曰枿；晉衛之間曰烈；秦晉之間曰肄，**音謚。傳曰：「夏肄是屏。」**或曰烈。**

案：詩大雅雲漢序：「宣王承厲王之烈。」鄭箋云：「烈，餘也。」「烈」與「裂、⿱列巾」，音義同。説文：「裂，繒餘也。」廣雅：「⿱列巾，餘也。」「枿」，説文作「欁」，云：「伐木餘也。」又作「櫱」。商書盤庚篇：「若顛木之有由櫱。」釋文云：「櫱，本又作枿。馬云：『顛木而肄生曰枿。』」魯語：「山不槎櫱。」韋昭注云：「以株生曰櫱。」詩周南：「伐其條肄。」毛傳：「肄，餘也。斬而復生曰肄。」「肄、餘」，語之轉。爾雅釋詁：「烈、枿，餘

〔一〕此下，釋文原文有「云」字。
〔二〕遺書系各本「五割反」置於注文「謂烈餘也」下。

也。」郭注云：「晉衛之閒曰櫱，陳鄭之閒曰烈。」疏云：「方言文。」盤庚疏引郭注亦作「晉衛之閒曰枿」，與方言本文互異〔一〕。注内「烈餘」，當作「遺餘」。

五　台、胎、陶、鞠，養也。台猶頤也。音怡。**晉衛燕魏曰台；陳楚韓鄭之閒曰鞠；秦或曰陶；汝潁梁宋之閒曰胎，或曰艾。**爾雅云：「艾，養也。」

案：「台、頤」，古通用。詩小雅：「母兮鞠我。」毛傳：「鞠，養也。」又「保艾爾後」「福禄艾之」〔二〕，毛傳皆云：「艾，養也。」爾雅釋詁：「頤、艾、育，養也。」郭注曰：「汝潁梁宋之閒曰艾。方言云。」疏全引方言此條，作「晉衛燕趙曰台」，餘竝同。廣雅：「頤、陶，養也。」

六　憮、亡輔反。**俺、**音淹。**憐、牟，愛也。韓鄭曰憮；晉衛曰俺；**俺憸，多意氣也。**汝潁之閒曰憐；宋魯之閒曰牟，或曰憐。憐，通語也。**

〔一〕此下，遺書系各本有「蓋郭注偶訛耳」六字。
〔二〕遺書系各本無「又」字。

案：爾雅釋詁：「㥼、憐、惠，愛也。」郭注：「㥼，韓鄭語，今江東通呼爲憐。」疏全引方言此條，作「秦或曰憐」，餘竝同。釋訓：「矜、憐，撫掩之也。」郭注：「撫掩猶撫拍，謂慰卹也。」説文：「憮，愛也。韓鄭曰憮。」「㥼，撫也。讀若侮。」「㥼、憮」[一]，聲義通，「憮㤿」與「撫掩」，亦聲義通。荀子榮辱篇：「恈恈然惟利飲食之見。」楊倞注：「恈恈，愛欲之貌。方言云：『恈，愛也。宋魯之間曰恈。』」「牟、恈」，古通用。廣雅：「憮、㤿、牟，愛也。」義本此。

七　㥄、憮、矜、悼、憐，哀也。㥄亦憐耳。音陵。**齊魯之間曰矜；陳楚之間曰悼；趙魏燕代之間曰㥄；自楚之北郊曰憮；秦晉之間或曰矜，或曰悼。**

案：詩小雅：「爰及矜人。」毛傳：「矜，憐也。」曲禮：「七年曰悼。」鄭注：「悼，憐愛也。」嵇康養生論：「世皆知笑悼。」李善注云：「方言[二]：『悼，哀也。』笑悼，謂笑其不善養生而又哀其促齡也。」廣雅：「㥄、憮、齡、悼、憐，哀也。」義本此。「矜、齡」，古

[一] 此下，遺書系各本有「蓋」字。
[二] 此下，李善注原文有「曰」字。

通用。

八　**咺**、香遠反。**唏**、虛几反。**忉**、音的，一音灼。**怛，痛也。凡哀泣而不止曰咺，哀而不泣曰唏。于方，則楚言哀曰唏。燕之外鄙**鄙，邊邑名。**朝鮮洌水之閒**朝鮮，今樂浪郡是也。洌水，在遼東，音烈。**少兒泣而不止曰咺。**少兒，猶言小兒。**自關而西秦晉之閒凡大人少兒泣而不止謂之唴，**丘尚反。**哭極音絶亦謂之唴。平原謂啼極無聲謂之唴哴；**哴，音亮。今關西語亦然。**楚謂之嗷咷；**叫、逃兩音。**齊宋之閒謂之喑，**音蔭。**或謂之惄。**奴歷反。

案：春秋成公十六年公羊傳：「悕矣。」何休注云：「悕，悲也。」宋玉風賦：「中心慘怛。」李陵答蘇武書：「秖令人〔一〕，增忉怛耳。」潘岳寡婦賦：「怛驚悟兮無聞。」嵇康幽憤詩：「怛若創痏。」李善注皆引方言：「怛，痛也。」枚乘七發：「嘘唏煩醒。」〔二〕注引方言：「哀而不泣曰唏。」說文：「哀痛不泣曰唏。」「朝鮮謂兒泣不止曰咺。」「秦晉曰唴。」「楚曰嗷咷。」「宋齊曰喑。」蓋本方言而小異其辭。廣雅：「忉、怛、惄，痛

〔一〕秖：同「祇」。遺書系各本及文淵閣本作「衹」，誤。又文選李善注本「人」下有「悲」字，當據補。

〔二〕醒：文選李善注本作「酲」，當據改。

也。」「欷、咣、喨，悲也。」義皆本此。「唏」與「悕、欷」，「哴」與「喨」，古通用。

九　悼、惄、悴、憖，傷也。詩曰：「不憖遺一老。」亦恨傷之言也。憖，魚吝反。**自關而東汝潁陳楚之閒通語也。汝謂之惄，秦謂之悼，宋謂之悴，楚潁之閒謂之憖。**

案：詩衞風：「躬自悼矣。」毛傳：「悼，傷也。」小雅：「我心憂傷，惄焉如擣。」曹植朔風詩：「繁華將茂，秋霜悴之。」李善注引方言：「悴，傷也。」說文：「悴，憂也。」春秋文公十二年左傳：「兩君之士皆未憖也。」釋文引方言：「憖，傷也。」廣雅：「悴、慯、憖，憂也。」「悼、惄、悴、憖，傷也。」「傷、慯」，古通用。

一〇　慎、濟、⿰日朁、愵、溼、桓，憂也。⿰日朁者，憂而不動也。作念反。**宋衛或謂之慎，或曰⿰日朁；陳楚或曰溼，或曰濟；自關而西秦晉之閒或曰惄，或曰溼。自關而西秦晉之閒凡志而不得、欲而不獲、高而有墜、得而中亡謂之溼，**溼者，失意潛沮之名。**或謂之惄。**

案：「愵」，各本作「惄」。說文云：「惄，飢餓也[一]。一曰憂也。」「愵，憂貌。讀

[一] 飢餓也：遺書系各本引作「饑也餓也」，誤。

與惄同。」陸機贈弟士龍詩：「惄焉傷別促。」李善注云：「方言〔一〕：『惄，憂也。自關而西秦晉之閒或曰惄。』」今從李善所引爲正〔二〕。此前後字異音義同，猶卷二内前作「顯」，後作「䁝」，郭注論之甚明，此因注偶未及，後人改而一之耳〔三〕。荀子修身篇：「卑濕重遲貪利。」楊倞注云：「方言：『濕，優也。自關而西凡志而不得、欲而不獲、高而不墜〔四〕、行而中止皆謂之濕，亦謂之惄。』」不苟篇：「窮則弃而儑。」楊倞注云：「儑當爲濕。方言〔五〕：『濕，優也。』字書無儑字。」據此兩引，方言皆作「優」，或「憂」、「優」古通用。餘與方言本文小異。「濕」與「溼」通。廣雅：「桓、慎、暱、濟、惄、溼，憂也。」義本此。

一一　**鬱悠、懷、惄、惟、慮、願、念、靖、慎，思也。晉宋衛魯之閒謂之鬱悠。**鬱悠，猶鬱陶

〔一〕此下，李善注原文有「曰」字。
〔二〕爲：遺書系各本作「改」。
〔三〕自「此前後」至此三十七字，遺書系各本無。
〔四〕不：當作「有」。
〔五〕此下，楊倞注原文有「云」字。

也。**惟，凡思也；慮，謀思也；願，欲思也；念，常思也。東齊海岱之閒曰靖，**岱，泰山。**秦晉或曰慎。凡思之貌亦曰慎，**謂感思者之容。**或曰惄。**

案：爾雅釋詁：「懷、惟、慮、願、念、惄，思也。」疏引方言此條，文竝同。說文亦云：「惟，凡思也。」「慮，謀思也。」「念，常思也。」即取爲字之正訓。張衡思玄賦：「潛服膺以永靖兮。」[一]李善注云：「方言[二]：『靖，思也。』靖與靚同。字林：『靖，審也。』」向秀思舊賦：「惟古昔以懷今兮。」李善注引方言：「惟，思也。」又廣雅：「鬱悠、慎、靖，思也。」義本此。

一二　**敦、豐、厖、**鴟鵃。**夰、**音介。**幠、**海狐反。**般、**般桓。**嘏、**音賈。**奕、戎、京、奘、**在朗反。**將，大也。凡物之大貌曰豐。厖，深之大也。東齊海岱之閒曰夰，或曰幠；宋魯陳衛之閒謂之嘏，或曰戎。秦晉之閒凡物壯大謂之嘏，或曰夏。秦晉之閒凡人之大謂之奘，或謂之壯。燕之北鄙齊楚之郊或曰京，或曰將。皆古今語也。**語聲轉耳。**初别國不相往來之言**

〔一〕靖：文選李善注本作「靚」，當據改。
〔二〕此下，李善注原文有「曰」字。

也，今或同，而舊書雅記故俗語，不失其方，皆本其言之所出也。雅，爾雅也。**而後人不知，故爲之作釋也。**釋詁、釋言之屬。

案〔一〕：「憮」，各本訛作「憮」，今訂正。注內「鴟鵂、般桓」，當作「音鴟鵂之鵂、音般桓之般」，觀卷十一注內「蠽音癰癥之癥」可見，後人多妄删原文，遂不成語。「雅記故俗語」〔二〕，謂常記故俗之語〔三〕。郭注「雅，爾雅也」，以「雅記」對「舊書」，失之。「爾」，各本訛作「小」，據下云「釋詁、釋言之屬」，當作「爾雅」甚明。「爾」亦作「尒」，遂訛而爲「小」。方言此條自明其作書之意，謂舊書所常記故俗之語〔四〕，本不失其方，而後人不知，是以作方言以釋之。郭璞不達其意，以爲指爾雅釋詁、釋言，亦失之。介、夏、憮、厖、蝦、奕、戎、京、壯、將，爾雅釋詁亦云「大也」，疏引方言此條，文竝同。釋文引方言：「厖，深之大也。」「夰、介」，古通用。説文：「厖，石大也。」「夰，大也。」「蝦，大遠也。」「奕，大也。」「奘，駔大也。」廣雅：「𧯷、般、敦，大也。」義本此。「豐、𧯷」，古通用。

〔一〕此下，遺書系各本有「敦、大，語之轉」五字。
〔二〕雅記故俗語：遺書系各本作「雅記故俗」，無「語」字。
〔三〕故俗之語：遺書系各本作「故時之俗」。
〔四〕故俗之語：遺書系各本作「故習之俗所語」。

一三　假、音駕。**洛、**古格字。**懷、摧、詹、戾、艐，**古屆字。**至也。邠唐冀兖之間曰假，或曰洛；**邠，今在始平漆縣。唐，今在太原晉陽縣。**齊楚之會郊**兩境之間。**或曰懷。摧、詹、戾，楚語也。**詩曰「先祖于摧」「六日不詹」「魯侯戾止」之謂也。此亦方國之語，不專在楚也。**艐，宋語也。皆古雅之別語也，**雅，謂風雅。**今則或同。**

案：「洛、格」，古通用。艐、格、戾、懷、摧、詹，爾雅釋詁亦云「至也」，郭注曰：「齊楚之會郊曰懷，宋曰屆。詹、摧，皆楚語。方言云。」疏引方言此條，文竝同。釋文：「艐〔一〕，孫云：『古屆字。』」「格」字亦作「洛」。廣雅：「假，至也。」曹憲音「格」。「假、格」，古亦通。

一四　嫁、逝、徂、適，往也。自家而出謂之嫁，由女而出爲嫁也。逝，秦晉語也。徂，齊語也。適，宋魯語也。往，凡語也。

案：列子天瑞篇：「子列子居鄭圃，將嫁于衛。」張湛注云：「自家而出謂之嫁。」

〔一〕此下，遺書系各本有「郭音屆」三字，與通志堂經解本同，當據補。

爾雅釋詁：「如、適、之、嫁、徂、逝，往也。」郭注引方言：「自家而出謂之嫁，猶女出爲嫁。」「猶、由」，古通用。疏全引方言此條，「由」亦作「猶」。「徂」亦作「𨑥」。説文云：「𨑥，往也。𨑥，齊語。」「適，之也。適，宋魯語。」蓋本此。

一五　謾台、蠻、怡二音。脅閱，呼鬲反。懼也。燕代之間曰謾台，齊楚之間曰脅閱。宋衛之間凡怒而噎噫噎噫，謂憂也。噫，央媚反。謂之脅閱，脅閱，猶潣沭也。南楚江湘之間謂之嘽咺。湘，水名，今在零陵。咺，音香遠反。

案：廣雅：「蟬咺、謾台、脅閱，懼也。」義本此。「嘽、蟬」，古通用。「咺」，曹憲音「火袁反」。廣韻引方言此條，文竝同。「脅」亦作「愶」。玉篇云：「以威力相恐愶也。」注内「潣沭」[一]，各本訛作「閔穀」，今訂正。後卷十有云：「凡窘猝怖遽謂之潣沭。」

一六　虔、劉、慘、㨆，殺也。今關西人呼打爲㨆，音廩，或洛感反。秦晉宋衛之間謂殺曰劉，晉之北鄙亦曰劉。秦晉之北鄙燕之北郊翟縣之郊謂賊爲虔。今上黨潞縣即古翟國。晉魏河内

[一]「注内」之上，遺書系各本有「閔亦作憫。廣韻：憫，惶恐也。或作潣」十三字。

之北謂㦨曰殘，楚謂之貪；南楚江湘之閒謂之欿。言欿㦨難猒也。

案：詩周頌：「勝殷遏劉。」毛傳：「劉，殺也。」春秋成公十三年左傳：「虔劉我邊陲。」杜預注云：「虔、劉，皆殺也。」疏引方言：「虔，殺也。」「慘」，說文云：「毒也。」「㦨、惏」，古通用。說文：「河內之北謂貪曰惏。」與此小異。春秋僖公二十四年左傳：「狄固貪惏。」釋文引方言：「殺人而取其財曰惏。」疏所引同，方言無此語〔一〕。昭公二十八年左傳：「貪惏無饜。」疏引方言：「晉魏河內之北謂惏爲殘，楚謂之貪。」「惏」又作「婪」。說文云：「貪也。」杜林說：『卜者黨相詐驗爲婪。』」「欿」，各本訛作「欺」。注內同。說文：「欿，食不滿也。讀若坎。」廣雅：「欿、婪，貪也。」義本此。曹憲音「苦感反」。今據以訂正。「欿㦨」，疊韻字也。

一七　亟、憐、憮、㤿，愛也。東齊海岱之閒曰亟。欺革反。自關而西秦晉之閒凡相敬愛謂之亟；陳楚江淮之閒曰憐；宋衛邠陶之閒曰憮，或曰㤿。陶唐，晉都處。

案：「亟」亦作「極」。注內「欺革反」，各本訛作「詐欺也」，于正文不相涉。廣雅：

〔一〕「方言」之上，遺書系各本有「今」字。

「㥦、憮、㤿，愛也。」義本此。曹憲于「㥦」下列欺革、九力二反。今據以訂正。爾雅釋言：「憮、敉，撫也。」疏引方言：「東齊郊陶之閒謂愛曰憮。」「東齊」二字誤。

一八　**眉、梨、耋、鮐，老也。東齊曰眉，**言秀眉也。**燕代之北鄙曰梨，**言面色似凍梨〔一〕。**宋衛兗豫之内曰耋，**八十爲耋。音經。**秦晉之郊陳兗之會曰耇鮐。**言背皮如鮐魚。耇，音垢。

案：詩豳風：「以介眉壽。」毛傳：「眉壽，豪眉也。」小雅：「遐不眉壽。」毛傳：「眉壽，秀眉也。」「梨」亦通用「黎」。吴語：「播棄黎老。」韋昭注：「鮐背之耇稱黎老。」詩秦風：「逝者其耋。」毛傳：「八十曰耋。」大雅：「黄耇台背。」毛傳：「台背，大老也。」鄭箋云：「耇，凍梨。」「台之言鮐也。大老則背有鮐文。」疏引方言：「燕代北鄙謂老爲梨。」〔二〕釋文引方言：「凍梨，老也。」「凍」字方言所無。爾雅釋詁：「黄髮、齯齒、鮐背、耇、老，壽也。」疏引方言：「秦晉之郊陳兗之會謂老曰耇鮐。」

〔一〕似：遺書系各本作「如」。
〔二〕老：疏引原文作「耇」。

一九　脩、駿、融、繹、尋、延，長也。陳楚之閒曰脩，海岱大野之閒曰尋，大野，今高平鉅野。**宋衛荆吳之閒曰融。自關而西秦晉梁益之閒凡物長謂之尋。周官之法：度廣爲尋，**度謂絹帛横廣〔一〕。**幅廣爲充。**爾雅曰：「緇廣充幅。」**延，年長也。凡施于年者謂之延，施于衆長謂之永。**各隨事爲義。

案：詩小雅：「不駿其德。」大雅：「昭明有融。」毛傳皆云：「長也。」阮籍詠懷詩：「獨有延年術。」李善注引方言〔二〕：「延，長也。」爾雅釋文引方言：「幅廣曰充。」「年長也」之「年」，各本訛作「永」。嵇康養生論「芬之使香而無使延」注引方言〔三〕：「延，年長也。」爾雅釋詁：「永、羕、引、延、融、駿，長也。」郭注云：「宋衛荆吳之閒曰融。」疏引方言：「延，年長也。凡施于年者謂之延。」「施于衆長謂之永。」〔四〕據此兩引，「年長」可爲確證矣。廣雅：「脩、繹、尋，長也。」義本此。

〔一〕謂：遺書系各本作「爲」。

〔二〕遺書系各本無「李善」二字。

〔三〕「注引」之上，遺書系各本有「李善」二字。

〔四〕施于衆長謂之永：此句疏引原在「延，年長也。凡施于年者謂之延」之上。

二〇　允、訦、音諶。恂、音荀。展、諒、音亮。穆，信也。齊魯之間曰允，燕代東齊曰訦，宋衛汝潁之間曰恂，荆吴淮汭之間曰展，汭，水口也。音芮。西甌毒屋黄石野之間曰穆。西甌，駱越别種也，音嘔。其餘皆未詳所在。衆信曰諒，周南召南衛之語也。

案：顔延之宋文帝元皇后哀策文[一]：「壼政穆宣，房樂韶理。」[二]李善注引方言：「穆，信也。」説文：「燕代東齊謂信曰訦。」蓋取諸方言。爾雅釋詁：「允、孚、亶、展、諶、誠、亮、詢，信也。」郭注引方言：「荆吴淮泗之間曰展，燕岱東齊曰諶，宋衛曰詢。」疏全引方言此條，「汭」亦訛作「泗」，「代」亦訛作「岱」，餘竝同。又云：「訦、諶，亮、諒，詢、恂，音義同。」

二一　碩、沈、巨、濯、訏、敦、夏、于，大也。訏亦作芋，音義同耳，香于反。齊宋之間曰巨，曰碩。凡物盛多謂之寇，今江東有小鳧，其多無數，俗謂之寇鳧。齊宋之郊楚魏之際曰夥。音禍。自關而西秦晉之間凡人語而過謂之過，于果反。或曰僉；東齊謂之劒，或謂之弩。弩猶怒也。

[一] 宋文帝：遺書系各本作「宋文皇帝」，與文選同，當據補。
[二] 遺書系各本未引「房樂韶理」四字。

陳鄭之閒曰敦，荆吳揚甌之郊曰濯，中齊西楚之閒曰訏。西楚，謂今汝南彭城。**自關而西秦晉之閒凡物之壯大者而愛偉之謂之夏，周鄭之閒謂之假。**音賈。**郴，齊語也。**洛含反。**于，通語也。**

案：史記陳涉世家：「『夥頤，涉之爲王沈沈者。』楚人謂多爲夥。」集解：「沈，音長含反。」「沈」亦作「𡖔」，音耽。玉篇云：「多也。」後漢書張衡傳：「不恥禄之不夥。」注引方言：「凡物盛而多，齊宋之郊謂之夥。」夏、假、碩、濯、訏，爾雅釋詁亦云：「大也。」疏引方言，文竝同。禮記檀弓篇：「于則于。」疏云：「于謂廣大。」說文：「齊人謂多爲𡖈。」〔一〕又「𡖁」字下云：「讀若楚人名多夥。」「𡖈、夥」一字，而前言「齊人」，後言「楚人」，據方言「齊宋之郊楚魏之際」，則兩處皆通。廣雅：「巨、訏、沈、敦，大也。」「僉，過也。」義本此。廣韻：「過，過也。秦人呼過爲過也。」「假」，各本訛作「暇」；「通語」，訛作「通詞」。今訂正。

一二二　**抵、**觸牴。**敀，**音致。**會也。雍梁之閒曰抵，秦晉亦曰抵。凡會物謂之敀。**

〔一〕大徐本原文無「人」字。

案：「抵」，各本訛作「牴」。據廣雅「會、抵，至也」，義與此合。注内「觸牴」，當作「音觸牴之牴」，各本訛作「觸牴也」，遂并正文改爲「牴」，今訂正。玉篇引方言：「傚，會也。」

二三　**蕐、荂，晠也。**荂亦蕐別名，音誇。**齊楚之間或謂之蕐，或謂之荂。**

案：草木之「蕐」，説文本作「𠌶」，呼瓜反；蕐盛之「蕐」，説文作「䔢」，胡瓜反。今經傳通作「華」，遂無「𠌶、䔢」之異。爾雅釋言：「華，皇也。」釋文胡瓜反。釋草：「華，荂也。華、荂，榮也。木謂之華，草謂之榮。」郭注云：「今江東呼華爲荂。」此四「華」字，皆當讀呼瓜反。方言此條兩「蕐」字與釋言同，注内「蕐」字與釋草同。又説文「荂」即「𠌶」之別體。爾雅既以「荂」釋「華」，應是異字異音，此注「荂音誇」，得之。

二四　**墳，地大也。青幽之間凡土而高且大者謂之墳。**即大陵也。

案：爾雅釋詁：「墳，大也。」疏引方言此條，文竝同。

二五　**張小使大謂之廓，陳楚之間謂之摸。**音莫。

案：王延壽魯靈光殿賦：「廓宇宙而作京。」李善注引方言此句。爾雅釋詁：「廓，大也。」疏亦引此句，文竝同。「摸」，刻本皆作「模」。

二六　嬛、火全反〔一〕。蟬、緍、音剡。撚、諾典反。未，續也。楚曰嬛。蟬，出也。別異義。楚曰蟬，或曰未及也。

案：廣雅：「緍、剿、接、撚、未、連、似、㚇、屬、結，續也。」「緍、撚、未」三字取之此條，是自「未」以上五字各自句絶。「嬛、蠉」，古通用，蟲行也。「蟬」，玉篇云：「蟬連，系續之言也。」「緍」，玉篇云：「續也。」「撚」，廣雅云〔二〕：「以指撚物。」皆有連續之意。「未續」，應謂欲續而未結繫；「未及」，則猶有閒斷。廣雅失之。「楚曰嬛」三字句絶。「蟬、出」，語之轉，故「蟬」又爲「出」。

二七　踏、古蹋字〔三〕，他匣切。䠛、逍遥。蹳，音拂。跳也。楚曰蹠，勑厲反。亦中州語。陳鄭之

〔一〕火全反：遺書系各本均作「火金反」，形近而訛。
〔二〕廣雅：文津閣本同。當作「廣韻」，文淵閣本及遺書系各本不誤。
〔三〕蹋：遺書系各本作「塌」，誤。

閒曰𨄵。楚曰蹠；自關而西秦晉之閒曰跳，或曰踏。

案：說文：「楚人謂跳躍曰蹠。」「𨄵、𨁯」，皆云「跳也」。廣雅：「踏、蹠、𨄵、𨁯、踅，跳也。」義本此。注内「逍遥」，當作「音逍遥之遥」。

二八　躡、郅、音質。跂、音企。狢、狢亦訓來。躋、濟渡。踚，踊躍。登也。自關而西秦晉之閒曰躡；東齊海岱之閒謂之躋；魯衛曰郅；梁益之閒曰狢，或曰跂。

案：郭璞江賦：「躋江津而起漲。」謝靈運石門新營所住四面高山迴溪石瀨脩竹茂林詩：「躋險築幽居。」陸機辨亡論：「遂躋天號，鼎跱而立。」〔一〕李善注皆引方言：「躋，登也。」爾雅釋詁：「騭、假、格、陟〔二〕、躋、登，陞也。」郭注云：「方言：『魯衛之閒曰騭，梁益曰格。』」疏全引方言此條，文竝同。又云：「騭、郅，格、狢，音義同。」注内「濟渡、踊躍」，當作「音濟渡之濟、音踊躍之躍」。

〔一〕遺書系各本脱「而」字。
〔二〕陟：遺書系各本作「涉」，誤。

二九　**逢、逆，迎也。自關而東曰逆；自關而西或曰迎，或曰逢。**

案：孟子：「逢君之惡，其罪大。」趙岐注：「逢，迎也。」周禮小祝：「逆時雨。」鄭注：「逆，迎也。」說文：「逆，迎也。關東曰逆，關西曰迎。」蓋本此。

三〇　**撏、**常含反。**攓、**音蹇。**摭、**盜蹠。**挻，**羊羶反。**取也。南楚曰攓，陳宋之閒曰摭，衛魯揚徐荆衡之郊曰撏。**衡，衡山，南岳名，今在長沙。**自關而西秦晉之閒凡取物而逆謂之篡，**音饌。**楚部或謂之挻。**

案：玉篇：「撏，取也。」列子天瑞篇：「攓蓬而指。」張湛注云：「攓，拔也。」說文作「㩮」，云：「拔取也。南楚語。」又作「搴」。離騷〔一〕：「朝搴阰之木蘭兮。」王逸注云〔二〕：「搴，取也。」史記叔孫通列傳：「故先言斬將搴旗之士。」索隱引方言云：「南方取物爲搴。」〔三〕禮記禮器篇：「有順而摭也。」疏云：「摭，猶拾取也。」張衡思玄賦：「摭若華而躊躇。」李善注引方言：「摭，取也。」「摭」亦作「拓」。說文云：「拓，拾也。

〔一〕離騷：遺書系各本作「楚詞」。
〔二〕遺書系各本無「云」字。
〔三〕爲：索隱原文作「云」。

陳宋語。」老子：「挻埴以爲器。」釋文引方言：「挻，取也。」「篡」，各本訛作「籑」，蓋因注内「饌」字而誤，今訂正。後漢書逸民傳：「揚雄曰：『鴻飛冥冥，弋者何篡焉？』」宋衷曰：「篡，取也。今人謂以計數取物爲篡。」爾雅釋詁：「探、篡、俘，取也。」説文：「屰而奪取曰篡。」廣雅：「搴、摭、挻、撏，取也。」義本此。注内「盜蹠」，當作「音盜蹠之蹠」。

三一　**餥、**音非。**飵，**音昨。**食也。陳楚之内相謁而食麥饘謂之餥，**饘，糜也，音旃。**楚曰飵。凡陳楚之郊南楚之外相謁而餐，**晝飯爲餐。謁，請也。**或曰飵，或曰𩛓；**音黏。**秦晉之際河陰之閒曰𩟔**惡恨反。**䬶，**五恨反。今馮翊郃陽，河東龍門是其處也。**此秦語也。**今關西人呼食欲飽爲𩟔䬶。

案：爾雅釋言：「餥、餱，食也。」郭注云：「方言[一]：『陳楚之閒相呼食爲餥。』」疏全引方言此條，惟末句作「此真秦語也」，衍一「真」字，餘竝同。説文：「陳楚之閒相謁食麥飯曰餥。」「楚人相謁食麥曰飵。」「秦人謂相謁而食麥曰𩟔䬶。」徐鍇説文繫傳

〔一〕此下，郭注原文有「云」字。

云：「相謁相見後設麥飯以爲常禮，如今人之相見飲茶。」〔一〕「餐」亦作「湌」。廣雅：「飬、飵、鲇、饐饋、湌，食也。」義本此。

三二　釗、居遼反。薄，勉也。相勸勉也。秦晉曰釗，或曰薄；故其鄙語曰薄努，猶勉努也。如今人言努力也。南楚之外曰薄努，自關而東周鄭之間曰勔釗，沈湎。齊魯曰勖兹。勖、勔，亦訓勉也。

案：勖、釗、勔，爾雅釋詁亦云「勉也」。郭注引方言：「周鄭之間相勸勉爲勔釗。」疏全引方言此條，文竝同。注内「沈湎」，當作「音沈湎之湎」。廣雅：「薄，勉也。」義本此。

〔一〕「相謁」之「相」上，説文繫傳原文有「人」字；「茶」下，遺書系各本有「也」字，與説文繫傳合。

輶軒使者絶代語釋別國方言二

漢　揚雄　撰
晉　郭璞　注

一　釥、錯眇反。嫽，洛夭反。好也。青徐海岱之閒曰釥，或謂之嫽。今通呼小姣潔喜好者爲嫽釥。好，凡通語也。

案：「釥」亦作「俏」。廣韻云：「俏醋，好皃。」「俏醋」，雙聲形容之辭，亦方俗語也。玉篇引方言：「青徐之閒謂好爲嫽。」廣雅：「釥、嫽，好也。」義本此。

二　朦、忙紅反。厖，鴟鷉。豐也。自關而西秦晉之閒凡大皃謂之朦，或謂之厖；豐，其通語也。趙魏之郊燕之北鄙凡大人謂之豐人。燕記曰：「豐人杼首。」杼首，長首也。楚謂之伃，音序。燕謂之杼。燕趙之閒言圍大謂之豐。謂度圍物也。

案：左思魏都賦：「巷無杍首。」劉逵注云：「方言〔一〕：『燕記曰：豐人杍首。杍首，長首也。燕謂之杍。』」玉篇：「朦，大也，豐也。」廣雅：「朦、厖，豐也。」「抒，長也。」皆本此。「杍、抒」，古通用。注内「鴟鵂」，當作「音鴟鵂之鵂」。

三　**娃**、烏佳反。**嫷**、諸過反。**窕**、徒了反。**豔，美也。吴楚衡淮之閒曰娃，南楚之外曰嫷，**言婑嫷也。**宋衛晉鄭之閒曰豔，陳楚周南之閒曰窕。自關而西秦晉之閒凡美色或謂之好，或謂之窕。故吴有館娃之宫，秦有榛娥之臺。**皆戰國時諸侯所立也。榛，音七。**秦晉之閒美貌謂之娥，**言娥娥也。**美狀爲窕，**言閑都也。**美色爲豔，**言光豔也。**美心爲窈。**言幽靜也。

案：左思吴都賦：「幸乎館娃之宫。」劉逵注云：「吴俗謂好女爲娃。揚雄方言曰〔二〕：『吴有館娃之宫。』」列子楊朱篇：「皆擇稚齒婑婧者。」宋玉神女賦：「嫷被服。」李善注引方言：「嫷，美也。他臥反。」史記外戚世家：「邢夫人號娙娥。」索隱引方言：「美貌謂之娙娥。」〔三〕詩周南：「窈窕淑女。」毛傳：「窈窕，幽閒也。」釋文

〔一〕此下，劉逵注原文有「曰」字。
〔二〕揚：劉逵注原文作「楊」。
〔三〕索隱原文所引無「娙」字。

引王肅云：「善心曰窈，善容曰窕。」説文：「吴楚之閒謂好曰娃。」「南楚之外謂好曰嬽。」「秦晉謂好曰娙娥。」「娙，長好也。」廣雅：「娃、嬽、窈、窕，好也。」「娥、豔，美也。」皆本此。諸刻脱「秦有」二字，永樂大典本不脱〔一〕。陸機擬古詩：「秦娥張女彈。」李善注云：「應瑒神女賦曰：『夏姬曾不足以供妾御，況秦娥與吴娃。』方言曰：『秦俗，美貌謂之娥。』」又別賦、吴趨行及古詩十九首李善注竝引方言：「秦晉之閒美貌謂之娥。」

四　奕、僷，容也。自關而西凡美容謂之奕，或謂之僷。奕、僷，皆輕麗之貌。僷，音葉。**宋衛曰僷，陳楚汝潁之閒謂之奕。**

案：詩商頌：「萬舞有奕。」毛傳：「奕奕然閑也。」疏云：「奕，萬舞之容，故爲閑也。」魯頌：「新廟奕奕。」鄭箋云：「奕奕，姣美也。」陸機贈馮文熊遷斥丘令詩〔二〕：「奕奕馮生。」李善注引方言：「自關而西凡美容謂之奕奕。」因詩辭遂誤重一「奕」字。廣雅：「奕，容也。」義本此。説文：「宋衛之閒謂華奕麗曰僷僷。」〔三〕廣韻：「僷僷，輕

〔一〕「本」字下，遺書系各本有「曹毅[之]本俱」四字。
〔二〕馮文熊：各本同。文選李善注本作「馮文羆」，當據改。
〔三〕説文大、小徐本原文均無「奕麗曰」三字。

薄美好貌。」

五　顤、音縣。下作「矊」，音字同耳。**鑠**、舒灼反。**盱**、香于反。**揚、䁯，**音滕。**雙也。南楚江淮之間曰顤，或曰䁯。好目謂之順。**言流澤也。**黸瞳之子**黸，黑也。**謂之矊。**言矊邈也。**宋衛韓鄭之間曰鑠；**言光明也。**燕代朝鮮洌水之間曰盱，**謂舉眼也。**或謂之揚。**詩曰「美目揚兮」是也。此本論雙耦，因廣其訓，復言目耳。

案：「雙」，各本訛作「隻」；注內「雙耦」，訛作「隻耦」。玉篇引方言：「顤，雙也。」廣韻：「䁯，雙也。」今據以訂正。玉篇、廣韻又謂「雙生」爲顤。廣雅：「顤、耦、孿也。」「雙、耦、孿，二也。」楚辭招魂篇〔一〕：「遺視矊些。」洪興祖補注引方言：「黸瞳之子謂之矊。」又作「媔」。大招篇：「美目媔只。」補注云：「媔，音緜，美目貌。」「鑠」亦作「⿰目樂」。玉篇云：「美目也。」顏延之宋文皇帝元皇后哀策文：「圜精初爍。」〔二〕李善注云：「郭璞方言注：『爍，言光明也。』」「鑠、爍」，古通用。詩小雅：「云何其盱。」

〔一〕辭：遺書系各本作「詞」。
〔二〕圜、爍：今本文選李善注作「圓、鑠」；下文李善注引郭注亦作「鑠」。

說文：「盱，張目也。一曰朝鮮謂盧童子曰盱。」「矑、盧」「瞳、童」，古通用。玉篇云：「盱，舉目也[一]。燕代朝鮮列水謂盧瞳子爲盱。」「洌、列」，古亦通用。鄭風：「清揚婉兮。」毛傳：「清揚，眉目之閒也。」[二]「膌」，玉篇云：「美目也。」廣韻作「睞」，云：「美目貌。」

六 **嫢、**羌箠反。**笙、揫、**音遒。**摻，**素檻反。**細也。自關而西秦晉之閒凡細而有容謂之嫢，**嫢嫢，小成貌。**或曰徥。**言徥徥也。**凡細貌謂之笙。斂物而細謂之揫，或曰摻。**

案：「嫢」，各本訛作「魏」，今訂正。說文：「嫢，媞也。讀若癸。秦晉謂細𦋺爲嫢。」[三]廣雅：「嫢、笙、揫、摻、細，小也。」義本此。曹憲于「嫢」下列其癸、渠惟二反[四]。「其癸」與「羌箠」所得之音同。字母之說，上聲亦分清濁，古人不分也。注内「徥徥」，各本訛作「徥偕」，後卷六内作「徥皆」，以「皆」屬下「行貌」，竝非。說文云：

[一] 目：宋本玉篇原文作「眼」。
[二] 「閒」字下，十三經注疏本原有「婉然美」三字。
[三] 大徐本原文無「𦋺」字，小徐本有。
[四] 以下六十七字，遺書系各本無。

「偍偍，行貌。」謂細步緩行。今據以訂正。

七　**儴**、言褱瑋也。**渾**、們渾，肥滿也。狐本反。**𦢊**、𦢊呬，充壯也。匹四反。**𦡅**、音壤〔一〕。**僇**、恪膠反。**泡**，音庖。**盛也。自關而西秦晉之閒語也**〔二〕。**陳宋之閒曰僇**，僇𦙶〔三〕，麤大貌。**江淮之閒曰泡**，泡肥，洪張貌。**秦晉或曰𦡅。梁益之閒凡人言盛及其所愛偉其肥晠謂之𦡅。**肥𦡅多肉。

案：「儴」，說文作「傀」，云：「偉也。」玉篇云：「儴，聲類傀字。」「𦢊」，玉篇云：「盛肥也。」漢書賈鄒枚路傳：「壤子王梁代，益邑淮陽。」〔四〕晉灼曰：「揚雄方言：『梁益之閒所愛諱其肥盛曰壤。』」李善注文選云：「方言云『瑋其肥盛』」，晉灼注以瑋爲諱。」〔五〕說文：「益州鄙言人盛、諱其肥謂之𦡅。」玉篇引方言：「𦡅，肥也。」今方言各本作「凡人言盛及其所愛曰諱其肥晠謂之𦡅」，明正德己巳影宋曹毅之刻本作「曰偉」〔六〕，

〔一〕壤：安徽叢書本作「攘」。
〔二〕「自」字上，遺書系各本有「儴」字。「自」：文津閣本誤作「曰」。
〔三〕𦙶：遺書系各本作「胼」。按，宋本作「侔」，當據改。
〔四〕邑：微波榭刻本作「以」，同。
〔五〕晉灼：文選李善注原文作「晉書」。
〔六〕己：遺書系各本作「巳」，誤。本：遺書系各本無此字。

皆衍「曰」字，據説文及漢書注、文選注删。「諱」即「偉」之訛。「偉、瑋」「晠、盛」「䑋、壤」，古通用。廣雅：「䑋、僇、泡、褱、膞、渾、肥，盛也。」義本此。

八　私、策、纖、茷、音鋭。**稺、**古稚字。**杪，**莫召反。**小也。自關而西秦晉之郊梁益之閒凡物小者謂之私。小或曰纖，繒帛之細者謂之纖**〔一〕**。東齊言布帛之細者曰綾，**音淩。**秦晉曰靡。**靡靡，細好也。**凡草生而初達謂之茷。**鋒萌始出。**稺，年小也。木細枝謂之杪，**言杪梢也。**江淮陳楚之内謂之蔑，**蔑，小貌也。**青齊兗冀之閒謂之葼，**馬鬛。**燕之北鄙朝鮮洌水之閒謂之策。故傳曰：「慈母之怒子也，雖折葼笞之，其惠存焉。」**言教在其中也。

案：「纖」亦作「孅」。司馬相如上林賦：「嫵媚孅弱。」李善注引方言：「自關而西凡物小謂之孅。」長門賦：「觀夫靡靡而無窮。」王延壽魯靈光殿賦：「何宏麗之靡靡。」注皆云：「郭璞方言注曰：『靡靡，細好也。』」今方言各本注内脱一「靡」字，據此所引訂補。爾雅釋言：「幼、鞠，稺也。」疏引方言：「稺，年小也。」「稺」，唐石經作「稚」。潘岳閒居賦：「兒童稚齒。」注引方言：「稚，小也。」「稚」字見方言注。左

〔一〕帛：遺書系各本作「白」。

思吳都賦：「鬱兮茷茂。」劉逵注引方言：「凡草生而初達謂之茷。」周語：「鄭未失周典，王而蔑之。」韋昭注云：「蔑，小也。」馬融長笛賦：「跋蔑縷。」注引方言：「蔑，小也。」[一]廣雅：「纖、懱、私、策、葼、茷、杪，小也。」義本此。「蔑、懱」，古通用。禹貢：「徐州，厥篚玄纖縞。豫州，厥篚纖纊。」史記夏本紀裴駰集解引鄭注云：「纖，細也。祭服之材尚細。」顏師古注漢書地理志云：「纖，細繒也。」與方言合。說文云：「東齊謂布帛之細曰綾。」「青齊沇冀謂木細枝曰葼。」注內「馬鬣」，當作「音馬鬣之鬣」。左思魏都賦：「弱葼係實。」劉注云[二]：「葼，木之細枝者也。揚雄方言曰：『青齊兗豫之閒謂之葼。故傳曰：慈母怒子，折葼而笞之，其惠存焉。』」「沇」，俗通作「兗」。此所引「冀」訛作「豫」。左思招隱詩：「杖策招隱士。」李善注引方言：「木細枝曰策。」

九　殗於怯反。**殜，**音葉。**微也。宋衛之閒曰殗。自關而西秦晉之閒凡病而不甚曰殗**

[一]「小也」下，遺書系各本有「當亦是方言注」六字。
[二]「劉」下，遺書系各本有「逵」字。

殜。病半臥半起也。

案：廣雅：「殜殗，病也。」義本此。廣韻：「殗殜，不動貌。」「殜、殜」同。

一〇 **臺、敵，延也**[一]。一作迮也[二]。**東齊海岱之間曰臺。自關而西秦晉之間物力同者謂之臺敵。**

案：「延」蓋「匹」之訛；注內「迮也」蓋「疋也」之訛：「疋」即俗「匹」字[三]。爾雅釋詁：「敵，匹也。」「當也。」廣雅：「敵、儓，當也。」「匹、臺、敵，輩也。」義皆相因[四]。「臺、儓」，蓋通用。

一一 **抱**音赴。**嬔，**孚萬反。一作嬎。**耦也。**耦亦迮[五]，互見其義耳。**荊吴江湖之間曰抱嬔**[六]，

[一] 延：遺書系各本作「匹」。

[二][五] 迮：遺書系各本作「疋」。

[三] 以上文字，遺書系各本作「匹，各本訛作延。匹，俗作疋，遂訛而爲延。注內疋，各本訛作迮。今訂正」。

[四] 義：文津閣本作「蓋」，誤。

[六] 抱嬔：遺書系各本作「抱嬎」。

宋潁之閒或曰婏。

案：後卷八内：「北燕朝鮮洌水之閒謂伏雞曰抱。」説文云：「婏，生子齊均也。」注内「孚萬反」，各本多訛作「追萬反」[一]，從曹毅之本。「迮」亦「疋」之説，當作「匹」[二]。

一二　**倚、**於寄反。**踦，**郤奇反。**奇也。**奇耦。**自關而西秦晉之閒凡全物而體不具謂之倚，梁楚之閒謂之踦。雍梁之西郊凡嘼支體不具者謂之踦。**

案：荀子修身篇：「倚魁之行，非不難也。」楊倞注云：「倚，奇也。奇，讀爲奇耦之奇。」方言[三]：『秦晉之閒凡物體全而不具謂之倚。』倚、魁，謂偏倚狂怪行。」[四]儒效篇：「倚物怪變。」注云：「倚，倚也。」[五]莊子天下篇：「南方有倚人焉。」釋文云：

〔一〕自「各本」至此八字，遺書系各本作「各本孚訛作追」。
〔二〕自「迮」至此八字，遺書系各本作「疋，各本亦訛作迮，今訂正」。
〔三〕此下，楊倞注原文有「云」字。
〔四〕「魁」字下，楊倞注原文有「皆」字。偏倚狂怪行：原文作「偏僻狂怪之行」。
〔五〕「倚也」之「倚」字，文淵閣本作「奇」，遺書系各本同。今本荀子楊倞注原文正作「奇」。

「或作畸。」[一]魯語：「踦跂畢行，無有處人。」韋昭注云：「踦跂，跰蹇也。」春秋僖公三十三年公羊傳：「匹馬隻輪無反者。」何休注云：「隻，踦也。」說文：「踦，一足也。」注內「於寄反」，各本多作「丘寄反」，從曹毅之本[二]。

一三　**逴**、勑略反。**獡**、音鑠。**透，**式六反。**驚也。自關而西秦晉之閒凡蹇者或謂之逴，**行略逴也。**體而偏長短亦謂之逴。宋衛南楚凡相驚曰獡，或曰透。**皆驚貌也。

案：說文：「逴，蹇也。」「南楚謂相驚曰獡。」左思吳都賦：「驚透沸亂。」劉逵注引方言：「透，驚也。」廣雅：「逴、獡、透，驚也。」曹憲音釋云：「透，音叔。世人以此爲跳透字，他候反，未是矣。」

一四　**儀、佫，來也。陳潁之閒曰儀；自關而東周鄭之郊齊魯之閒或謂之佫，或曰懷。**

案：「格、佫」，古通用。爾雅釋言：「格、懷，來也。」詩周頌：「懷柔百神。」毛傳：

[一] 遺書系各本「或」上有「本」，「或」下無「作」。釋文原文「或」上有「本」。
[二] 遺書系各本無「注內『於寄反』」至此十七字，而有「嘼，許救反」四字。

「懷，來也。」周語：「民神怨痛，無所依懷。」韋昭注云：「懷，歸也。」義亦相因。儀者，儀之而來。周語：「丹朱馮身以儀之。」「儀」即來歸之義。「格」字義兼往來：往而至乎彼曰格，來而至乎此亦曰格。誠敬感通于神明，而神明來格；德禮貫通于民心，而民咸格化；心思貫徹于事物，而事盡貫徹。皆合往來爲義，故其本字從彳〔二〕。「格、感、貫」，一聲之轉，故義亦通。

一五　**𪏽**、音昵。**𪐀**，音汝。**黏也。齊魯青徐自關而東或曰𪏽**，音黏𪏽也。**或曰𪐀。**

案：爾雅釋言：「𪏽，膠也。」疏引方言此條，文竝同。「𪏽」亦作「䵒」。説文云：「黏也。」廣雅：「𪐀、䵒，黏也。」義本此。

一六　**餬**、音胡。**託、庇**、庇蔭。**寓、䑢**，音孕。**寄也。齊衛宋魯陳晉汝潁荊州江淮之閒曰庇，或曰寓。寄食爲餬。**傳曰「餬其口于四方」是也。**凡寄爲託，寄物爲䑢。**

案：爾雅釋言：「賸、將，送也。」釋文引方言：「賸，送也。」「䑢、賸」，同。説文：

〔二〕字：遺書系各本作「文」。

「餬，寄食也。」廣雅：「餱、庇、寓、餬、侂，寄也。」義本此。「託、侂」，古通用。注内「庇蔭」，當作「音庇蔭之庇」。「餬其口」，各本譌作「餬予口」，今據左傳改。

一七　逞、苦、了，快也。自山而東或曰逞，楚曰苦，苦而爲快者，猶以臭爲香、治爲亂、徂爲存，此訓義之反覆用之是也。**秦曰了。**今江東呼快爲愃〔一〕，相緣反。

案：春秋桓公六年左傳：「今民餒而君逞欲。」杜預注云：「逞，快也。」廣雅：「逞、苦，快也。」義本此。

一八　悔、㥾、赧，愧也。晉曰悔，或曰㥾。秦晉之間凡愧而見上謂之赧，小爾雅曰：「面赤愧曰赧。」**梁宋曰㥾。**敕㥾，亦慙貌也。音匿。

案：趙岐注孟子云：「赧赧然〔二〕，面赤心不正之貌也。」説文：「赧，面慙赤也。」爾雅釋言：「愧，慙也。」疏全引方言此條，文竝同。玉篇引方言：「梁宋之間謂媿曰

〔一〕「東」字下，遺書系各本有「人」字。

〔二〕「赧赧然」之上，趙岐注原文有「觀其色」三字。

愜。」「愧、媿」，古通用。廣雅：「悔、赧、愜，慙也。」義本此。

一九　叨、託高反。**惏，**洛含反。**殘也。陳楚曰惏。**

案：後漢書黨錮列傳：「昌貪叨誅死。」注引方言：「叨，殘也。」

二〇　憑、齘、苛，怒也。楚曰馮。馮，恚盛貌。楚辭曰〔一〕：「康回馮怒。」**小怒曰齘，**言噤齘也。**陳謂之苛。**相苛責也。

案：離騷：「喟馮心而歷茲。」〔二〕洪興祖補注引方言：「馮，怒也。楚曰馮。」〔三〕「齘」，各本訛作「⿰齒禾」，注內同。今訂正。說文：「齘，齒相切也。」玉篇云：「噤齘，切齒怒也。」「噤齘」，廣韻作「頪齘」。廣雅：「馮、齘、苛，怒也。」義本此。

二一　憡、刺，痛也。憯憡，小痛也。音策。**自關而西秦晉之閒或曰憡。**

〔一〕辭：遺書系各本作「詞」。
〔二〕馮：補注正文作「憑」，注引方言內二「馮」字同。
〔三〕遺書系各本無「楚曰馮」三字。

案：玉篇：「憡，小痛也。」「剌」亦作「瘌」。廣雅：「憡、瘌，痛也。」義本此。

二二　**撟捎，選也。**此妙擇積聚者也。矯、騷兩音。**自關而西秦晉之間凡取物之上謂之撟捎。**

案：説文云：「自關以西凡取物之上者爲撟捎。」廣雅：「撟捎、選，擇也。」皆本此。

二三　**撊、**呼旱反。**梗、**魚鯁。**爽，猛也。晉魏之間曰撊，**傳曰：「撊然登埤。」**韓趙之間曰梗，齊晉曰爽。**

案：春秋昭公十八年左傳：「今執事撊然授兵登埤。」[一]服虔注：「撊然，猛貌也。」疏引方言云：「撊，猛也。晉魏之間曰撊。」荀子榮辱篇：「陋者俄且僩也。」楊倞注云：「僩與撊同，猛也。方言[二]：『晉魏之間謂猛爲撊。』詩曰：『瑟兮僩兮。』」廣雅：「撊、梗、爽，猛也。」義本此。注内「魚鯁」，當作「音魚鯁之鯁」。

[一] 埤：十三經注疏本作「陴」。

[二] 此下，荀子楊倞注原文有「云」。

二四　**瞯**、音閑。**睇**、音悌。**睎**、**略**，音略。**眄也。陳楚之間南楚之外曰睇；東齊青徐之間曰睎；吴揚江淮之間或曰瞯，或曰略；自關而西秦晉之間曰眄。**

案：夏小正：「來降燕，乃睇。」説曰：「睇者，眄也。眄者，視可爲室者也。」廣韻「略」字引方言云：「視也。」説文：「略，眄也。」「眄，衺視也。秦語。」「南楚謂眄曰睇。」「海岱之間曰睎。」「江淮之間曰瞯。」廣雅：「睎、略、眄、睇，視也。」皆本此。

二五　**餽**、消息。**喙**、口喙。**呬**，許四反。**息也。周鄭宋沛之間曰餽；自關而西秦晉之間或曰喙，或曰餽；東齊曰呬。**

案：説文云：「東夷謂息爲呬。」詩曰：『犬夷呬矣。』」今詩作「混夷駾矣」。「呬」，爾雅釋詁亦云：「息也。」郭注云：「今東齊呼息爲呬也。」疏全引方言此條，文竝同。廣雅：「喙，息也。」義本此。注内「消息、口喙」，當作「音消息之息、音口喙之喙」。

二六　**鉳**、劈歷。**摫**，音規。**裁也。梁益之間裁木爲器曰鉳，裂帛爲衣曰摫。鉳又斵也。晉趙之間謂之鉳鉳。**

皆析破之名也。

案：漢書蓺文志：「則苟鉤鈲析亂而已。」顏師古注云：「鈲，破也。」左思蜀都賦：「鈲摫兼呈。」劉逵注云：「揚雄方言〔一〕：『鈲、摫，裁也。梁益之閒裁木爲器曰鈲，裂帛爲衣曰摫。』」廣韻引方言：「梁益閒裂帛爲衣曰摫。」廣雅：「鈲、摫，裁也。」義本此。注内「劈歷」，當作「音劈歷之劈」。

二七　鐫，琢也。謂鏨鐫也。子旋反。晉趙謂之鐫。

案：「琢」，各本訛作「㧻」，今司正〔二〕。説文：「鐫，琢石也。」

二八　鍇、音楷。鐕，音啟。堅也。自關而西秦晉之閒曰鍇，吴揚江淮之閒曰鐕。

案：廣雅：「鍇、鐕，鞏也。」玉篇「鐕、鞏」皆云：「堅也。」

二九　揄鋪、音敷。艦音藍。極、帗音拂。縷、葉褕，音臾。毳也。音脆。皆謂物之扞蔽也。荆揚江湖之閒曰揄鋪，楚曰艦極，陳宋鄭衛之閒謂之帗縷，燕之北郊朝鮮洌水之閒曰葉

〔一〕此下，文選劉注引原文有「云」字。

〔二〕司：字之誤也。四庫系其他各本、遺書系各本均作「訂」，不誤。

褕。今名短度絹爲葉褕也。

案：毳，玉篇云：「罽衣。」「葉褕」，各本訛作「葉輸」，「輸」字不得有「臾」音。玉篇云：「葉褕，短度絹也。」今據以改正。

三〇 **孑、蓋，**昨吝反。**餘也。**謂遺餘。**周鄭之間曰蓋，或曰孑；青徐楚之間曰孑。自關而西秦晉之間炊薪不盡曰蓋。孑，俊也。遵，俊也。**廣異語耳。

案：馬融長笛賦：「蓋滯抗絕。」李善注云：「方言[一]：『燼，餘也。』蓋與燼同。」吴語：「安受其燼。」韋昭注云：「燼，餘也。」春秋成公二年左傳：「請收合餘燼。」杜預注云：「燼，火餘木。」廣雅：「燼、孑，餘也。」義本此。説文：「俊，材千人也。」廣韻：「智過千人曰俊。」鄉飲酒禮：「遵者降席。」鄭注云：「遵者，謂此鄉之人仕至大夫者也。今來助主人樂賓，主人所榮而遵法者也。」鄉射禮注云：「謂之遵者，方以禮樂化民，欲其遵法之也。」「遵」之爲「俊」，或因此起義。

[一] 此下，文選李善注原文有「曰」字。

三一　**翿**、音濤。**幢**，徒江反。**翳也**。舞者所以自蔽翳也。**楚曰翿，關西關東皆曰幢。**

案：「翿」，説文作「翳」，云：「翳也。所以舞也。」引詩「左執翳」。鄭箋于毛傳以「翳」釋「翿」申之曰：「翳，舞者所持，所謂羽舞也。」[一]「翿」又作「翢」。廣雅：「幢謂之翢。」義本此。

三二　**捜、略，求也。秦晉之間曰捜。就室曰捜，于道曰略。略，强取也。攈**、古捃字。**摭**，盜蹠。**取也。此通語也。**

案：「捜」，説文云：「求也。」齊語：「犧牲不略，則牛羊遂。」韋昭注云：「略，奪也。」春秋成公十二年左傳：「略其武夫，以爲己腹心股肱爪牙。」杜預注云：「略，取也。」襄公四年左傳：「匠慶請木，季孫曰略。」注云：「不以道取爲略。」疏云：「今律略人、略賣人是也。」沈約齊故安陸昭王碑文：「小則俘民略畜。」李善注引方言：「略，强取也。」魯語：「收攈而烝。」[二]韋昭注：「攈，拾也。」史記十二諸侯年表：「各往往捃

[一]「所謂」之「所」字，十三經注疏本無。
[二] 攈：國語原作「攟」，韋昭注同。烝：國語原作「蒸」。

摭春秋之文以著書。」漢書蓺文志：「捃摭遺逸。」顏師古注云：「捃摭，謂拾取之。」後漢書馮衍傳：「捃桓、文之譎功。」注引方言：「捃，取也。」廣雅：「废、略，求也。」「摭、攈、略，取也。」義本此。「挍、废」，古通用。

三三　茫、矜、奄，遽也。謂遽矜也。吴揚曰茫；今北方通然也。莫光反。陳潁之閒曰奄；秦晉或曰矜，或曰遽。

案：馬融長笛賦：「奄忽滅没。」〔一〕李善注引方言〔二〕：「奄，遽也。」傅毅舞賦：「翼爾悠往，闇復輟已。」注云：「闇，猶奄也。古人呼『闇』，殆與『奄』同。方言曰：『奄，遽也。』」〔三〕廣雅：「蓢、矜，遽也。」義本此。「茫、蓢」，古通用。

三四　速、逞、摇扇，疾也。東齊海岱之閒曰速，燕之外鄙朝鮮洌水之閒曰摇扇，楚曰逞。

案：説文云：「楚謂疾行爲逞。」廣雅：「逞、摇扇，疾也。」義本此。

〔一〕此下，遺書系各本有「任昉南徐州蕭公行狀『奄見蕘落』」十三字。
〔二〕「注」字下，遺書系各本有「皆」字。
〔三〕自「傅毅」至此三十二字，遺書系各本無。

三五　予、賴，讎也。南楚之外曰賴，賴亦惡名。秦晉曰讎。

案：注内言「賴亦惡名」，蓋讀「賴」爲「厲」。「厲、賴」，古多通用；「予、與」，亦聲義通。後卷六内「誣、諂，與也」，卷十内「拏或謂之諂」，注云：「言誣諂也。」廣雅：「誣、諂，予也。」則「予」有「誣言相加被」之義。相誣、相惡皆相讎也，故以「讎」釋之。

三六　恒慨、蔘索含反。綏、羞繹、音奕。紛毋，言既廣又大也。荆揚之間凡言廣大者謂之恒慨；東甌之間謂之蔘綏，東甌亦越地，今臨海永寧是也。或謂之羞繹、紛毋。

案：廣韻：「蔘綏，垂貌。」餘未見他書，皆形容盛大之辭。

三七　剿、雀燎反，又子了反。蹶，音踣蹶。獪也。古狡狯字。秦晉之間曰獪；楚謂之剿，或曰蹶；楚鄭曰蔿，音指撝，亦獪聲之轉也。或曰婚。言黠婚也。今建平郡人呼婚，胡刮切[一]。

案：爾雅釋言：「靦，婚也。」釋文云：「方言：『楚或謂狡獪爲婚。』『婚』猶『獪』

[一] 切：各本同，誤。當作「反」。

也。郭注：『言黠也。』「黠」下脱一「婚」字〔一〕。「蹶、獪」，一聲之轉。注內「音踣蹶」三字，各本「音」訛作「言」，又訛在「或曰蹶」之下；前「蹶」字下作「音厥」：前後重出，今訂正。「音踣蹶、音指撝」，當作「音踣蹶之蹶、音指撝之撝」。

〔一〕黠：文津閣本同。當作「黠」，遺書系各本及文淵閣本不誤。

輶軒使者絶代語釋別國方言三

漢揚雄 撰
晉郭璞 注

一 陳楚之閒凡人嘼乳而雙産謂之釐孳，音茲。秦晉之閒謂之僆子，音輦。自關而東趙魏之閒謂之孿生。蘇官反。女謂之嫁子。言往適人。

案：説文：「孿，一乳兩子也。」亦作「孌」。廣雅：「釐孳、僆，孌也。」「雙、孌，二也。」義本此。「釐」亦作「嫠」，「孳」亦作「孖」。玉篇云：「嫠孖，雙生也。」「雞鳴成僆。」又引文字音義云：「江東呼畜雙産謂之僆。」

二 東齊之閒壻謂之倩。言可借倩也，今俗呼女壻爲「卒便」是也。

案：「壻」，各本訛作「聟」，今訂正。史記倉公列傳：「黄氏諸倩。」集解云：「徐廣曰：『倩者，女婿也。』駰案：方言曰：『東齊之閒婿謂之倩。』郭璞曰：『言可假倩也。』」說文云：「東齊婿謂之倩。」廣雅：「婿謂之倩。」皆本此。注「是也」下，各本有「卒便一作平使」六字〔一〕。

三　**燕齊之閒養馬者謂之娠。**今之温厚也。音振。**官婢女廝謂之娠**〔二〕**。**女廝，婦人給使者，亦名娠。

案：「娠」亦作「侲」。後漢書文苑列傳：「虜儌侲。」注引方言：「侲，養馬人也。」玉篇引方言：「燕齊之閒謂養馬者曰侲。」說文云：「宮婢女隸謂之娠。」徐堅初學記引方言：「燕齊之閒養馬者及奴婢女廝皆謂之娠。」

四　**楚東海之閒亭父謂之亭公。**亭民。**卒謂之弩父，**主擔幔弩導幨，因名云。**或謂之褚。**言衣赤也。褚音赭。

〔一〕自「注『是也』」至此十五字，遺書系各本無。

〔二〕娠：遺書系各本作「振」。

案：春秋昭公二年左傳：「請以印爲褚師。」杜預注云：「褚師，市官。」説文：「褚，卒也。」廣雅：「亭父、褚，卒也。」義本此。

五　臧、甬，音勇。**侮、獲，奴婢賤稱也。荆淮海岱雜齊之閒**俗不純爲雜。**罵奴曰臧，罵婢曰獲。齊之北鄙燕之北郊凡民男而壻婢謂之臧，女而婦奴謂之獲；亡奴謂之臧，亡婢謂之獲。皆異方罵奴婢之醜稱也。自關而東陳魏宋楚之閒保庸謂之甬。**保，言可保信也。**秦晉之閒罵奴婢曰侮。**皆爲人所輕弄。

案：後漢書何敞傳：「然臧獲之謀。」注引方言：「臧、獲，奴婢賤稱也。」荀子王霸篇：「則雖臧獲。」楊倞注云：「臧、獲，奴婢也。方言謂『荆淮海岱之閒罵奴曰臧，罵婢曰獲』，『燕齊亡奴謂之臧，亡婢謂之獲』。或曰：取貨謂之臧，擒得謂之獲，皆謂有罪爲奴婢者，故周禮云：『其奴[一]，男子入于罪隸，女子入于舂稾。』」史記魯仲連列傳：「臧獲且羞與之同名矣。」裴駰集解引方言：「荆淮海岱燕齊之閒罵奴曰臧，罵婢曰獲。」「燕齊」即「雜齊」之訛。廣韻引方言作「荆淮海岱淮濟之閒」，「雜齊、淮濟」，字

[一] 此下，荀子楊倞注原文有「婢」字。

形相近而訛。各本「壻」訛作「聟」。漢書司馬遷傳：「且夫臧獲婢妾猶能引決。」注引應劭曰：「揚雄方言云：『海岱之閒罵奴曰臧，罵婢曰獲。燕之北郊民而聟婢謂之臧，女而婦奴謂之獲。』」「聟」字亦轉寫之訛。徐堅初學記引方言此條作「壻」，今據以訂正。司馬相如列傳：「與保庸雜作。」集解引方言：「保庸調之南方，奴婢賤稱也。」「調」乃「謂」字訛舛；「南方」二字乃「甬」字訛舛，「甬」作「勇」，遂離而爲「南方」，亦校書者妄以意改也。賈誼過秦論：「材能不及中庸。」李善注引方言：「庸，賤稱也。」廣雅：「甬、保、庸，使也。」「侮、獲，婢也。」

六　**蔿、**音花。**譌、**訛言。**譁、**五瓜反。皆化聲之轉也。**涅，化也。燕朝鮮洌水之閒曰涅，或曰譁。雞伏卵而未孚**音赴。**始化之時謂之涅。**

案：「譌、訛」，古通用。爾雅釋言：「訛，化也。」亦作「吪」。詩豳風：「四國是吪。」毛傳：「吪，化也。」注内「訛言」，當作「音訛言之訛」。説文：「涅，黑土在水中也。」論語：「涅而不淄。」[一]注引孔安國云：「涅可以染皁。」是「涅」取染化之義。廣

[一] 淄：文淵閣本及遺書系各本均作「緇」。按，十三經注疏本作「緇」，阮元校云：「史記孔子世家及論衡問孔篇俱作『不淄』，『淄』與『緇』古字通。」

雅：「諱、蔿、涅，匕也。」義本此。「匕」，古「化」字。

七 斟、協，汁也。謂和協也。或曰瀋汁，所未能詳。北燕朝鮮洌水之間曰斟，自關而東曰協，關西曰汁。

案：「協、汁」，古多無別。周禮太史：「讀禮書而協事。」鄭注云〔一〕：「故書『協』作『叶』。杜子春云：『叶，協也。書亦或爲「協」，或爲「汁」。』」鄉士：「汁日。」注云〔二〕：「汁，合也，和也。和合支幹善日。」釋文：「汁，音協，本亦作『協』。」大行人：「協辭命。」注云〔三〕：「故書作『叶詞命』〔四〕。鄭司農云：『叶，當爲汁。』」釋文：「叶，音協。汁，之十反，叶也。又音協。」張衡西京賦：「五緯相汁，以旅于東井。」李善注引方言：「汁，叶也。之十反。」注内「瀋汁」，各本譌作「潘汁」，今訂正。劉熙釋名云：「宋魯人皆謂汁爲瀋。」史記張儀列傳：「廚人進斟。」司馬貞索隱云：「『斟』謂羹汁，故

〔一〕遺書系各本無「鄭注云」三字。
〔二〕「注云」上，遺書系各本有「鄭」字。
〔三〕遺書系各本無「注云」二字。
〔四〕「故書」下，十三經注疏本有「協辭命」三字。

名汁爲斟。」

八　蘇、芥，草也。漢書曰：「樵蘇而爨。」蘇猶蘆，語轉也。江淮南楚之間曰蘇；自關而西或曰草，或曰芥；或言菜也。南楚江湘之間謂之莽。嫫母反。

案：莊子天運篇：「蘇者取而爨之。」釋文：「李云：『蘇，草也。』方言〔一〕：『江淮南楚之間謂之蘇。』」春秋哀公元年左傳：「以民爲土芥。」杜預注云：「芥，草也。」「謂之莽」，各本訛作「謂之芥」；注内「嫫母反」，脱「反」字。張衡西京賦：「赴長莽。」薛綜注引方言曰：「草，南楚之間謂之莽。」後卷十内「莽」「嫫母反」可證此條訛脱，今訂正。廣雅：「蘇、芥、莽，草也。」義本此。

九　蘇亦荏也。荏屬也。爾雅曰：「蘇，桂荏也。」關之東西或謂之蘇，或謂之荏；周鄭之間謂之公蕡；音翡翠。今江東人呼荏爲菩，音魚。沅湘之南或謂之𦼮。今長沙人呼野蘇爲𦼮，音車轄。沅，水

〔一〕此下，莊子釋文原文有「云」字。

名，在武陵。**其小者謂之蘸葇。**堇葇也〔一〕。亦蘇之種類，因名云。

案：爾雅釋草：「蘇，桂荏。」郭注云：「蘇，荏類，故名桂荏。」徐鍇說文繫傳云：「荏，白蘇也。桂荏，紫蘇也。」後漢書馬融傳：「桂荏鳧葵。」注引方言：「蘇亦荏也。」玉篇云：「長沙人呼野蘇爲蓍。」「香葇菜，蘇類也。」「蘸」亦作「穰」。廣雅：「公蕡、穰葇〔二〕、蓍、荏，蘇也。」本此。注內「音魚」，曹毅之本作「音吾」〔三〕。

一〇 **蘴、**舊音蜂。今江東音嵩，字作菘也。**蕘，**鈐鐃。**蕪菁也。陳楚之郊謂之蘴，魯齊之郊謂之蕘，關之東西謂之蕪菁，趙魏之郊謂之大芥。其小者謂之辛芥，或謂之幽芥；其紫華者謂之蘆菔。**今江東名爲温菘，實如小豆。羅、匐二音。**東魯謂之菈遳。**洛荅、徒合兩反〔四〕。

案：「蘴」，亦作「葑」。詩邶風：「采葑采菲。」毛傳：「葑，須也。」疏引方言此條「關之東西」作「關西」；「趙魏之郊」，「郊」訛作「部」。爾雅釋草：「須，蕵蕪。」疏即

〔一〕堇：文津閣本作「菫」，誤。
〔二〕據王念孫校，此處「穰」當作「蘸」，廣雅各本脫去「蘸」而曹憲音「穰」誤入正文。
〔三〕自「注內」至此十一字，遺書系各本均無。
〔四〕徒：遺書系各本作「大」，與宋本同。

録詩疏，故亦同誤。鄭注坊記云：「葑，蔓菁也。陳宋之閒謂之葑。」陸璣草木疏云：「幽州人或謂之芥。」釋草又曰：「葖，蘆葩。」郭璞注云：「葩宜爲菔。蘆菔，蕪菁屬，紫花，大根，俗呼雹葖。」疏云：「紫花菘也，俗呼温菘。」説文云：「蘆菔似蕪菁，實如小尗者。」玉篇引方言：「豐[一]，江東呼菘[二]，蕪菁也。」蓋雜取注文言之。又引方言：「東魯人呼蘆菔爲菈遝子。」廣韻：「菈遝，秦人呼蘿蔔。」廣雅：「蘴、蕘，蕪精也。」[三]「菈遝，蘆菔也。」皆本此。注内「鈴鐃」，當作「音鈴鐃之鐃」。

一一　**䓈、芡，**音儉。**雞頭也。北燕謂之䓈；**今江東亦呼䓈耳。**青徐淮泗之閒謂之芡；南楚江湘之閒謂之雞頭，或謂之鴈頭，或謂之烏頭。**狀似烏頭，故轉以名之。

案：「䓈」，各本多訛作「葰」，曹毅之本不誤。廣雅：「䓈、芡，雞頭也。」本此。曹憲音釋：「䓈，悦燊反。」玉篇引方言：「䓈、芡，雞頭也。北燕謂之䓈。」廣韻引方言：

[一] 豐：遺書系各本作「蘴」。宋本玉篇「菘」字下引方言作「豐」。
[二] 呼：宋本玉篇「菘」字下引方言作「曰」。
[三] 精：各本同，誤，當作「菁」。

「南楚謂之雞頭，北燕謂之葰，青徐淮泗之閒謂之芡。」周禮籩人：「加豆之實〔一〕，蔆芡栗脯。」鄭注：「芡，雞頭也。」疏云：「今人或謂之鴈頭。」

一二　**凡草木刺人，北燕朝鮮之閒謂之茦，**爾雅曰：「茦，刺也。」〔二〕**或謂之壯；**今淮南人亦呼壯。壯，傷也。山海經謂刺爲傷也。**自關而東或謂之梗，**今之梗榆。**或謂之劌；**劌者，傷割人名，音鱖魚也。**自關而西謂之刺；江湘之閒謂之棘。**楚辭曰〔三〕：「曾枝剡棘。」亦通語耳，音己力反〔四〕。

案：「茦」，各本訛作「策」，今訂正。爾雅釋草：「茦，刺。」郭注云：「草刺針也。關西謂之刺，燕北朝鮮之閒曰茦。見方言。」疏全引方言此條，文竝同。釋文引方言：「凡草木而刺人者，北燕朝鮮之閒謂之茦，關西呼茦壯爲莿。」説文「茦、莿」二字轉注。徐鍇繫傳云：「此爲草木之莿，刺爲斫刺之刺。」廣雅：「梗、劌、棘、茦、刺、壯，箴也。」古通用「刺」，不必如徐鍇所辨別。張衡西京賦：「梗林爲之靡拉。」李善注引方言：「凡

〔一〕豆：十三經注疏本作「籩」。
〔二〕刺：遺書系各本作「賴」，誤。
〔三〕辭：遺書系各本作「詞」，文淵閣本同。
〔四〕己：遺書系各本作「巳」，誤。

草木刺人爲梗。」聘義：「廉而不劌。」鄭注云：「劌，傷也。」釋文「九衛反」，引字林：「劌，利傷也。」楚辭橘頌：「曾枝剡棘。」〔一〕洪興祖補注引方言：「凡草木刺人，江湘之閒謂之棘。」

一三　**凡飲藥傅藥而毒，南楚之外謂之瘌；**乖瘌。**北燕朝鮮之閒謂之癆；**癆、瘌皆辛螫也〔二〕。音聊。**東齊海岱之閒謂之瞑，或謂之眩；**瞑眩，亦今通語耳。**自關而西謂之毒。瘌，痛也。**

案：說文：「楚人謂藥毒曰痛瘌。」「朝鮮謂藥毒曰癆。」「瞑」，多譌作「眠」〔三〕，曹毅之本不誤。孟子引書曰：「若藥不瞑眩。」趙岐注云：「藥攻人疾，先使瞑眩憒亂。」尚書疏引方言：「凡飲藥而毒，東齊海岱閒或謂之瞑，或謂之眩。」廣雅：「癆、毒、瘌，痛也。」義本此。

一四　**逞、曉、恔、苦，快也。**恔即狡。狡戲亦快事也。**自關而東或曰曉，或曰逞；江淮陳楚**

〔一〕剡：遺書系各本作「圓」，誤。
〔二〕瘌：安徽叢書本作「痢」，誤。
〔三〕多：遺書系各本作「各本」。

之閒曰逞；宋鄭周洛韓魏之閒曰苦；東齊海岱之閒曰恔；自關而西曰快。

案：前卷二内：「逞、苦、了，快也。」「曉」與「了」，義蓋相因。孟子：「於人心獨無恔乎。」趙岐注云：「恔，快也。」廣雅：「逞、苦、曉、恔，快也。」義本此。

一五　膠、譎，詐也。涼州西南之閒曰膠；自關而東西或曰譎，或曰膠。汝南人呼欺爲讉訰，他回反。亦曰詒，音殆。**詐，通語也。**

案：説文云：「梁益曰謬[一]，欺天下曰譎。」郭璞爾雅序曰：「竝多紛謬。」釋文引方言：「謬，詐也。」[二]廣雅：「謬、譎、詐、膠，欺也。」「謬」與「膠」兩見。今方言無「謬，詐也」之語，或此條脱一「謬」字。爾雅釋詁：「詐，僞也。」疏全引方言此條，文竝同。列子黄帝篇：「既而狎侮欺詒。」張湛注引方言：「相欺亦曰詒。」似即此條注文。

一六　揠、擢、拂、戎，拔也。今呼拔草心爲揠，烏拔反。**自關而西或曰拔，或曰擢；自關而**

〔一〕梁益：大徐本説文原文作「益梁」。
〔二〕詐：文津閣本作「許」，誤。

東江淮南楚之閒或曰戎；東齊海岱之閒曰揠。

案：孟子：「宋人有閔其苗之不長而揠之者。」趙岐注云：「揠，挺拔之，欲亟長也。」潘岳爲賈謐作贈陸機詩：「擢應嘉舉。」李善注引方言：「擢，拔也。」廣雅：「揠、擢、拂、戎，拔也。」義本此。

一七　慰、廛、度，凥也。周官云：「夫一廛。」宅也。音纏約。**江淮青徐之閒曰慰；東齊海岱之閒或曰度**[一]**，或曰廛，或曰踐。**

案：廣雅：「慰、廛，凥也。」義本此。文選雜詩：「宴慰及私辰。」李善注引方言：「慰，居也。」「凥、居」，古通用。周禮遂人：「夫一廛。」注云：「廛，居也。城邑之居。」古音「宅」讀如度，故「宅、度」古多通。詩大雅「宅是鎬京」，坊記引作「度是鎬京」；周禮縫人注引書「度西」，今書作「宅西」；他如史記五帝本紀「五流有度」「五度三居」、夏本紀「三危既度」、論衡引詩「此維與度」之類。漢書注：「臣瓚云：案古文『宅、度』同。」是也。

[一] 遺書系各本無「或曰度」三字。

一八　**萃、雜，集也。東齊曰聚。**

案：詩陳風：「有鴞萃止。」毛傳：「萃，集也。」鄭語：「先王以土與金木水火雜，以成百物。」韋昭注云：「雜，合也。」廣雅：「萃、雜、集，聚也。」義本此。

一九　**追、遝，及也。東齊曰追；**音殆。**關之東西曰遝，或曰及。**

案：爾雅釋言：「迨，及也。」郭注云：「東齊曰迨。」又：「逮，遝也。」注云：「今荆楚人皆曰遝。」玉篇云：「迨遝〔一〕，行相及也。」

二〇　**荄、杜，根也。**今俗名韭根爲荄，音陔。**東齊曰杜，**詩曰「徹彼桑杜」是也。**或曰芨。**音撥。

案：爾雅釋草：「荄，根。」郭注云：「俗呼韭根爲荄。」潘岳懷舊賦：「陳荄破于堂除。」〔二〕悼亡詩：「枯荄帶墳隅。」李善注兩引方言：「荄，根也。」詩豳風：「徹彼桑

〔一〕迨：遺書系各本、文淵閣本作「追」，與玉篇合，當據改。

〔二〕破：遺書系各本，文淵閣、文津閣本均作「被」，與今本文選同，當據改。

土。」釋文云：「韓詩作『杜』。方言：『東齊謂根曰杜』。」説文云：「茇，艸根也。春艸根枯，引之而發土爲撥，故謂之茇。」

二一　**班、徹，列也。北燕曰班，東齊曰徹。**

案：趙岐注孟子「班爵禄」云：「班，列也。」春秋昭公二年左傳：「送從逆班。」杜預注云：「班，列也。」任昉奏彈曹景宗曰：「榮高列侯。」〔一〕李善注引方言：「列，班也。」〔二〕所引即此文。詩大雅：「王命召伯，徹申伯土田。」毛傳：「徹，治也。」鄭箋云：「治者，正其井牧，定其賦税。」亦於班、列之義爲近。廣雅：「列、班，布也。」

二二　**瘼、**音莫。**癁，**謂勞復也。**病也。東齊海岱之間曰瘼，或曰癁；秦曰瘎**〔三〕**。**音闇，或諶。

案：詩小雅：「亂離瘼矣。」毛傳：「瘼，病也。」爾雅：「瘼，病也。」郭注云：「東齊曰瘼。」「癁」亦作「瘦」。玉篇：「瘦，再病也。」廣韻：「瘎，腹内故病。」廣雅：「瘦，

〔一〕侯：文選作「將」。
〔二〕列，班也：文選李善注原文引作「列、班，列也」。
〔三〕瘎：遺書系各本作「湛」，誤。

瘃也。」

二三　**掩、醜、掍、**袞衣。**綷，**作憒反。**同也。江淮南楚之間曰掩；宋衛之間曰綷，或曰掍；東齊曰醜。**

案：「掩、奄」，古通用。詩周頌：「奄有四方。」毛傳：「奄，同也。」「醜」訓「類」，「類」亦「同」也。孟子：「今天下地醜德齊，莫能相尚。」趙岐注云：「醜，類也。言今天下之人君土地相類。」以方言證之，于義尤明。班固西都賦：「掍建章而連外屬。」王褒洞簫賦：「掍其會合。」李善注兩引方言「掍，同也」。注内「袞衣」，當作「音袞衣之袞」。玉篇：「綷，周也。」類篇：「綷，周也。宋衛語。」「周」即「同」之訛。説文作「䌨」，云：「會五采繒色。」亦于「同」之義爲近。廣雅：「掍、粹、醜，同也。」「粹」當作「綷」。

二四　**裕、猷，道也。東齊曰裕，或曰猷。**

案：坊記引書：「爾有嘉謀嘉猷。」鄭注云：「猷，道也。」「猷、繇」，古通用。爾

雅釋詁：「繇，道也。」廣雅：「裕，道也。」[一]

二五　**虔、散，殺也。東齊曰散，青徐淮楚之間曰虔。**

案：「虔」訓殺，已見前卷一內。

二六　**汜、**音汎。**浼、**音漫。**潤、**湯潤。**洼，**烏蛙反。**洿也。**皆洿池也。**自關而東或曰洼，或曰汜；東齊海岱之間或曰浼，或曰潤。**荆州呼潢也。

案：「洿、汚」，古通用。說文：「洿，濁水不流也。一曰窳下也。」「汚，薉也。一曰小池爲汚。」「浼，汚也。詩曰：『河水浼浼。』孟子曰：『汝安能浼我。』」「海岱之間謂相汚曰潤。」「洼，深池也。」「潢，積水池。」孫奭孟子音義引方言：「東齊之間謂汚曰浼。」郭注以爲皆洿池之名。廣雅：「汜、䤄、洼、染、潤、濩、辱、點，汚也。」蓋皆取薉汚義。「浼、䤄」，古通用。注內「湯潤」，當作「音湯潤之潤」[二]。

[一] 此下，遺書系各本有「『裕、猷』亦一聲之轉」七字。

[二] 此處兩「潤」，遺書系各本均作「爛」，誤。

二七　庸、恣、比、比次。**侹、**挺直。**更、佚，**蹉跌。**代也。齊曰佚，江淮陳楚之間曰侹。餘四方之通語也。**今俗亦名更代作爲恣作也。

案：「庸、傭」，古通用。「恣」當作「佽」。説文：「佽，遞也。」「遞，更易也。」「侹，代也。」「代，更也。」「佚、迭」，古亦通。春秋文公十一年穀梁傳：「兄弟三人，佚害中國。」范甯注云：「佚，猶更也。」班固西都賦：「更盛迭貴。」李善注引方言：「迭，代也。」廣雅：「庸、比、侹、佽、更、迭，代也。」義本此。注内「比次、挺直、蹉跌」，當作「音比次之比、音挺直之挺、音蹉跌之跌」。

二八　氓，音萌[一]。**民也。**民之總名。

案：「氓」亦作「甿」。詩衛風：「氓之蚩蚩。」毛傳：「氓，民也。」周禮遂人：「以下劑致甿。」鄭注云：「變民言甿，異外内也。甿猶懵。懵，無知貌也。」[二]亦借用

[一] 遺書系各本「音萌」置於「民之總名」之下。
[二] 文淵閣本引無「也」字。

「萌」。漢書霍去病傳：「及厥衆萌。」顏師古注云：「萌，字與甿同。」

二九　**杋**，音舊。**仇也。**謂怨仇也。

案：「杋」，集韻作「扏」，引方言「扏，仇也」。「杋」，从木，九聲。「仇」，从人，九聲。「扏」字不合六書，應即「杋」之訛。類篇收入九部，蓋以爲从九，求聲，于義無取。

三〇　**寓，寄也。**

案：「寓」訓「寄」，已見前卷二内。

三一　**露，敗也。**

案：露，見也〔一〕。故有敗露之語。

〔一〕此下，遺書系各本有：「春秋昭公元年左傳：『勿使有所壅閉湫底，以露其體。』注：『露，羸也。』易：『羸其瓶。』注：『羸，敗也。』」三十二字。

三二　**別，治也。**

案：辨别不淆紊，故爲治之義。

三三　**棖，法也。**救傾之法。

案：説文：「棖，杖也。一曰法也。」與郭注「救傾」意合。廣雅：「棖，法也。」義本此。又「棖、堂」，古通用。考工記弓人：「維角堂之。」鄭注：「堂，讀如堂距之堂。」疏云：「堂距，取其正也。」釋文：「堂，直庚反。」

三四　**讁，**音責〔一〕。**怒也。**相責怒也。

案：春秋桓公十八年左傳：「公讁之。」釋文云：「讁，責也。」即此注「責怒」之義。

三五　**閒，非也。**

案：孟子：「政不足與閒也。」趙岐注云：「閒，非也。」

〔一〕音責：遺書系各本作「音賾」，置於「相責怒也」之下。

三六　格，正也。

案：孟子：「惟大人爲能格君心之非。」[一]趙岐注云：「格，正也。」

三七　䉤，數也。偶物爲麗，故云數也。

案：説文、廣雅竝云：「䉤，數也。」亦通作「麗」。詩大雅：「其麗不億。」毛傳：「麗，數也。」

三八　軫，戾也。相乖戾也。江東音善。

案：「軫」亦作「抮」。「戾」亦作「盭」。廣雅：「抮、盭，偝也。」王融永明九年策秀才文：「紛諍空軫。」[二]李善注引方言曰：「軫，謂相乖戾也。」即此條注文，蓋脱一「注」字。方言各本「乖」訛作「了」，今訂正。

[一] 心：文淵閣本作「子」，誤。

[二] 諍：各本同。文選作「爭」。

三九　屑，音拺[一]。潔也。謂潔清也。

案：廣雅：「屑，潔也。」義本此。詩邶風：「不我屑以。」鄘風：「不屑髢也。」毛傳竝云：「屑，絜也。」「潔、絜」，古通用。

四〇　譚，章順反。罪也。謂罪惡也。

案：廣雅：「譚，辠也。」義本此。

四一　俚，音吏。聊也。謂苟且也。

案：漢書季布欒布田叔傳贊曰：「其畫無俚之至耳。」注：「晉灼曰：『揚雄方言[二]：俚，聊也。』」說文、廣雅竝云：「俚，聊也。」義本此。

[一] 音拺：各本皆作「音辭」，遺書系各本置於「謂潔清也」之下。

[二] 此下，漢書顏師古注引原文有「曰」字。

四二　梱〔一〕，恪本反。**就也。**梱梱，成就貌。

案：「梱」，各本訛作「梱」，注內同，今訂正。説文：「稛，絭束也。」玉篇、廣韻竝云「成熟」，與郭注「成就貌」合。「梱」乃門橛，于義無取。

四三　苙，音立。**圂也。**謂蘭圂也。

案：孟子：「既入其苙。」趙岐注云：「苙，蘭也。」「蘭、闌」，古通用。漢書王莽傳：「與牛馬同蘭。」顏師古注云：「蘭，謂遮蘭之，若牛馬蘭圈也。」

四四　廋，音搜索也。**隱也。**謂隱匿也。

案：「廋」，本作「廋」。廣雅：「廋，隱也。」義本此。晉語：「有秦客廋辭于朝。」韋昭注云：「廋，隱也。謂以隱伏譎詭之言問于朝。東方朔曰：『非敢試之，乃與爲隱耳。』」〔二〕是也。

〔一〕依疏證内容，「稛」當作「稛」，注内同。

〔二〕試：各本同，誤。國語韋昭注原文作「詆」。乃：各本同。國語韋昭注原文無此字。

四五　銛，音忝。**取也。** 謂挑取物。

案：廣雅：「銛，取也。」義本此。趙岐注孟子「以言銛之」云：「銛，取也。」孫奭音義：「丁曰：字書及諸書竝無此銛字。郭璞方言注云：『音忝，謂排取物也。』〔一〕其字從金，今此字從食，與方言不同，蓋傳寫誤也。」

四六　棖，隨也。 棖柱令相隨也。

案：「棖、摚」〔二〕，古亦通用。摚，丑庚反。說文：「摚〔三〕，衺柱也。」徐鉉云：「今俗別作撐，非是。」古多通用「党」。王延壽魯靈光殿賦：「枝党杈枒而斜據。」張載注云：「党，或作棖字。」

四七　儓、音臺。**䑋**，音僰。**農夫之醜稱也。南楚凡罵庸賤謂之田儓。** 佁儓，駑鈍貌。或曰僕

〔一〕排：文津閣本同。遺書系各本及文淵閣本均作「挑」，孟子正義原文正作「挑」，與郭注同。

〔二〕摚：各本均作「樘」，下同。

〔三〕摚：大徐本說文原文作「樘」。古書從木從扌常互訛，當據改。

臣儓，亦至賤之號也。**或謂之𦋺，**𦋺，丁健貌也。廣雅以爲奴，字作㚔，音同。**或謂之辟。辟，商人醜稱也。**僻僻，便黠貌也。音擘。

案：「儓」，亦作「嬯」。説文云：「遲鈍也。」玉篇：「𦋺，農夫之賤稱也。南楚罵賤謂之𦋺。」廣雅：「儓、𦋺，醜也。」皆本此。廣韻：「㚔，丁壯貌。亦醜也。」

四八　庸謂之倯，轉語也。倯，猶保倯也。今隴右人名孏爲倯，相容反。

案：玉篇引方言此條，文竝同。「孏」即古「嬾」字，亦作「孏」〔一〕。

四九　褸裂、褸，音縷。**須捷、挾斯，敗也。南楚凡人貧衣被醜敝謂之須捷；**須捷，狎翣也。**或謂之褸裂；**裂，衣壞貌。**或謂之襤褸，故左傳曰「蓽路襤褸，以启山林」，**蓽路，柴車。**殆謂此也；或謂之挾斯，**挾斯，猶挾變也。**器物敝亦謂之挾斯。**

案：爾雅釋詁：「際、接、翜，捷也。」郭注云：「捷，謂相接續也。」則「須捷」蓋俟補綴之意。釋言：「斯，離也。」「挾斯」應是接會其綻裂者。「挾」亦作「俠」。廣雅：「俠

〔一〕孏：文津閣本及遺書系各本作「孄」。「孄」同「孏」，尋繹「亦作」之意，當作「孄」。

斯，敗也。」「襤褸」，今左傳作「藍縷」，服虔注云：「言其縷破藍藍然。」疏引方言：「楚謂凡人貧衣破醜敝爲藍縷。」「衣破」即「衣被」之訛。「启、啟」，古通用。

五〇　**擈、**打擈。**鋌、**音挺。**澌，盡也。南楚凡物盡生者曰擈生；**今種物皆生云穙地生也。**物空盡者曰鋌。鋌，賜也。**亦中國之通語也。**鋌、賜、擈、澌，皆盡也。鋌，空也，語之轉也。**

案：「擈」，亦作「撲」，本作「穙」。廣韻：「穙，草生穊也。」注内「打擈」，當作「音打擈之擈」。鮑昭蕪城賦[一]：「廛閈撲地，歌吹沸天。」李善注引方言：「撲，盡也。」又引郭璞注作「擈地出」[二]，餘竝同。説文：「澌，水索也。」玉篇云：「澌，音賜。水盡也。」蓋「澌、賜」同音，故「賜」亦爲盡。廣韻「澌」亦作「儩」。「鋌賜擈澌」，諸刻訛作「連此擈澌」。潘岳西征賦：「若循環之無賜。」李善注引方言：「賜，盡也。」「鋌、罕」同音。廣雅：「澌、鋌，盡也。」「罕，空也。」義皆本此。

〔一〕昭：各本同。宋書作「昭」，南史作「照」，通作「照」。

〔二〕擈：各本作「撲」，文選同，當據改。

五一　**撲、翕、葉，聚也。**撲屬，藂相著貌。**楚謂之撲，或謂之翕。葉，楚通語也。**

案：廣雅：「翕、葉，聚也。」義本此。「撲屬」[一]，考工記作「樸屬」。鄭注云：「樸屬，猶附著。」詩大雅：「芃芃棫樸。」鄭箋云：「相樸屬而生。」「藂」，刻本皆訛作「葉」，據永樂大典本作「藂」，「藂」即叢字。爾雅釋木：「樸，枹者。」郭注云：「樸屬叢生者爲枹。」

五二　**斟，益也。**言斟酌益之。**南楚凡相益而又少謂之不斟；凡病少愈而加劇亦謂之不斟，或謂之何斟。**言雖少損無所益也。

案：廣雅、廣韻並云：「斟，益也。」義本此。

五三　**差、間、知，愈也。南楚病愈者謂之差，或謂之間，**言有間隙。**或謂之知。知，通語也。或謂之慧，或謂之憭，**慧、憭，皆意精明。**或謂之瘳，或謂之蠲，**蠲亦除也。音涓，又一圭反。**或謂之除。**

[一] 撲：文淵閣本及遺書系各本作「撲」，與郭注文同，當據改。

案：「愈」，亦作「瘉」。漢書藝文志：「㠯瘉爲劇。」顏師古注云：「瘉讀與愈同。愈，差也。」孔安國注論語「病閒」云[一]：「少差曰閒。」廣雅：「知、瘥、蠲、除、慧、閒、瘳，瘉也。」義本此。「差、瘥」，古通用。傅亮爲宋公修楚元王墓：「教可蠲復近墓五家。」李善注云：「郭璞方言注云：『蠲，除也。』」

[一] 病：十三經注疏同。遺書系各本作「少」，誤。

輶軒使者絶代語釋别國方言四

漢揚雄　撰
晉郭璞　注

一　襌衣，江淮南楚之閒謂之褋，楚辭曰：「遺余褋兮澧浦。」音簡牒。關之東西謂之襌衣。有褒者，前施褒囊也。房報反。趙魏之閒謂之袏衣；無褒者謂之裎衣，音逞。古謂之深衣。制見禮記。

案：漢書江充傳：「充衣紗縠襌衣，曲裾後垂交輸。」顏師古注云：「襌衣，制若今之朝服中襌也。如淳曰：交輸，割正幅，使一頭狹若燕尾，垂之兩旁，見于後。是禮深衣『續袵鉤邊』。」後漢書馬援傳：「更爲援制都布單衣。」注引方言：「襌衣，江淮南楚之閒謂之褋，關之東西謂之襌衣。」「襌、單」，古通用。禮記深衣篇鄭目録云：「深衣〔一〕，連衣裳而純之以采者〔二〕，有表則謂之中衣。」劉熙釋名云：「禪衣，言無裏也。」「褋」，亦作「褋」。說文云：「南楚謂禪衣曰褋。」廣雅：「褋，禪衣也。」「褎」，亦作「袍」。春秋哀公十四年公羊傳：「反袂拭面涕沾袍。」何休注云：「袍，衣前襟也。」「袨、裎」，廣韻皆云「禪衣」。史游急就篇：「禪衣蔽厀布母縛。」顏師古注云：「禪衣，似深衣而褎大。」

二　**襜褕，江淮南楚謂之𧝓褣，**𧝓，裳凶反。**自關而西謂之襜褕。其短者謂之裋褕。**裋，音豎。**以布而無緣、敝而紩之謂之襤褸。自關而西謂之䘨䘿，**俗名䘿掖。音倔。**其敝者謂之緻。**緻縫納敝，故名之也。丁履反。

案：漢書雋不疑傳：「衣黃襜褕。」顏師古注云：「襜褕，直裾禪衣。」「𧝓褣」，亦作「童容」。任昉奏彈劉整曰：「何其不能折契鍾庾，而襜帷交質。」李善注云：「方言：『江淮謂襜褕爲童容。』」荀子大略篇：「衣則豎褐不完。」楊倞注云：「豎褐，僮豎

〔一〕此下，十三經注疏本有「者，謂」二字。
〔二〕者：十三經注疏本作「也」。

之褐。亦短褐也。」史記秦始皇本紀：「夫寒者利裋褐。」裴駰集解：「徐廣曰：『一作「短」，小襦也。』」司馬貞索隱云：「蓋謂褐布豎裁爲勞役之衣，短而且狹，故謂之短褐，亦曰豎褐。」漢書貢禹傳：「裋褐不完。」顏注云：「裋者，謂僮豎所著布長襦也。」後漢書張衡傳：「士或解裋褐而襲黼黻。」注云：「方言：『自關而西謂之襜褕，短者謂之裋也。』」〔一〕光武帝紀：「皆冠幘，而服婦人衣，諸于繡䯽。」注云：「前書音義曰：『諸于，大掖衣也，如婦人之袿衣。』字書無『䯽』字，續漢書作『䘿』，竝音其物反。揚雄方言曰：『襜褕，其短者自關而西謂之統䘿。』郭璞注云：『俗名䘿掖。』據此，則是『諸于』上加繡䘿，如今之半臂也。」說文云：「直裾謂之襜褕。」「裋，豎使布長襦。」小爾雅云：「襜褕謂之童容。」「布褐而紩之謂之藍縷。」急就篇：「襜褕袷複褶袴褌。」顏師古注云：「襜褕，直裾襌衣也。」

三　**汗襦**，廣雅作「褕」。**江淮南楚之閒謂之𧝎**；音甑。**自關而西或謂之祇裯**；祇，音氏〔二〕。

〔一〕自「自關而西」至此十四字，漢書顏注引原作「自關而西謂襜褕短者謂之裋」，「襜褕」前無「之」字。

〔二〕氏：遺書系各本作「止」，誤。

裯，丁牢反。亦呼爲掩汗也。自關而東謂之甲襦；陳魏宋楚之閒謂之襜襦，或謂之襌襦。今或呼衫爲襌襦。

案：宋玉九辯：「被荷裯之晏晏兮。」王逸注云：「裯，祇裯也。」洪興祖補注引方言：「汗襦，自關而西謂之祇裯。」[一]後漢書羊續傳：「其資藏惟有布衾、敝祇裯，鹽、麥數斛而已。」說文云：「祇裯，短衣。」劉熙釋名云：「荊州謂襌衣曰布襡，亦曰襜襦。單襦，如襦而無絮也。」玉篇云：「襘，汗襦也。」徐堅初學記引方言：「陳魏宋楚之閒謂之襜，或謂之單襦。」改「襌」爲「單」，脫一「襦」字。廣雅：「⿰衤童褣、祇裯，襜褕也。」

四　帬，陳魏之閒謂之帔，音披。自關而東或謂之襬。音碑。今關西語然也。

案：說文云：「帬，下裳也。」「帔，弘農謂帬帔也。」廣雅：「帔，帬也。」玉篇云：「襬，關東人呼帬也。」徐堅初學記引方言：「陳魏之閒謂帬爲帔。」

五　蔽厀，江淮之閒謂之褘，音韋，或暉。或謂之祓；音沸。魏宋南楚之閒謂之大巾；自

[一] 遺書系各本脫「而」字。

關東西謂之蔽厀；齊魯之郊謂之袡。昌詹反。

案：「禕、袚」，説文竝云「蔽厀」。釋名云：「韠，所以蔽厀前也。齊人謂之巨巾，又曰跪襜。」廣雅：「大巾、禕、袡、袚，蔽厀也。」本此。爾雅釋器：「衣蔽前謂之幨。」郭注云：「今蔽厀也。」釋文云：「幨，本或作襜。方言作袡。」疏全引方言此條，文竝同。末句誤連下文「襦」字引之。小爾雅：「蔽厀謂之袡。」

六　**襦，**字亦作「褕」。又襦，無右也。**西南蜀漢謂之曲領，或謂之襦。**

案：説文：「襦，短衣也。一曰䰯衣。」釋名云：「襦，耎也〔一〕。言温耎也。」「曲領，在内，以中襟領〔二〕，上横壅頸，其狀曲也。」「反閉，襦之小者也。卻向著之，領反于背後，閉其襟也。」注内「又襦無右也」，即釋名所謂「以中襟之領使上横壅頸」者。右無曲裾，故曰「無右」。急就篇：「袍襦表裏曲領帬。」顔師古注云〔三〕：「長衣曰袍，下至足跗。短衣曰襦，自厀以上。」後卷五内「西南蜀漢之郊」，謂蜀與漢中也，此條各本作「屬

〔一〕耎：王先謙釋名疏證補作「煗」，下同。
〔二〕以中襟領：王先謙釋名疏證補作「所以禁中衣領」。
〔三〕遺書系各本脱「古」字。

漢」，蓋後人所妄改，今訂正〔一〕。

七　褌，陳楚江淮之閒謂之䘣。錯勇反。

案：史記司馬相如列傳：「相如自著犢鼻褌。」〔二〕裴駰集解：「韋昭曰：『今三尺布作，形如犢鼻矣。』」釋名云：「褌，貫兩腳，上繫腰中也。」〔三〕「褌」，亦作「幝」。「䘣」，説文作「幒」，又作「帎」，廣雅作「衳」，竝云「幝也」。顏師古注急就篇云：「袴合襠謂之褌，最親身者也。」

八　袴，齊魯之閒謂之䙆，傳曰：「徵䙆與襦。」音騫。或謂之襱；今俗呼袴踦爲襱，音鮦魚。關西謂之袴。

案：釋名云：「袴〔四〕，跨也。兩股各跨別也。」「袴」，又作「絝」。「䙆」，左傳作

〔一〕自「謂蜀與漢中也」至此二十二字，遺書系各本作「此條或改『蜀』爲『屬』者非」。
〔二〕「相如」下，史記原文有「身」字。
〔三〕腰：王先謙釋名疏證補作「要」。
〔四〕袴：王先謙釋名疏證補作「絝」。

「褰」。説文云：「絝，脛衣也。」「褰，絝也。」「襱，絝踦也。」廣雅：「襚謂之絝。」廣韻于「襚」字云：「齊魯言袴。」〔一〕

九　褕謂之袖。襦襚有袖者，因名云。

案：釋名云：「半袖，其袂半襦而施袖也。」是「襦」有不施袖者。正文當云「褕謂之半袖」，注當云「襦之半袖者」。「襚」不得言袖〔二〕，當是因上條而訛。

一〇　衱謂之褗。即衣領也。刧、偃兩音。

案：「衱、袷」，古通用。禮記玉藻篇：「袷二寸。」鄭注云：「曲領也。」深衣篇：「曲袷如矩以應方。」注云：「袷，交領也。古者方領，如今小兒衣領。」廣雅：「衱謂之褗。」本此。廣韻「衱、褗」竝云「衣領」。

〔一〕自「廣韻」至此十字，遺書系各本無。
〔二〕「襚」字上，遺書系各本有「注内『襚』字亦舛誤」七字。

一一　**袿謂之裾。**衣後裾也。或作「袪」，廣雅云：「衣袖。」

案：後漢書邊讓傳：「被輕袿。」張衡思玄賦：「揚雜錯之袿徽。」嵇康贈秀才入軍詩：「微風動袿。」注皆引方言：「袿謂之裾。」

一二　**褸謂之衽。**衣襟也，或曰裳際也。

案：説文：「褸，衽也。」禮玉藻篇：「衽當旁。」鄭注云：「衽，謂裳幅所交裂也。凡衽者，或殺而下，或殺而上。衽屬衣，則垂而放之；屬裳，則縫之以合前後，上下相變。」深衣篇「續衽」注云：「續猶屬也。衽，在裳旁者也，屬連之，不殊裳前後也。」

一三　**褸謂之緻。**襤褸，綴結也。

案：「褸、縷」，古通用。玉篇云：「縷，貧無衣醜敝也。」[一]「緻，縫補敝衣也。」

一四　**裯謂之襤。**祗裯，敝衣。亦謂襤褸。**無緣之衣謂之襤。無袂之衣謂之𧝎。**袂，衣袖也。

[一]　敝：宋本玉篇原文作「獘」。

音藝。䘩，音慢惰。**無裥之袴謂之襣。**袴無踦者，即今犢鼻褌也。裥亦襱，字異耳。

案：「襤」，又作「艦」。説文云：「裯謂之襤褸。襤，無緣也。」「無袂衣謂之䘩。」廣雅：「襣，㡓也。」皆本此。

一五　**䘯謂之袩。**千苔[一]、丁俠兩反，未詳其義。

案：前言「褸謂之衽」，後言「褸謂之袩」，注皆以爲「衣衽」，獨「䘯謂之袩」云「未詳其義」。廣雅總其辭曰：「䘯袩衽謂之褸。」郭璞在張揖後，不取其説，或廣雅「䘯、袩」二字本作「䘯謂之袩」，脱「謂之」二字耳。

一六　**衿謂之交。**衣交領也。

案：爾雅：「衣眥謂之襟。」郭注云：「交領。」疏引方言：「衿謂之交。」「襟、衿」，古通用，又作「裣」。玉篇云：「交襟，衣領也。」詩鄭風：「青青子衿。」漢石經作「裣」。毛傳云：「青衿，青領也。學子之所服也。」

[一] 千：遺書系各本作「干」，字之誤也。

一七 **襜**尖劍反。**謂之襦。**

案：説文：「襬謂之襜。」「襬，褔領也。」蓋以「襜」爲小兒次衣掩頸下者。襦有曲領之名，故襜亦名襦。

一八 **襘謂之袩。**衣掖下也。

案：玉篇：「袩，衣掖下也。」〔一〕本此條注文。

一九 **佩紟**音禁。**謂之裎。**所以系玉佩帶也。

案：漢書揚雄傳：「衿芰茄之綠衣兮。」注引應劭曰：「衿，音衿系之衿。衿，帶也。」「衿、紟」，古通用。「裎」，亦作「綎」。説文：「紟，衣系也。」「綎，系綬也。」廣雅：「佩紟謂之裎。」本此。曹憲音釋：「紟，騎禁反。」廣韻：「裎，佩帶。」

〔一〕掖：宋本玉篇原文作「袩」。

二〇　**褸謂之袩。**即衣衽也。

案：爾雅：「衣裗謂之裞。」郭注云：「衣縷也。」疏云：「方言『縷謂之衽』，又『謂之袩』。」彼注云：『即衣衿也。』」「縷」與「褸」、「衿」與「襟」，字本通用。

二一　**覆裕**作憤反。**謂之禪衣。偏禪謂之禪襦。**即衫也。

案：廣雅：「覆裕，禪衣也。」玉篇：「裕，禪衣也。」皆本此。

二二　**礿纏謂之禪。**今又呼爲涼衣也。灼、纏兩音。

案：「禪」，各本訛作「褌」，今訂正。玉篇于「礿」字下云：「禪衣。」于「纏」字下云：「約纏謂之禪也。」「約」即「礿」之訛。以郭注言「今又呼爲涼衣」證之，不得爲褌明矣。

二三　**袒飾謂之直衿。**婦人初嫁所著上衣，直衿也。袒，音但。

案：「衿」，各本訛作「衿」，今訂正。廣雅：「直衿謂之幗。」「袒飾、褒明、襗袍、襡，長襦也。」曹憲音釋：「衿，音領。」「幆，于例反。」〔一〕玉篇云：「宜衿，婦人初嫁所著上衣也。」「褐，袍也。」「宜」即「直」之訛。釋名云：「婦人以絳作衣裳，上下連，四起施緣，亦曰袍。」「直領，邪直而交下，亦如丈夫袍方也。」〔二〕「衿、領」，古通用。

二四　褎明謂之袍。廣雅云：「褎明，長襦也。」

案：釋名云：「袍，丈夫著，下至跗者也。」〔三〕

二五　繞衿謂之帬。俗人呼接下，江東通言下裳。

案：「衿」，各本亦訛作「衿」，今訂正。廣雅：「繞領，帬也。」本此。

二六　懸裺音掩。**謂之緣。**衣縫緣也。

案：玉篇：「裺，緣也。」廣韻：「裺，衣縫緣也。」皆本此。禮記玉藻篇：「緣廣半

〔一〕于：文津閣本同，誤。文淵閣本及遺書系各本作「於」，與王念孫校本博雅音同。

〔二〕「丈夫」下，王先謙釋名疏證補有「服」字。

〔三〕遺書系各本脱「也」字。

寸。」[一]鄭注云：「飾邊也。」

二七　**絜襦謂之蔽厀。** 廣異名也。

案：廣雅：「大巾、褘、袡、襘、袚，蔽厀也。」「襘」見爾雅，餘並見前，獨遺「絜襦」之名，蓋偶未省照耳。

二八　**裪𧝎**音𧝎[二]。**謂之袖。** 衣褾。江東呼椀[三]，音婉。

案：廣雅：「裪𧝎，袖也。」本此。廣韻云：「𧝎裪，衣袖。」亦本此而訛。玉篇：「褾，衣袂也。」

二九　**帍裱**方廟反。**謂之被巾。** 婦人領巾也。

案：廣雅：「帍裱，被巾也。」本此。玉篇：「帍，婦人巾。」「裱，人領巾。」皆本此條

[一] 半寸：十三經注疏本作「寸半」。
[二] 𧝎：字之誤。文津閣本、文淵閣本及遺書系各本均作「橘」，當據改。
[三] 椀：文津閣本作「袖」，字之誤。

注文而有脱誤。

三〇 **繞緍**音循。**謂之䙊裺。**衣督脊也。

案：「䙊」，亦作「褺」。説文云：「褺，背縫。」史記佞幸傳：「顧見其衣褺帶後穿。」又作「䘵」。説文云：「衣躬縫。」古通用「督」。莊子養生主篇：「緣督以爲經。」皆據衣脊中縫言之。玉篇、廣韻「督」加衣旁作「⿰衤督」。「緍」，玉篇云：「繞緍。」廣韻：「緍，縫也。」

三一 **厲謂之帶。**小爾雅曰：「帶之垂者爲厲。」

案：詩小雅：「垂帶而厲。」毛傳：「厲，帶之垂者也。」廣雅：「厲，帶也。」本此。

三二 **襎裷**煩、冤兩音。**謂之幭。**即帊幞也。幭，亡別反。

案：韓非子外儲説左篇：「衛人有佐弋者，鳥至，因先以其裷麾之焉。」廣韻：「襎裷，幭也。」本此。玉篇云：「裷襎，⿰革蔑也，幞也。」二字誤倒。「幭、⿰革蔑」，古通用。詩大雅：「鞹鞃淺幭。」毛傳：「幭，覆式也。」疏云：「幭字，禮記作幦，周禮作⿰衤冥，字異而義同。」廣雅：「幭、帊、幡帣、帍，幞也。」

三三　**緊袼謂之𧞤。**即小兒次衣也。毉、洛、嘔三音。

案：說文云：「𧞤，次裹衣。」廣雅：「緊袼、𧞤，次衣也。」此注及廣雅各本，「次」皆訛作「次」，今改正。曹憲音釋：「緊，烏雞反。」「𧞤，烏荀反。」玉篇云：「毉袼，𧞤也，即小兒次衣也。」本之此文及注。「毉」與「緊」同聲，故用之。

三四　**楚謂無緣之衣曰襤，紩衣謂之褸，秦謂之緻。自關而西秦晉之間無緣之衣謂之裗𧞤**〔一〕**。**嫌上說有未了，故復分明之。

案：說文：「𢅢，楚謂無緣衣也。」本此。「𢅢」即「襤」。

三五　**複襦，江湘之間謂之𧞈，**音豎。**或謂之筩褹。**今筩袖之襦也。「褹」即「袂」字耳。

案：「𧞈」即「裋」。列子力命篇：「朕衣則裋褐。」張湛注云：「方言：『裋，複襦

〔一〕裗：安徽叢書本作「統」，誤。

也。』」潘岳藉田賦：「掎裳連襼。」李善注云：「方言：『複襦，江湖之閒或謂之䙅襼。』郭璞注曰：『襼即袂字也。』」「襼、䙬」同；「湖」乃「湘」之訛；「䙅」乃「筩」之訛。廣雅：「複襦謂之襌。」本此。

三六　**大袴謂之倒頓，**今雹袴也。**小袴謂之校衫。**今襏袴也。皎、了兩音。**楚通語也。**

案：玉篇：「校衫，小袴也。」顏師古注急就篇云：「袴大者謂之倒頓，小者謂之校衫。」皆本此。

三七　**幏，巾也。**巾主覆者，故名幏也。**大巾謂之帉；**音芬。**嵩嶽之南**嵩，高。中岳山也。今在河南陽城縣。**陳潁之閒謂之帤，**奴豬反。**亦謂之幏。**江東通呼巾帉耳。

案：尚書大傳：「下刑墨幏。」鄭注云：「幏，巾也。使不得冠飾，以恥之也。」說文云：「楚謂大巾曰帉。」廣雅：「帉、幏，巾也。」玉篇：「帤，大巾也。」皆本此。

三八　絡頭、帞頭也〔一〕、音貊。紗繢、𩮀帶、𩮀，羌位反。䰂帶、䰂，音菜。帑、音縝，亦千。㡚，于怯反。幧頭也。自關而西秦晉之郊曰絡頭；南楚江湘之閒曰帞頭；自河以北趙魏之閒曰幧頭，或謂之帑，或謂之㡚。其偏者謂之𩮀帶，今之偏疊幧頭也。或謂之䰂帶。䰂亦結也。

案：廣雅：「帞頭、帑、𩮀帶、䰂帶、絡頭，幧頭也。」「𩮀、䰂，髻也。」釋名云：「綃頭，或曰陌頭，言其從後橫陌而前也。齊人謂之㡚，言㡚斂髮使上從也。」「綃」即「幧」，「陌」即「帞」。列子湯問篇：「北國之人，鞨巾而裘。」張湛注云：「方言『佫人，帕頭』是也。帕頭，幧頭也。帕又作鞨，又作帓。」「佫人」二字，當即「絡頭」之訛。「帞、帕」，同。史記絳侯周勃世家：「太后以冒絮提文帝。」集解：「應劭曰：『帞額，絮也。』晉灼曰：『巴蜀異物志謂頭上巾爲冒絮。』」索隱引方言：「幪巾，南楚之閒云帞額也。」此連上條爲一。應劭稱「帞額」，亦通。方言作「帞頭」，引之作「帞額」者，或後人因應劭語改而同之耳〔二〕。鄭康成注儀禮喪服篇云：「髽，露紒也，猶男子之括髮。斬衰括髮以麻，則髽亦用麻。以麻者，自項而前，交于額上，卻繞紒，如著幓頭焉。」注士喪禮云：「免

〔一〕也：各本同。據方言通例，此字衍，當刪。
〔二〕遺書系各本無「人」字。改而同之耳：文淵閣本作「改方言之文爲『額』」。

之制未聞，舊説以爲如冠狀，廣一寸。喪服小記曰：『斬衰髻髮以麻，免而以布。』此用麻布爲之，狀如今之著幓頭矣。自項中而前，交于額上，卻繞紒也。」禮注之「幓頭」，釋文：「幓，七消反。」蓋「幧」字轉寫之訛。

三九　覆結謂之幘巾，或謂承露，或謂之覆髮。今結籠是也。**皆趙魏之閒通語也。**

案：後漢書光武帝紀：「皆冠幘。」注云：「漢官儀曰：『幘者，古之卑賤不冠者之所服也。』方言曰：『覆髻謂之幘，或謂之承露。』」劉盆子傳：「半頭赤幘。」注云：「幘巾，所以覆髻也。續漢書曰：『童子幘無屋，示未成人也。』半頭幘，即空頂幘也，其上無屋，故以爲名。東宮故事曰：『太子有空頂幘一枚。』即半頭幘之製也。」「結、髻」，古通用。廣雅：「承露、幘巾，覆結也。」本此。

四〇　屝〔一〕、音翡。**屨、麤，履也。徐兖之郊謂之屝，自關而西謂之屨。中有木者謂**

〔一〕屝：文津閣本作「扉」，字之誤也。

之複舄，自關而東複履〔一〕。其庳者謂之鞔下，鞔，音婉。禪者謂之鞮，今韋鞮也。絲作之者謂之履，麻作之者謂之不借，麤者謂之屨。東北朝鮮洌水之閒謂之䩕角。䩕，音印。南楚江沔之閒總謂之麤。沔水，今在襄陽。西南梁益之閒或謂之屦，他回反。字或作屦，音同。或謂之䋺。下瓦反，一音畫。履，其通語也。徐土邳圻之閒今下邳也。圻，音祁。大麤謂之䩕角。今漆履有齒者。

案：廣雅：「扉、屨、麤、舄、屦、不借、䩕角、鞮，履也。」「䋺，屩也。」皆本此。春秋僖公四年左傳：「共其資糧扉屨。」杜預注云：「扉，草屨。」疏引方言：「扉、粗，屨也。絲作之曰履，麻作之曰扉，粗者謂之屨。」周禮屨人鄭注云：「複下曰舄，禪下曰屨。」疏云：「下謂底，複重底。」「麤、粗」通。釋名云：「齊人謂韋屨曰扉。」〔二〕「晚下，如舄。」「不借，言賤易有，宜各自蓄之，不假借人也。齊人云搏腊。搏腊猶把鲊〔三〕，麤貌也。荆州人曰麤，麻韋草皆同名也。」〔四〕「仰角，屐上施履之名也。」「鞔、晚」「䩕、仰」，

〔一〕「自關而東」下，太平御覽卷六九七引有「謂之」二字，但宋明以來各本均無，戴氏各本同。

〔二〕韋：王先謙釋名疏證補作「草」。

〔三〕鲊：王先謙釋名疏證補作「作」。

〔四〕「麻」字上，王先謙釋名疏證補增「絲」字。

假借通用。說文：「𢇁，履也。一曰青絲頭履也。讀若阡陌之陌。」玉篇云：「西南梁益謂履曰屝。」徐堅初學記引方言：「絲作謂之履，麻作謂之不借。」廣韻引方言：「履，自關而西謂之屨。」急就篇：「履舄鞜裒絨緞紃〔一〕。靸鞮卬角褐韈巾。裳韋不借爲牧人。屐屩絜麤羸窶貧。」顏師古注云：「鞮，薄革小履也。卬角，形若今之木履而下有齒〔二〕。麤者，麻枲雜履之名〔三〕，南楚江淮之閒通謂之麤。」〔四〕「卬」即「靸」。

四一　緉、音兩。**䌙，**音爽。**絞也。**謂履中絞也。音校。**關之東西或謂之緉，或謂之䌙。絞，通語也。**

案：詩齊風：「葛屨五兩，冠緌雙止。」「兩、緉」，古通用。說文：「緉，履兩枚也。一曰絞也。」廣雅：「緉、䌙，絞也。」本此。玉篇云：「䌙，履中絞。」本此注文。

〔一〕緞：遺書系各本引作「緞」。
〔二〕此下，急就篇顏注原文有「焉」字。
〔三〕此下，急就篇顏注原文有「也」字。
〔四〕通謂之麤：遺書系各本引作「通謂麤」。

四二　**纑謂之縝。**謂纑縷也。音振。

案：孟子：「彼身織屨，妻辟纑。」趙岐注云：「緝績其麻曰辟，練其麻曰纑，故曰辟纑。」説文：「纑，布縷也。」廣雅：「縝，纑也。」本此。玉篇云：「縝，絲纑縷也。」本此注文。

輶軒使者絶代語釋別國方言五

漢揚雄撰
晉郭璞注

一　鍑，釜屬也。音富。北燕朝鮮洌水之間或謂之錪，音腆。或謂之鉼；音餅。江淮陳楚之間謂之錡，或曰三腳釜也。音技。或謂之鏤；吴揚之間謂之鬲。音歷。

案：詩召南：「維錡及釜。」毛傳：「錡，釜屬，有足曰錡。」考工記：「鬲實五觳，厚半寸，脣寸。」爾雅釋器：「鼎欵足者謂之鬲。」郭注云：「鼎曲腳也。」説文：「鍑，釜大口者。」「朝鮮謂釜曰錪。」「江淮之間謂釜曰錡。」「鏤，釜也。」「鬲，鼎屬，實五觳。斗二升曰觳。」

二　釜，自關而西或謂之釜，或謂之鍑。鍑亦釜之總名。

案：「釜」，亦作「鬴」。說文云：「鬴，鍑屬。」春秋隱公三年左傳：「筐、筥、錡、釜之器。」杜預注云：「有足曰錡，無足曰釜。」[一]廣雅：「錪、鉼、鏤、鬲、錡，鬴也。」蓋合上二條，以「鬴」爲總名。

三　**甑，自關而東謂之甗，**音言。**或謂之鬵，**音岑。梁州呼鉹。**或謂之酢餾。**屋霤。

案：考工記：「陶人爲甗，實二鬴，厚半寸，脣寸。」「甑，實二鬴，厚半寸，脣寸，七穿。」鄭注云：「量六斗四升曰鬴[二]。甗，無底甑。」春秋成公二年公羊傳：「與我紀侯之甗。」何休注云：「或說：甗，玉甑。」詩檜風：「溉之釜鬵。」毛傳：「鬵，釜屬也。」爾雅：「䰛謂之鬵。鬵，鉹也。」孫炎注云：「關東謂甑爲鬵，涼州謂䰛爲鉹。」疏引方言此條，文竝同。方言各本「餾」訛作「餾」，今從爾雅疏所引作「餾」爲正。說文：「餾，飯氣蒸也。」「䰛」即「甑」。後漢書孝和帝紀：「貧人以衣履釜鬵爲資。」[三]注引方言：「甑，

[一] 有足曰錡，無足曰釜：十三經注疏本作「無足曰釜，有足曰錡」。
[二] 此下，十三經注疏本有「鄭司農云」四字。
[三] 人、資：後漢書原文作「民、貲」。

自關而東謂之鬵。」説文：「甗，甑也。一穿曰甑。」〔一〕「鬵，大釜也。一曰鼎大上小下若甑曰鬵。」注内「涼州」，各本訛作「梁州」。廣韻「鉹」下引方言云：「涼州呼甑也。」〔二〕當是此條注文，與孫炎説同，今據以訂正。「屋霤」，當作「音屋霤之霤」。

四　盂，音于。**宋楚魏之閒或謂之盌。**烏管反。**盌謂之盂，或謂之銚鋭。**謠音。**盌謂之櫂。盂謂之柯。**轉相釋者，廣異語也。**海岱東齊北燕之閒或謂之䀇。**音卷。

案：荀子正論篇：「故魯人以榶，衛人用柯。」楊倞注云：「未詳。或曰方言：『盌謂之榶，盂謂之柯。』」今此條無「榶」字。廣雅：「銚鋭、柯、櫂、䀇、椀，盂也。」「椀」即「盌」，亦有「櫂」無「榶」。「盂」亦作「杅」。後漢書顯宗孝明帝紀：「杅水脯糒而已。」注引方言：「盌謂之盂。」説文：「盂，飯器也。」「盌，小盂也。」「䀇」，玉篇作「𥃀」，云：「盂也。」注内「謠音」即「音謠」，各本訛作「謠語」。後卷十三内「銚鋭」下亦作「謠音」，皆謂「銚」讀如「謠」也。

〔一〕一穿曰甑：各本同。大徐本説文原作「一曰穿也」。

〔二〕甑也：各本同。宋本廣韻「鉹」下引作「甑」，無「也」字。

五 ⿱瓦皿、音雅。椷、封緘。盞、酒醆。温、薄淹反。閜、呼雅反。⿱楊皿、又章反。⿱麻皿，音摩。桮也。秦晉之郊謂之⿱瓦皿；所謂伯⿱瓦皿者也。自關而東趙魏之間曰椷，或曰盞，最小桮也。或曰温。其大者謂之閜，吴越之間曰⿱楊皿，齊右平原以東或謂之⿱麻皿。桮，其通語也。

案：廣雅：「⿱楊皿、⿱麻皿、椷、⿱瓦皿、閜、盞、温，杯也。」本此。説文云：「大杯爲閜。」[一]「桮、杯」，同。注内「封緘、酒醆」，當作「音封緘之緘、音酒醆之醆」。

六 瓥，瓠勺也。音麗。陳楚宋魏之間或謂之簞，或謂之㰏，今江東通呼勺爲㰏，音羲。或謂之瓢。

案：漢書東方朔傳：「㠯蠡測海。」注引張晏曰：「蠡，瓠瓢也。」「蠡、瓥」，古通用[二]。楚辭九歎：「瓟瓥蠹于筐簏。」王逸注云：「瓟，瓠也。瓥，瓢也。」洪興祖補注引方言：「瓥，陳楚宋魏之間或謂之瓢。」周禮鬯人：「禜門用瓢齎。」鄭注云：「瓢

[一] 「大杯」下，大徐本原文有「亦」字。

[二] 遺書系各本「『蠡、瓥』，古通用」置於下文「亦作『⿱蠡皿』」之上。

謂瓠蠡也。齎讀爲齊，取甘瓠割去柢，以齊爲尊。」〔一〕亦作「盠」。廣雅：「盠，瓢也。」玉篇云：「檥，杓也。蠡爲檥也。」廣韻引方言：「蠡，或謂之瓢。」又云：「蠡，瓠瓢也。」「盠，以瓢爲飲器也。」「盠，簞也。」

七　案，陳楚宋魏之閒謂之槁，自關東西謂之案。

案：考工記：「玉人之事，案十有二寸。」鄭注云〔二〕：「案，玉飾案也。」禮器篇注云：「禁，如今方案，隋長，局足，高三寸。」説文云：「案，几屬。」廣雅：「案謂之槁。」本此。

八　桮𥲤，盛桮器籠也。**陳楚宋衛之閒謂之桮𥲤，又謂之豆筥；自關東西謂之桮𥲤。**

案：廣雅：「豆篆，杯落也。」本此。「篆、筥」，古通用。「杯」即「桮」。「落、𥲤」，古通用。「落」，廣雅云：「居也。」桮落，所以居桮。説文作「笿」，云：「桮笿也。」

〔一〕自「瓢謂瓠蠡也」至此十九字，十三經注疏本作「杜子春讀齎爲粢：瓢，謂瓠蠡也；粢，盛也。玄謂齎讀爲齊，取甘瓠割去柢，以齊爲尊」。據此，「瓢謂瓠蠡也」應是杜子春語。

〔二〕此下，十三經注疏本有「鄭司農云」四字。

九　**箸筩，**盛朼箸籫也。**陳楚宋魏之閒謂之筲，**鞭鞘。**或謂之籯；**漢書曰：「遺子黃金滿籯。」音盈也。**自關而西謂之桶檧。**今俗亦通呼小籠爲桶檧。音籠冠。檧，蘇勇反。或作箭。

案：廣雅：「籯、筲、桶檧、籫，箸筩也。」「筲」，亦作「䈰」。説文云：「宋魏謂箸筩爲䈰。」漢書韋賢傳注：「如淳曰：『籯，竹器，受三四斗。今陳留俗有此器。』師古曰：『許慎説文解字云：「籯，笭也。」揚雄方言云：「陳楚宋魏之閒謂筲爲籯。」然則筐籠之屬是也。』」注内「鞭鞘」，當作「音鞭鞘之鞘」。

一〇　**瓬、**音岡。**㼜、**都感反，亦音沈。**甒、**音舞。**䍃、**音由。**甄、**音鄭。**𤮾、**胙江反。**甀、**度睡反。**瓮、瓿甊、**瓿，音部。甊，洛口反。**㽄，**牛志反。**甖也。**于庚反[一]。**靈桂之郊謂之瓬，**今江東通呼大瓮爲瓬。**其小者謂之㼜。周魏之閒謂之甒，**今江東亦呼甖爲甒子。**秦之舊都謂之甄，淮汝之閒謂之䍃，江湘之閒謂之𤮾。自關而西晉之舊都河汾之閒，**汾水出太原，經絳北西南入河。**其大者謂之甀，其中者謂之瓿甊。自關而東趙魏之郊謂之瓮，或謂之甖。東齊海岱之閒謂之㽄。甖，其通語也。**

案：廣雅：「𤮾、㽄、甄、瓬、㼜、瓿甊、䍃、甀、甒、瓮，罌也。」本此。「罌」即「甖」。

[一] 于：文津閣本同。文淵閣本及遺書系各本作「於」，與宋明各本同。

「甒」，亦作「甒」。「甀」，亦作「𦈢」。説文：「罌，缶也。」「䍃，瓦器也。」「𦈢，小口罌也。」「瓮，罌也。」玉篇：「瓬，大瓮。」儀禮既夕篇：「甒二，醴酒。」鄭注云：「甒，瓦器也。古文『甒』皆作『廡』。」禮器：「君尊瓦甒。」注云：「瓦甒五斗。」疏云：「此瓦甒，即燕禮『公尊瓦大』也。」「禮圖：『瓦大受五斗，口徑尺，頸高二寸，徑尺，大中，身鋭，下平。』」潘岳馬汧督誄：「寘壺鐳瓶甒以偵之。」李善注引方言：「甒，罌也。」周禮凌人：「春始治鑑。」注云：「鑑如甀，大口，以盛冰。」疏云：「漢時名爲甀，即今之甕是也。」爾雅：「甌瓿謂之瓵。」郭注云：「瓿甊，小甖，長沙謂之瓵。」釋文于「瓿甊」引方言云：「甇也。」又云：「甖，乙耕反。字亦作『甇』。」疏全引方言此條，「甒」訛作「甌」，「湘」訛作「湖」，餘竝同。

一一 **甇，陳魏宋楚之閒曰𤭛，**音臾。**或曰𤭢；**音殊。**燕之東北朝鮮洌水之閒謂之瓺；**音暢，亦腸。**齊之東北海岱之閒謂之儋**[一]；所謂「家無儋石之儲」者也[二]。音儋荷，字或作甔[三]。

[一][二] 儋：遺書系各本作「甔」。

[三] 甔：遺書系各本作「儋」。

周洛韓鄭之閒謂之甀，或謂之罃。

案：「甖、罃」同音，蓋一字。荀子大略篇：「流丸止于甌臾。」楊倞注引方言：「陳魏楚宋之閒謂罃爲臾。」「甂、臾」，古通用；「宋楚」訛作「楚宋」。列子湯問篇：「山名壺領，狀若甔甀。」張湛注云：「甔甀，謂瓦瓶也。」〔一〕注内「儋石之儲者也」〔二〕，各本訛作「儋石之餘也」〔三〕，今訂正。史記貨殖列傳：「醬千甔。」集解：「徐廣曰：『大罌缶。』」索隱：「孟康曰：『罌受一石，故云甔石。』」淮陰侯列傳：「守儋石之禄者。」集解：「晉灼曰：『揚雄方言：海岱之閒名罌爲儋。』」漢書應劭注云：「齊人名小甖爲儋，受二斛。」後漢書顯宗孝明帝紀：「生者無擔石之儲。」注云：「方言作甔，云：『罃也。齊東北海岱之閒謂之甔。』郭璞注曰：『所謂家無甔石之儲者也。』」廣雅：「甔、瓶、甂、瓺，罃也。」〔四〕説文：「罃，備火長頸瓶也。」〔五〕

〔一〕此下，遺書系各本有「各本『甔』作『儋』」五字。
〔二〕儋：遺書系各本作「甔」。
〔三〕遺書系各本無「各本訛」三字。
〔四〕廣雅「甔、瓶、甂、瓺、罃」均爲被釋詞，釋詞爲「瓶」，見釋器。
〔五〕瓶：同「缾」。文津閣本作「瓶」；文淵閣本及遺書系各本作「缾」，與大徐本説文同。

一二　**罃謂之甄。**鼓鼙。

案：說文作「罌謂之甄」。廣雅：「甄，罃也。」〔一〕注內「鼓鼙」，當云「音鼓鼙之鼙」〔二〕。

一三　**罋謂之𤭛。**

案：「罋」即「甕」，亦作「甕」。「𤭛」，亦作「甂」。易井九二：「甕敝漏。」釋文引鄭注云：「停水器也。」儀禮既夕篇：「甕三。」鄭注云：「甕，瓦器，其容蓋一觳。」說文云：「汲瓶也。」〔三〕廣雅：「罋、甂，罃也。」〔四〕

一四　**缶謂之瓿甌。**即盆也。音偶。**其小者謂之瓶。**

〔一〕甄，罃也：各本同。廣雅原文作「甄、罃，瓶也」。

〔二〕云：遺書系各本作「作」。

〔三〕瓶：同「缾」。文淵閣本、遺書系各本均作「缾」，與說文大徐本同。

〔四〕罋、甂，罃也：各本同。廣雅原文作「罋、甂、罃，瓶也」。

案：廣雅：「瓻甀，缶也。」本此。説文云：「缶，瓦器，所以盛酒漿，秦人鼓之以節謌。」易坎六四：「樽酒簋貳，用缶。」離九三：「不鼓缶而歌。」又井卦：「羸其瓶。」禮器：「五獻之尊，門外缶，門内壺，君尊瓦甒。」又曰：「夫奥者，老婦之祭也，盛于盆，尊于瓶。」鄭注云：「盆、瓶，炊器也。」士喪禮：「新盆、槃、瓶、廢敦、重鬲，皆濯。」鄭注云：「盆以盛水，瓶以汲水也。」春秋襄公九年左傳：「具綆缶。」杜預注云：「綆，汲索。缶，汲器。」

一五　**甇甈謂之盎。**案：爾雅「甈，康瓠」，而方言以爲盆，未詳也。甈，郤罽反。盎，烏浪反。**自關而西或謂之盆，或謂之盎。其小者謂之升甌。**惡牟反，亦音憂。

案：考工記：「盆，實二鬴，厚半寸，脣寸。」爾雅：「盎謂之缶。」廣雅：「盎謂之盆。」

一六　**甂，**音邊。**陳魏宋楚之閒謂之㼭；**今河北人呼小盆爲㼭子，杜啟反。**自關而西謂之甂，其大者謂之甌。**

案：後漢書隗囂傳：「奉盤錯鍉。」注云：「字詁：『鍉即題，音徒啟反。』方言曰：

『宋楚之閒謂盎爲題。』」「題」乃「㼭」之訛。楚辭九諫〔一〕：「甂甌登于明堂兮。」洪興祖補注云：「方言：『自關而西盆盎小者曰甂也。』」説文云：「甂，似小瓿，大口而卑，用食。」「甌，小盆也。」廣雅：「㼭、甌，甂也。」本此。

一七　所以注斛，盛米穀寫斛中者也。**陳魏宋楚之閒謂之篅，**今江東亦呼爲篅。音巫覡。**自關而西謂之注。箕，陳魏宋楚之閒謂之籮。**篅亦籮屬也，形小而高，無耳。

案：廣雅：「斛注謂之篅。」本此。玉篇云：「篅，籮屬，形小而高。」本此注文。

一八　炊籅謂之縮，漉米籅也。**或謂之篗，**音藪。**或謂之㔯。**音旋，江東呼淅籤。

案：廣雅：「篓、㔯，籅也。」本此。「篓」即「篗」之正體，亦作「籔」。説文云：「籅，漉米籔也。」「籔，炊籅也。」玉篇云：「㔯，漉米籅也。」「縮」與「籔」，一聲之轉。注内「淅籤」，各本訛作「浙籤」，今訂正。

〔一〕九：各本同。誤，當作「七」。

一九　**篝，**今薰籠也。**陳楚宋魏之閒謂之牆居。**

案：説文：「篝，答也，可薰衣。宋楚謂竹篝牆以居也。」廣雅：「篝，籠也。」「薰篝謂之牆居。」本此。

二〇　**扇，自關而東謂之箑，**今江東亦通名扇爲箑，音篓。**自關而西謂之扇。**

案：廣雅：「箑謂之扇。」玉篇云：「自關而東謂之箑，自關而西謂之扇。」皆本此。「箑」，亦作「翣」。春秋襄公二十五年左傳：「四翣。」疏引方言：「自關而東謂扇爲翣。」

二一　**碓機，**碓梢也。**陳魏宋楚自關而東謂之梴**音延。**磑，或謂之䃂。**即磨也。錯碓反。

案：説文云：「碓，舂也。」「主發謂之機。」「古者雝父初作舂。」「磑，䃺也。古者公輸班作磑。」「䃺、磨」，同。玉篇云：「䃂，磑也。」

二二　**繘，**汲水索也。音橘。**自關而東周洛韓魏之閒謂之綆，或謂之絡；**音洛。**關西謂之繘。**

案：廣雅：「繘、絡，綆也。」末句，各本作「謂之繘綆」。易井卦：「汔至亦未繘井，羸其瓶。」釋文：「繘，鄭云：『綆也。』方言云：『關西謂綆爲繘。』郭璞云：『汲水索也。』」春秋襄公九年左傳：「具綆缶。」疏引方言：「自關而東周洛韓魏之閒謂之綆，關西謂之繘。」所引末句皆無「綆」字，今删正。

二三　**櫪，**養馬器也。**梁宋齊楚北燕之閒或謂之樎，**音縮。**或謂之皁。**皁隸之名，于此乎出。

案：後漢書鄒陽傳[一]：「使不羈之士與牛驥同皁。」顔師古注引方言：「梁宋齊楚燕之閒謂櫪曰皁[二]。皁音在早反。」廣雅：「樎、皁，櫪也。」本此。玉篇云：「樎，櫪也，養馬器也。」本此注文。

二四　**飤馬橐，自關而西謂之裺囊，**裺，音鶕。**或謂之裺篼，或謂之㡘篼；**㡘，音樓。**燕齊之閒謂之帪。**廣雅作「振」，字音同耳。

案：「飤」即古飼字，各本譌作「飲」，字形相近而譌。今廣雅「帪」字與方言同，

[一] 後：各本同。衍文，當删。
[二] 櫪：遺書系各本作「歷」，與漢書顔注同。

「裺」作「㡊」，云「㡊篼、㡘篼、帪，囊也」本此。説文：「篼，飤馬器也。」「飤」亦訛作「飲」。玉篇：「篼，飼馬器也。」可據以訂正二書。

二五　鉤，懸物者。**宋楚陳魏之閒謂之鹿觡，**或呼鹿角。**或謂之鉤格；自關而西謂之鉤，或謂之鑶。**音微。

案：廣雅：「鹿觡、鑶，鉤也。」本此。廣韻引埤蒼云：「鑶，懸物鉤。」

二六　臿，燕之東北朝鮮洌水之閒謂之㪻；湯料反，此亦鍫聲轉也。**宋魏之閒謂之鏵，或謂之鍏；**音韋。**江淮南楚之閒謂之臿；沅湘之閒謂之畚；趙魏之閒謂之喿；**字亦作鍫也。**東齊謂之梩。**音駭。江東又呼鍫刃爲鐅，普蔑反。

案：「㪻」即「銚」。詩周頌：「庤乃錢鎛。」毛傳：「錢，銚也。」釋文引世本云：「垂作銚。」鏵，説文作「苿」，云「兩刃臿也。宋魏曰苿也」，又作「釫」。爾雅：「㪻謂之疀。」郭注云：「皆古鍬鍤字。」今爾雅「㪻」訛作「𠛹」。「鍬鍤」即「鍫臿」。疏引方言此條，「㪻」字亦訛，餘竝同。「梩」即梠。説文云：「㪻，從斗，庣聲。爾雅曰：『㪻謂之疀。』古田器也。」「銚，一曰田器。」「錢，銚也。古田器。」「梠，臿也。」「鐅，河内謂臿頭金也。」廣雅：「鍏、畚、梩、臬，臿也。」本此。釋名云：「鍤，插地起土也。或曰銷，或曰鏵。其板曰葉。」廣韻引方言：「臿，宋魏之閒或謂之鍏。」玉篇云：「臬，臿屬。今作鍫。」

二七　**杷，**無齒爲朳。**宋魏之閒謂之渠挐**〔一〕，今江東名亦然。諾豬反。**或謂之渠疏。**語轉也。

案：廣雅：「渠挐謂之杷。」本此。「渠挐」亦作「淭欅」〔二〕。玉篇：「淭欅，杷也。」廣韻引方言：「把，宋魏之閒謂之淭欅。」〔三〕「把」即「杷」之訛。「淭」字與「渠」同音，當即「渠」字訛舛而成，若方言、廣雅作「淭」，不應郭璞、曹憲皆不注其音也〔四〕。說文云：「杷，收麥器。」〔五〕廣韻「捌」字引方言云：「無齒杷。」即此條注文，今本皆作「朳」。

二八　**僉，**今連枷，所以打穀者。**宋魏之閒謂之欇殳，**音殊。亦杖名也。**或謂之度；**今江東呼打爲

〔一〕挐：文津閣本作「拿」。按，「挐」同「拏」，後作「拿」。下同。
〔二〕欅：文津閣本作「榉」，下同。
〔三〕欅：文淵閣本、遺書系各本引均作「挐」。按，廣韻魚韻「淭」字下引方言作「挐」，知底本引誤。
〔四〕遺書系各本均無「皆」字，據文意當補。
〔五〕此下，遺書系各本衍「皆」字，或上文所脫「皆」字誤植於此。

度，音量度也。**自關而西謂之棓**，蒲項反。**或謂之柫**；音拂。**齊楚江淮之閒謂之柍**，音悵怏，亦音車鞅。此皆打之別名也。**或謂之桲**。音勃。

案：齊語：「耒耜枷芟。」韋昭注云：「枷，柫也。所以擊草也。」[一]荀子性惡篇：「則兄弟相拂奪矣。」楊倞注云：「或曰『拂』字從『木』旁『弗』，擊也。方言云：『自關而西謂之柫。』今之農器，連枷也。」漢書王莽傳：「必躬載拂。」顏師古注云：「拂，所以擊治禾者也。今謂之連枷。」是「拂、柫」亦通用[二]。說文：「柫，擊禾連枷也。」「枷，柫也。淮南謂之柍。」廣雅：「棓、桲、柍、欘殳、度，杖也。」「柫謂之枷。」皆本此。「度、打」，一聲之轉。釋名曰：「枷，加也。加杖于柄頭，以撾穗而出其穀也。或曰羅枷，三杖而用之也。或曰丫丫，杖轉于頭，故以名之也。」「羅、連」，亦一聲之轉。玉篇云：「桲，今連枷，所以打穀也。」

二九　**刈鉤，江淮陳楚之閒謂之鉊**，音昭。**或謂之鐹**；音果。**自關而西或謂之鉤，或謂**

〔一〕草：各本同。國語韋注原文作「禾」。

〔二〕自「漢書」至此共三十三字，遺書系各本無。

之鎌，或謂之鍥。音結。

案：周禮薙氏：「夏日至而夷之。」鄭注云：「以鉤鎌迫地芟之也，若今取茭矣。」齊語：「挾其槍刈耨鎛。」韋昭注云：「刈，鎌也。」又：「耒耜枷芟。」注云：「芟，大鎌，所以芟草也。」詩周頌：「奄觀銍刈。」釋文云：「銍器可以穫禾。」「鉤」亦作「㓡」。說文云：「㓡，鎌也。」「鎌，鍥也。」「銍，穫禾短鎌也。」「鉊，大鎌也〔一〕。」鎌謂之鉊。張徹說。」廣韻引說文云：「關西呼鎌爲㓡也。」今說文無此語，當是兼取方言之文。釋名云：「鎌，廉也。體廉薄也。」「銍，穫黍鐵也。」「鐹、鐮」亦作「划、鐮」。玉篇云：「㓡，鐮也。」「鐹、鐮」皆云「刈㓡」也，「划」亦云「刈㓡」，「划」與「鐹」實一字。廣雅：「划、鉊、㓡、鍥，鎌也。」本方言此條，而有「划」則無「鐹」，玉篇分入兩部，故竝存之。

三〇　**薄，宋魏陳楚江淮之閒謂之苗，或謂之麴；**此直語楚聲轉耳。**自關而西謂之薄；南楚謂之蓬薄。**

案：月令：「季春具曲植籧筐。」鄭注云：「時所以養蠶器也。曲，薄也。」疏引方

〔一〕鎌：小徐本說文同，大徐本作「鐵」。

言此條，文竝同。漢書周勃傳：「勃旨織薄曲爲生。」蘇林注云：「薄，一名曲。」〔一〕說文：「苗，蠶薄也。」又云：「或說：曲，蠶薄也。」廣雅：「笛謂之薄。」皆轉而從竹。注內「此直語楚聲轉耳」，各本訛作「此直語楚轉聲耳」，曹毅之本作「此直語楚聲轉也」，今訂正〔二〕。

三一　橛，燕之東北朝鮮洌水之閒謂之椵。楬杙也。江東呼都，音段。

案：爾雅：「橛謂之闑。」曲禮：「大夫士入君門，由闑右，不踐閾。」鄭注云：「闑，門橛。閾，門限。」説文：「檿，弋也。」「檿、橛」同。「杙、弋」，古通用。各本「椵」訛作「椵」〔三〕。「椵」，徒亂反〔四〕；「椵」，古雅反。「都、椵」，一聲之轉。

三二　槌，懸蠶薄柱也。度畏反。宋魏陳楚江淮之閒謂之植，音值。自關而西謂之槌，

〔一〕自「漢書」至此二十字，遺書系各本無。
〔二〕自「注內」至此三十五字，遺書系各本無。
〔三〕椵：文津閣本作「椵」，誤。
〔四〕徒：文津閣本作「走」，誤。

齊謂之样。音陽。其橫，關西曰⿰木朕，音朕。亦名校，音交。宋魏陳楚江淮之間謂之⿰木帶，音帶。齊部謂之⿰木寺。丁革反。所以縣⿰木帶，關西謂之⿰糸僉；力冄反。東齊海岱之間謂之⿰糸巽；相卞反。宋魏陳楚江淮之間謂之繯，擐甲。或謂之環。檈。

案：「⿰糸巽」，各本作「⿰糸選」，從曹毅之本[一]。廣雅：「⿰木帶、⿰木朕、⿰木寺、植、样，槌也。」「⿰糸僉、⿰糸選，索也。」「繯，絡也。」説文云：「關東謂之槌，關西謂之⿰木寺。」「栚，槌之横者也。關西謂之⿰木巽。」「繯，落也。」「栚、⿰木朕」，同。「落」當作「絡」。所云關東西，與方言異。「⿰木巽」字，説文所無。玉篇云：「槌，蠶槌也。」「植，養蠶器也。」「⿰木寺，槌橫木也。」「⿰糸僉，懸蠶薄橫也。」「⿰糸巽，懸縋索。」皆本方言此條。月令：「具曲植籧筐。」鄭注云：「植，槌也。」疏引方言，「样」訛作「牂」。廣韻引方言：「懸蠶薄柱，齊謂之样。」注内「擐甲」，當作「音擐甲之擐」。「檈、旋」同音，此字疑有訛舛[二]。

三三　簟，宋魏之間謂之笙，今江東通言笙。或謂之籧苗；自關而西或謂之簟，或謂之⿱竹拆。今云⿱竹拆篾篷也。其麤者謂之籧篨，自關而東或謂之篕掞。音剡。江東呼籧篨爲⿱竹廢，音廢。

[一][二] 以上十字，遺書系各本無。

案：左思吳都賦：「桃笙象簟。」劉逵注云：「桃笙，桃枝簟也。吳人謂簟爲笙。又析象牙以爲簟也。」[一]廣韻引方言：「自關而西簟或謂之䈽。」廣雅：「笙、䈽、簟、籧篨、笛，席也。」「篕䉶謂之籧篨。」皆本此。「䉶、掞」，古通用。說文云：「簟，竹席也。」「籧篨，粗竹席也。」玉篇云：「籧篨，江東人呼籭也。」「䈽，簟也。」詩邶風：「籧篨不鮮。」籧篨本粗竹席，用爲困者之名，不可使俯之疾似之，故晉語曰：「籧篨不可使俯。」以言辭媚悦人者，常仰觀顏色，病若籧篨，故爾雅云：「籧篨，口柔也。」

三四　**筕篖，**似籧篨，直文而麤。江東呼笪，音靼。**自關而東周洛楚魏之間謂之倚佯，**音羊。**自關而西謂之筕篖，南楚之外謂之篖。**

案：「倚佯」，亦作「倚陽」。廣雅：「篖[二]、倚陽，筕篖也。」本此。玉篇云：「筕篖，竹笪。」「笪，麤籧篨也。」

[一] 析：文選劉注原文作「折」。
[二] 「篖」字上，廣雅原文有「佯」字。

三五　牀，齊魯之閒謂之簀，牀版也。音迮。陳楚之閒或謂之笫。音滓，又音姊。其杠，北燕朝鮮之閒謂之樹，自關而西秦晉之閒謂之杠，南楚之閒謂之趙，「趙」當作「桃」，聲之轉也。中國亦呼杠爲桃牀，皆通語也。東齊海岱之閒謂之樺。音詵。其上版，衛之北郊趙魏之閒謂之牒，簡牒。或曰牑。履屬。

案：説文云：「牀，安身之坐者。」「簀，牀棧也。」「笫，牀簀也。」「杠，牀前横木也。」「牑，牀版也。」春秋襄公二十七年：「牀笫之言不踰閾。」杜預注云：「笫，簀也。」玉篇、廣韻竝引方言云：「杠，東齊海岱之閒謂之樺。」今方言各本訛作「樺」。注内「詵」訛作「先」。徐堅初學記引方言此條，正文作「謂之樺」，注文作「音詵」，與玉篇、廣韻同。「趙」亦作「朓」。廣雅：「棲謂之牀。」「浴牀謂之柖。」「簀，笫也。」「樹，朓杠也。」「牒、牑，版也。」曹憲音釋：「牑，音鞭。」注内「簡牒」，當作「音簡牒之牒」。「履屬」二字，當是「音邊」二字之訛，無從據證〔一〕。

〔一〕自「『履屬』二字」至此十六字，遺書系各本作「『牑』下『履屬』二字未詳，當是如『音鞭』等字訛舛而成」十九字。

三六　俎几也[一]**，西南蜀漢之郊曰杫。**音賜。**榻前几，江沔之閒曰桯，**今江東呼爲承。桯，因刑[二]。**趙魏之閒謂之椸。**音易。**几，其高者謂之虡。**即筍虡也。音巨。

案：後漢書第五鍾離宋寒列傳：「藥崧家貧爲郎，常獨直臺上，無被，枕杫。」注云：「杫謂俎几也。方言云：『蜀漢之郊曰杫。』」説文云：「桯，牀前几。」廣雅：「杫、虡、桯、㭘，俎几也。」「虡」即「虡」，「㭘」即「椸」。考工記梓人：「爲簨虡。」鄭注云：「樂器所縣，横曰簨，植曰虡。」「簨、筍」，古通用。

三七　籆，榬也。所以絡絲也。音爰。**兖豫河濟之閒謂之榬。絡謂之格。**所以轉籆絡車也。

案：廣雅：「榬謂之籆。」本此。曹憲音義[三]：「籆，于縛、榮碧兩反。」説文云：「籆，收絲者也。」玉篇：「榬，絡絲籆也。」「籰」即「籆」之訛。

三八　䡴車，䡴，蘇對反。**趙魏之閒謂之轣轆車，東齊海岱之閒謂之道軌。**

[一] 几：文津閣本作「凡」，下同，誤。
[二] 因：文津閣本同。文淵閣本及遺書系各本均作「音」，當據改。
[三] 音義：各本同。通作「音釋」。

案：説文云：「縺，箸絲于箏車也。」「箏，筳也。」「筳，縺絲筦也。」「轣轆」，亦通作「厤鹿」。廣雅：「縺車謂之厤鹿。」「道軌謂之鹿車。」本此。玉篇云：「縺車亦名軌車。」

三九　户鑰，自關而東陳楚之閒謂之鍵，巨蹇反。**自關而西謂之鑰。**

案：「鑰」，亦通作「籥」。月令：「修鍵閉[一]，慎管籥。」鄭注云：「鍵，牡。閉，牝也。管籥，搏鍵器也。」周禮：「司門掌授管鍵。」鄭注云：「管謂籥也。鍵謂牡。」[二]郭璞爾雅序：「六藝之鈐鍵。」[三]釋文引方言云：「鑰也。自關而東陳楚之閒謂鑰爲鍵。」

四〇　簙謂之蔽，或謂之箘。音囷。**秦晉之閒謂之簙；吴楚之閒或謂之蔽，或謂之箭裏，**簙箸，一名箭。廣雅云。**或謂之簙毒，或謂之夗專，**夗，于辯反[四]。專，音轉。**或謂之匴璇，**或曰竹器，所以整頓簙者。銓、旋兩音。**或謂之棊。所以投簙謂之枰，**評論。**或謂之廣平。所以行棊謂之**

[一] 修：十三經注疏本同。文淵閣本及遺書系各本作「脩」。

[二] 此段注文，爲鄭玄注引鄭司農語。

[三] 六：遺書系各本訛作「小」。

[四] 于：文津閣本同。文淵閣本及遺書系各本作「於」，與方言宋明本同，當據改。

局，或謂之曲道。圍棊謂之弈，自關而東齊魯之閒皆謂之弈。

案：「簙、博」，古通用。説文云：「簙，局戲也。六箸十二棊也。古者烏胄作簙。」「箘，簙棊也。」「局，博所以行棊。」「弈，圍棊也。」荀子大略篇：「六貳之博。」楊倞注云：「即六博也。」「今之博局亦二六相對也。」楚辭招魂篇：「菎蔽象棊，有六簙些。」王逸注云：「菎，玉也。蔽，簙箸以玉飾之也。」「投六箸，行六棊，故謂六簙也。」洪興祖補注引方言此條，文竝同。史記范睢蔡澤列傳：「君獨不觀夫博者乎，或欲大投，或欲分功。」索隱引方言云：「所以投博謂之枰。」韋昭博弈論：「然其所志，不出一枰之上。」李善注引方言：「投博謂之枰。」「圍棊，自關而東齊魯之閒謂之弈。」[一]春秋襄公二十五年左傳：「今甯子視君不如弈棊。」疏引方言此條，文竝同。廣雅：「簙箸謂之箭。」「兗專，簙也。」「廣平，枰也。」「曲道，梮也。」「圍棊，弈也。」皆本此。注內「評論」，當作「音評論之評」。

[一] 此句方言文，爲博弈論題下李善注引。

輶軒使者絶代語釋别國方言六

漢　揚雄　撰
晉　郭璞　注

一　聳、山頂反。奬，欲也。皆强欲也。荆吴之閒曰聳，晉趙曰奬。自關而西秦晉之閒相勸曰聳，或曰奬。中心不欲而由旁人之勸語亦曰聳。凡相被飾亦曰奬。

案：楚語：「教之春秋而爲之，聳善而抑惡焉。」韋昭注云：「聳，奬也。」揚雄長楊賦：「整輿竦戎。」李善注云：「方言：『自關而西秦晉之閒相勸曰聳。』『聳』與『竦』古字通。」謝朓齊敬皇后哀策文：「末命是奬。」注引方言：「秦晉之閒相勸曰奬。」盧諶贈劉琨詩：「飾奬駑猥。」注引方言：「凡相被飾亦曰奬。」説文作「嗾」，云〔一〕：「嗾

〔一〕自「説文」至此五字，遺書系各本作「『嗾』，古『奬』字，説文」。

犬厲之也。从犬，將省聲。」今方言各本皆作「沒」，訛舛不成字。「欲」當作「譽」，注内同。下文因義引伸，「聳、獎」皆爲「中心不欲而由旁人之勸語」，則「欲」字訛舛甚明。廣雅：「獎，譽也。」玉篇、廣韻「獎」皆訓「譽」，蓋本此。「譽、欲」，聲近似而訛。又「山頂反」，各本「反」訛作「也」。後卷十三有「聳」字，注云「山頂反」，可證「也」字之誤[一]。「聳」从耳，從聲，不當入迥韻；「頂」應是「項」之訛，方音入講韻耳。

二　聳、聹，聾也。半聾，梁益之閒謂之聹。言胎聹煩憒也。音宰。秦晉之閒聽而不聰、聞而不達謂之聹。生而聾，陳楚江淮之閒謂之聳。言無所聞常聳耳也。荆揚之閒及山之東西雙聾者謂之聳。聾之甚者，秦晉之閒謂之𦗼。五刮反。言聉無所聞知也。外傳：「聾聵司火。」音蒯聵。吴楚之外郊凡無耳者亦謂之𦗼。其言聫者，若秦晉中土謂墮耳者眀也[二]。五刮反。

案：説文云：「益梁之州謂聾爲聹，秦晉聽而不聰、聞而不達謂之聹。」「生而聾曰

[一] 自「『欲』當作『譽』」至此八十六字，遺書系各本作：「廣雅：『獎，譽也。』玉篇云：『獎，助也，成也，欲也，譽也，嗾犬厲之也。』『欲』之義取於方言，然『聳、獎』皆爲『中心不欲而由旁人之勸語』，則『欲』字應屬訛舛，或『譽、欲』聲相近而訛，注作『皆强譽也』，義尤明。『山頂反』，各本『反』訛作『也』，後卷十三有『聳』字，注内亦音『山頂反』。」

[二] 眀：文津閣本作「明」，誤。

聳。」「吳楚之外凡無耳者謂之聵，言若斷耳爲盟。」廣雅：「聳、聹、聵，聾也。」皆本此。諸刻「明」〔一〕，訛作「明」〔二〕，惟永樂大典本仍作「明」。下「五刮反」，乃「明」字音注。說文：「明，墮耳也。」即此所云「秦晉中土謂墮耳者明也」。然則「聵」字下「言若斷耳爲盟」句，乃後人校說文妄有所改。玉篇引方言云：「聹，半聾也。梁益之閒謂之聹，秦晉之閒聽而不聰、聞而不達謂之聹。」「陳楚江淮荆陽山之閒聾謂之聳。」廣韻引方言：「聾之甚者，秦晉之閒謂之聵。」與說文互有訛脱。注內「言聉無所聞知也」，諸刻脱「聉」字及下句「司火」二字，惟永樂大典本有之。說文云：「聉，無知意也。」

三 **陂、**偏頗。**傜，**逍遥。**衺也。陳楚荆揚曰陂。自山而西凡物細大不純者謂之傜。**言俄傜也。

案：樂記：「商亂則陂。」鄭注云：「陂，傾也。」「傜」，亦作「僠」。說文云：「自關以西物大小不同謂之僠。」廣雅：「陂、傾、俄，衺也。」注內「偏頗、逍遥」，當作「音偏頗

〔一〕明：文津閣本作「明」，以下各「明」字均作「明」，誤。
〔二〕明：文津閣本作「聉」，誤。

之頞，音逍遥之遥」。

四 由迪，正也。東齊青徐之閒相正謂之由迪。

案：玉篇云：「青州之閒相正謂之迪也。」即本此而有脱誤。

五 𢡆，音腆。𢙨，人力反，又女六反。慙也。荆揚青徐之閒曰𢡆，若梁益秦晉之閒言心内慙矣。山之東西自愧曰𢙨，小爾雅曰：「心愧爲𢙨。」[一]趙魏之閒謂之䀣。音密，亦祕。

案：左思魏都賦：「𢡆墨而謝。」劉逵注引方言：「𢡆，慙也。荆揚之閒曰𢡆。」陸厥奉荅内兄希叔詩：「相如𢙨温麗。」李善注引方言：「𢙨，慙也。」説文云：「青徐謂慙曰𢡆。」「䀣」，各本訛作「聇」[二]，今改正。爾雅釋言：「愧，慙也。」釋文全引方言此條，「𢡆」訛作「倎」，「䀣」亦訛作「聇」，餘並同。廣雅：「𢡆、䀣、𢙨，慙也。」義本此。

[一] 心愧爲𢙨：小爾雅原文作「心慙曰𢙨」。
[二] 文淵閣本及遺書系各本均脱「本」字。

六　謇、音蹇。展，難也。齊晉曰謇。山之東西凡難貌曰展。荆吴之人相難謂之展，若秦晉之言相憚矣。齊魯曰燀。難而雄也。昌羨反。

案：「謇」即「蹇」。易蹇卦彖傳：「蹇，難也。」説文：「憚，忌難也。一曰難也。」廣雅：「蹇、展、憚，難也。」義本此。

七　胥、由，輔也。胥，相也；由，正。皆謂輔持也。吴越曰胥，燕之北鄙曰由。

案：廣雅：「由、胥、輔，助也。」義本此。

八　蛩烘，鞏、恭兩音。戰慄也。荆吴曰蛩烘。蛩烘又恐也。

案：説文：「烘，戰慄也。」廣雅：「蛩烘，懼也。」本此。玉篇：「烘，恐也。」

九　錪、吐本反。錘，直睡反。重也。東齊之間曰錪，宋魯曰錘。

案：廣雅：「錘〔一〕、錪，重也。」義本此。

〔一〕錘：文津閣本作「錪」，誤。

一〇　**鋡、**音含。**龕，受也。**今云龕囊，依此名也。**齊楚曰鋡，揚越曰龕。受，盛也。猶秦晉言容盛也。**

案：玉篇：「鋡，受也。」「龕，受也，盛也。」廣雅：「鋡、龕、受，盛也。」義皆本此。

一一　**矔、**慣習。**眮，**侹侗。**轉目也。梁益之閒瞋目曰矔，轉目顧視亦曰矔。吳楚曰眮。**

案：說文云：「矔，目多精也。益州謂瞋目曰矔。」「吳楚謂瞋目顧視曰眮。」注内「慣習、侹侗」，當作「音慣習之慣、音侹侗之侗」。

一二　**逴、**勑略反。**騷、**先牢反。**𨅹，蹇也。**跛者行跡踔也。**吳楚偏蹇曰騷，齊楚晉曰逴。**行略逴也[一]。

案：說文：「蹇，跛也。」「逴，蹇也。」廣雅：「逴、騷、𨅹，蹇也。」義本此。玉篇云：「䟕踔，跛者行。」

[一] 略：遺書系各本均作「路」，誤。

一三　**㾍**、音斯。**嗌**，惡介反。**噎也。**皆謂咽痛也。音翳。**楚曰㾍；秦晉或曰嗌，又曰噎。**

案：説文云：「嗌，咽也。」「噎，飯窒也。」「㾍」，亦作「嘶」。玉篇云：「嘶，噎也。」

一四　**怠**、**陁**，音蟲豸。**壞也。**謂壞落也。

案：張衡西京賦：「程功致巧〔一〕，期不陁陊。」李善注引方言：「陁，壞也。」廣雅：「陁、殆，壞也。」「殆、怠」，古通用。注内「音蟲豸」三字，各本作「音虫豸未曉」五字〔二〕。「虫」即「蟲」之省。「未曉」二字蓋閲是書者所記，以「虫豸」不可曉耳，「虫」許偉反，與「蟲」異故也，不當雜入注文，今删。

一五　**埕**、音埕。**墊**，丁念反。**下也。凡柱而下曰埕，屋而下曰墊。**

〔一〕程功致巧：文選原作「程巧致功」。

〔二〕虫：文津閣本作「蟲」，以下三「虫」字同，誤。

案：説文：「埕〔一〕，从水、从土，日聲。」「埕」蓋从土，埕省聲〔二〕。此字後人所作，應直用「涅」。「墊」亦作「𥨭」。廣雅：「埕、墊，下也。」義本此。

一六　伆、音刎。**邈，離也。**謂乖離也。**楚謂之越，或謂之遠；吴越曰伆。**

案：「伆」，亦作「迿」。廣雅：「邈、迿、離、越，遠也。」

一七　顛、頂，上也。

案：爾雅釋言：「顛，頂也。」「顛」與「頂」，一聲之轉。廣雅：「顛、頂，上也。」義本此。

一八　誣，䛘与也〔三〕。䛘，於劍反。**吴越曰誣，荆齊曰䛘与，猶秦晉言阿与。**相阿与者，所以致誣䛘。

案：廣雅：「貸、誣、䛘、授、施、遺，予也。」後卷十內「或謂之䛘」注云：「言誣䛘

〔一〕埕：文津閣本同。文淵閣本及遺書系各本作「涅」，與説文同，當據改。
〔二〕埕：文津閣本同。文淵閣本及遺書系各本均作「涅」，當據改。
〔三〕与：遺書系各本作「與」，此下及郭注、戴疏內「与」均作「與」。

也。」合之此注，皆以「誣䛳」連稱。據正文「䛳与」猶「阿与」，「䛳、阿」乃一聲之轉。「与」讀若「譽」。説文：「誣，加也。」集韻：「䛳，謗也。」凡無實而虚加皆爲「誣」。表記：「受禄不誣。」鄭注云：「不信曰誣。」此正「阿与」之義。郭璞言「相阿与者所以致誣䛳」，又轉一義矣。

一九　掩、索，取也。自關而東曰掩；自關而西曰索，或曰抯。相棃。

案：「掩」，説文作「揜」，云：「自關以東謂取曰揜。」司馬相如子虚賦：「揜翡翠。」上林賦：「揜焦朋。」李善注皆引方言：「揜，取也。」漢書貨殖傳：「又況掘冢博掩[一]，犯姦成富。」顔師古注云：「掩謂掩襲，取人物者也。」[二]「抯」，各本訛作「狚」。永樂大典本下有「但伺也」三字，舛誤不可通。後卷十内「抯，取也」，「抯」下注「相棃」二字，可證「狚」即「抯」之訛，「但伺也」即「相棃」之訛。「相棃」，當云「音相棃之相」。廣雅：「索、抯、掩，取也。」義本此。曹憲音釋「抯」音莊加、子治兩反。

[一] 博：漢書原文作「搏」，顔師古注：「搏，或作博。」
[二] 自「掩謂」至此九字，漢書顔注原文作：「搏掩謂搏繫掩襲，取人物者也。」

二〇　**瞜、**烏拔反。**略，**音略。**視也。東齊曰瞜，吳揚曰略。**今中國亦云目略也。**凡以目相戲曰瞜。**

案：說文云：「瞜，目相戲也。」廣韻引方言：「略，視也。」廣雅：「略、瞜，視也。」本此。注内「目略」，諸刻脱「略」字，永樂大典本有。

二一　**遥、廣，遠也。梁楚曰遥。**

案：廣雅：「遥，遠也。」越語：「廣運百里。」韋昭注云：「東西爲廣，南北爲運。」蓋「廣」亦以言遠。

二二　**汩、**于筆反。**遥，疾行也。**汩汩，急貌也。**南楚之外曰汩，或曰遥。**

案：廣雅：「汩，疾也。」史記屈原列傳：「汩徂南土。」索隱引方言曰：「汩謂疾行也。」[一]司馬相如上林賦：「汩乎混流。」蘇林曰：「揚雄方言：『汩、遥，疾也。』」「遥」

[一] 自「史記」至此二十一字，遺書系各本無。

字誤。揚雄甘泉賦：「涌醴汩以生川。」李善注引方言：「汩，疾也。」枚乘七發：「汩乘流而下降兮。」注引方言：「汩，疾皃也。」即此條注文。離騷：「汩余若將不及兮。」王逸注云：「汩，去皃，疾若水流也。」洪興祖補注引方言云：「疾行也。南楚之外曰汩。」爾雅釋水郭注：「汩漱沙壤。」釋文引方言云：「遥，疾行也。」「遥」上應有「汩」字。「遥」，亦作「遙」。玉篇、廣韻竝云：「遙，疾行也。」

二三　**蹇、妯，擾也。**謂躁夓也〔一〕。妯，音迪。**人不靜曰妯。秦晉曰蹇，齊宋曰妯。**

案：說文：「擾，煩也。」廣雅：「蹇、妯、躁、煩，擾也。」詩小雅：「憂心且妯。」毛傳：「妯，動也。」爾雅釋詁同。釋文：「勑留反。」又音迪。

二四　**絓、**音乖。**挈、**口八反〔二〕。**儝、**古𤇾字。**介，特也。楚曰儝，晉曰絓，秦曰挈。物無耦曰特，獸無耦曰介。**傳曰：「逢澤有介麋。」**飛鳥曰雙，鴈曰乘。**

〔一〕夓：文淵閣本、文津閣本及遺書系各本均作「擾」，當據改。

〔二〕八：文津閣本作「入」，誤。

案：廣雅：「絓、挈、儝、介、特，獨也。」義本此。史記陳餘列傳：「獨介居河北。」集解引方言云：「介，特也。」任昉天監三年策秀才文：「介在民上。」李善注引方言：「介，特也。」春秋哀公十四年左傳疏引方言：「獸無耦曰介。」[一]玉篇引方言譌作「夰，待也」。揚雄解嘲：「乘鴈集不爲之多，雙鳧飛不爲之少。」李善注引方言：「飛鳥曰雙，四鴈曰乘。」「四」字蓋李善所增。

二五　**台、既，失也。宋魯之閒曰台。**

案：廣雅：「台、既，失也。」義本此。「台、遺」，一聲之轉。「既」，蓋如「日食既」之既。

二六　**既、隱、據，定也。**

案：「既」取已然之義；隱，據也。故又皆爲定。廣雅：「隱、據，定也。」義本此。

二七　**稟、浚，敬也。秦晉之閒曰稟，齊曰浚。吴楚之閒自敬曰稟。**

〔一〕獸：十三經注疏本引作「畜」。

案：「稟、廩」，古通用。漢書循吏傳：「此廩廩庶幾德讓君子之遺風矣。」顏師古注云：「廩廩，言有風采也。」亦作「懍」。廣雅：「懍、浚，敬也。」本此。

二八　悛、音銓。懌，音奕。改也。自山而東或曰悛，或曰懌。論語曰：「悅而不懌。」

案：春秋襄公四年左傳：「羿猶不悛。」杜預注云：「悛，改也。」廣雅：「悛、懌、改，更也。」義本此。

二九　坻、小泜[一]。坥，癰疽。場也。音傷。梁宋之閒蚍蜉䵅鼠之場謂之坻，䵅鼠，蚡鼠也。螾場謂之坥。螾，蛐蟮也。其糞名坥。螾，音引。

案：「䵅」，古「犂」字。潘岳藉田賦：「坻場染屨。」李善注云：「方言：『坻，場也。蚍蜉犂鼠之場謂之坻。』場，浮壤之名也，音傷。」爾雅「鼢鼠」郭注云：「地中行者。」疏云：「方言名犂鼠，即此鼠也。謂起地若耕，因名云。」「蚡、鼢」，古通用。玉篇引此條亦

[一] 小：諸本均作「水」，當據改。

作「犂」，餘竝同。說文云：「益州部謂螾蝪曰坥。」〔一〕廣雅：「坻，場也。」注内「水泜、癰疽」，當作「音水泜之泜、音癰疽之疽」。「蚰」，諸刻訛作「蟥」。

三〇　**偍、用，行也。**偍偍，行貌。度揩反。**朝鮮洌水之間或曰偍。**

案：「用」，亦「由」也，故又爲「行」。廣雅：「偍、由，行也。」注内「偍偍」，各本訛作「偍皆」，今訂正。說文云：「偍偍，行貌。」

三一　**鋪頒，索也。東齊曰鋪頒，猶秦晉言抖藪也。**謂斗藪舉索物也。鋪，音敷。

案：「藪」，亦作「擻」。玉篇云：「抖擻，起物也。」廣韻：「抖擻，舉貌。」

三二　**參、蠡，**音麗。**分也。**謂分割也。**齊曰參，楚曰蠡，秦晉曰離。**

案：王粲登樓賦：「夜參半而不寐兮。」李善注引方言：「參，分也。」廣雅：「參、

〔一〕蝪：諸本均作「場」，與說文同，當據改。

離，分也。」[一]「蠡」，亦作「攠」[二]。荀子賦篇：「攠兮其相逐而反也。」楊倞注云：「『攠』與『劙』同。攠兮，分判貌。」[三]玉篇云：「劙，解也，分割也。」

三三　𤻖、披，散也。東齊聲散曰𤻖，器破曰披。秦晉聲變曰𤻖，器破而不殊其音亦謂之𤻖，器破而未離謂之璺。音問。南楚之閒謂之𢻱。妨美反。一音圮塞。

案：說文云：「𤻖，散聲。」春秋成公十八年左傳：「今將崇諸侯之姦而披其地。」杜預注云：「披猶分也。」昭公五年左傳：「又披其邑。」注云：「披，析也。」玉篇、廣韻竝引方言：「秦晉器破而未離謂之璺。」廣韻引方言：「器破而未離，南楚之閒謂之𢻱。」廣雅：「𤻖、披，散也。」「璺、斯，裂也。」「𢻱」，又作「坡」，玉篇、廣韻竝云：「器破也。」注內「圮塞」，各本「圮」譌作「把」，曹毅之本不誤。

三四　緡、音旻。緜，施也。秦曰緡，趙曰緜。吳越之閒脫衣相被謂之緡緜。相覆及之

[一] 自「廣雅」至此六字，遺書系各本在下文「玉篇」之上。
[二] 遺書系各本無「『蠡』，亦作『攠』」四字。
[三] 「貌」字下，遺書系各本有「『蠡、離』古皆與『劙』通」七字。

名也。

案：廣雅：「緡、繇，施也。」義本此。

三五　**悀、**音踊。**偪，**妨逼反。**滿也。凡以器盛而滿謂之悀，**言涌出也。**腹滿曰偪。**言勅偪也。

案：「偪」，亦作「愊」[一]。廣雅：「悀、愊，滿也。」義本此。

三六　**傒醯、**醯酢。**冉鐮，**冉，音髯。**危也。東齊掎物而危謂之傒醯，**掎，居枝反。**偽物謂之冉鐮。**

案：廣雅：「傒醯、冉鐮，危也。」義本此。「鐮、鎌」同。「掎」，各本訛作「椅」，今訂正。玉篇云：「掎，戴也。」

三七　**紕、**音毗。**繹、**音亦。**督、雉，理也。秦晉之閒曰紕。凡物曰督之，**言正理也。**絲曰繹之。**言解繹也。

[一]　幅：諸本同，下引廣雅文亦同，誤。廣雅原文作「愊」，當據改。

案：廣雅：「紕、督、雉，理也。」本此。詩鄘風：「素絲紕之。」[一]毛傳：「紕，所以織組也。總紕于此，成文于彼。」説文：「繹，抽絲也。」謝惠連雪賦：「王乃尋繹吟翫。」傅毅舞賦：「繹精靈之所束。」李善注皆引方言：「繹，理也。」周禮大祝：「禁督逆祀命者。」鄭注云：「督，正也。」爾雅釋詁：「董、督，正也。」

三八　㢲、古矤字。**吕，長也。東齊曰㢲，宋魯曰吕。**

案：廣雅：「矤、吕，長也。」義本此。

三九　𨁈、膂，力也。東齊曰𨁈，律𨁈，多力貌。**宋魯曰膂。膂，田力也。**謂耕墾也。

案：玉篇：「𨁈，足多力也。」「膂」，亦通作「旅」。詩小雅：「旅力方剛。」毛傳：「旅，衆也。」失之。「膂，田力也」之「膂」當作「墾」，後卷十二内「墾，力也」注云「耕墾用力」可證此條「膂」字之訛[二]。廣雅：「𨁈、膂、墾，力也。」義本此。「田」，諸刻訛作

[一] 素絲：文津閣本同，與十三經注疏本同。文淵閣本及遺書系各本均作「何以」，誤。

[二] 卷十二：文津閣本同。文淵閣本及遺書系各本均作「卷之二」，誤。

「由」[一]，從永樂大典本[二]。

四〇　**瘱**、瘞埋，又翳。**䜑**，瓜蔕。**審也。齊楚曰瘱，秦晉曰䜑。**

案：「䜑」亦作「諦」。說文：「瘞[三]，靜也。」「諦，審也。」注内「瘞埋、瓜蔕」，當作「音瘞埋之瘞、音瓜蔕之蔕」。各本「瘞埋」訛作「埋也」，今訂正。

四一　**譩**音翳。**䜑**，亦音蔕。**諟也。**亦審諟，互見其義耳。音帝。**吴越曰譩䜑。**

案：廣雅：「審、譩䜑，諟也。」義本此。説文：「譩[四]，理也。」

四二　**揞**、烏感反。**揜**、**錯**、音酢。**摩，藏也。荆楚曰揞，吴揚曰揜，周秦曰錯，陳之東鄙曰摩。**

[一] 諸刻：遺書系各本作「各本」。
[二] 從永樂大典本：遺書系各本作「今改正」三字。
[三] 瘞：諸本同，誤。説文：「瘞，幽薶也。」「瘱，靜也。」釋「靜」之字與方言同，當據改。
[四] 譩：各本同，誤。大徐本説文釋「理」之字作「諟」。

案：「藏」，各本訛作「滅」，今訂正。廣雅：「揞、揜、錯、摩，藏也。」義本此[一]。說文：「揜，覆也。」玉篇：「揞，藏也。」廣韻：「揞，手覆。」「錯，摩也。」「摩，隱也。」皆于「藏」之義合。

四三　抾摸，去也。齊趙之總語也。抾摸，猶言持去也。

案：荀子榮辱篇：「胠于沙而思水。」楊倞注云：「『胠』與『袪』同。方言：『袪，去也。齊趙之總語。』」「莊子有胠篋篇，亦取『去』之義。」此所引作「衣」旁，本書乃作「手」旁。廣雅：「怯莫，去也。」義即本方言而字又異[二]。古書流傳既久，轉寫不一。據「抾摸猶言持去」一語，二字皆「手」旁爲得。「袪、胠」，假借通用，「怯」字誤。

四四　舒勃，展也。東齊之間凡展物謂之舒勃。

案：廣雅：「舒勃，展也。」義本此。

[一] 遺書系各本誤脱「義本此」三字。
[二] 遺書系各本無「即」字。

四五　摳揄，旋也。秦晉凡物樹稼早成熟謂之旋，燕齊之閒謂之摳揄。

案：廣韻：「旋，疾也。」

四六　絙、岡鄧反。**筳，**湯丁反。**竟也。秦晉或曰絙，或曰竟；楚曰筳。**

案：廣雅：「筳、絙〔一〕，竟也。」義本此。班固答賓戲：「絙以年歲。」李善注引方言：「絙，竟也。」字亦省作「亘」。西都賦：「北彌明光而亘長樂。」注云：「『亘，竟也。』『亘』與『絙』古字通。」

四七　䌙、音剡。**剿，**音妾。**續也。秦晉續折謂之䌙，繩索謂之剿。**

案：玉篇：「䌙，續也。」「剿，接續也。」廣雅：「䌙、剿，續也。」義本此。曹憲音釋「剿」魚劫、且葉兩反。

〔一〕筳、絙：此二字廣雅原文分別作「挺」與「揯」。

四八　擘，音檗。楚謂之紉。今亦以綫貫針爲紉，音刃。

案：禮記内則篇："衣裳綻裂，紉箴請補綴。"離騷："紉秋蘭以爲佩。"洪興祖補注引方言："續，楚謂之紉。""續"字當是誤蒙上條。

四九　閻苦，開也。東齊開户謂之閻苦，楚謂之闓。亦開字也。

案：廣雅："閻苦，開也。"本此。今方言各本"苦"訛作"笘"，若"笘"字，不應郭璞、曹憲皆不注其音。"苦、開"，亦一聲之轉。據廣雅訂正。

五〇　杼、柚，作也。東齊土作謂之杼，木作謂之柚。

案：此蓋釋詩"小東大東，杼柚其空"之義，言役作于周而至窮空也。鄭箋云："譚無他貨，惟有麻絲耳[一]，今盡杼柚不作也。"讀"柚"爲"軸"，義亦迂曲。

五一　厲、印，爲也。爾雅曰："俶、厲，作。"作亦爲也。甌越曰印，吴曰厲。

[一] 惟有麻絲：十三經注疏本作"維絲麻"。

案：「印」，各本訛作「卬」[一]，今訂正。廣雅：「厲、印，爲也。」義本此。曹憲音釋「印」於信反。爾雅：「厲，作也。」郭注引穀梁傳：「始厲樂矣。」疏全引方言此條，「印」亦訛作「卬」，餘竝同。

五二 戲、憚，怒也。齊曰戲，楚曰憚。

案：廣雅：「戲、憚，怒也。」義本此。詩大雅：「逢天僤怒。」毛傳：「僤，厚也。」「僤」即「憚」，釋爲「怒」。「僤怒、超遠、虔劉」連文，皆二字義同。

五三 爰、喛，恚也。謂悲恚也。**楚曰爰，秦晉曰喛，皆不欲膺而强畣之意也**[二]。

案：廣雅：「爰、喛，愁也。」曹憲音釋云：「喛，呼館、虎元二反。」「虎元」，據玉篇當作「虛元」。

[一] 印：安徽叢書本作「卬」，下「印」字亦作「卬」，誤。

[二] 膺：文津閣本作「膺」，誤。

五四　傁、艾，長老也。東齊魯衞之閒凡尊老謂之傁，或謂之艾；禮記曰：「五十曰艾。」周晉秦隴謂之公，或謂之翁；南楚謂之父，或謂之父老。南楚瀑洭之閒暴、匡兩音。洭水在桂陽。母謂之媓，謂婦妣曰母姼，音多。稱婦考曰父姼。古者通以考妣爲生存之稱。

案：「傁」，本作「叜」。說文云：「老也。」俗通作「叟」。孟子：「王曰叟。」趙岐注云：「叟，長老之稱也，猶父也。」史記馮唐列傳：「文帝輦過，問唐曰：『父老何自爲郎？』」後又曰：『父知之乎？』」廣韻引方言：「南楚人謂婦妣曰母姼。」廣雅：「傁、艾、長，老也。」「翁、叜，父也。」「媓，母也。」「妻之父謂之父姼，妻之母謂之母姼。」皆本此。

五五　巍、嶢、崝、嶮，高也。嶕嶢、崝嶸，皆高峻之貌也。

案：「崝」，亦作「崢」。張衡思玄賦：「蹈玉階之嶢崢。」李善注引方言：「嶢、崢，高貌也。」張協七命：「爾乃嶢榭迎風。」注引方言：「嶢，高也。」班固西都賦：「金石崢嶸。」又七命：「陟崢嶸。」注竝引方言注：「崢嶸，高峻也。」廣雅：「嶕、嶢，高也。」注內各本脱「皆」字，曹毅之本有。

五六　猒、塞，安也。物足則定。

案：陸機辯亡論：「洪規遠略，固不厭夫區區者也。」[一]李善注云：「方言：『厭，安也。』於豔反。」「猒、厭」，古通用，亦作「懕」。説文云：「安也。」爾雅釋訓：「懕懕，安也。」廣雅：「懕、㥷，安也。」義本此。曹憲音釋：「懕，一占反。」

五七　㥄、音夌。**煤**，亡主反。**憐也。**

案：「㥄」已見前卷一内。説文云：「煤，撫也。讀若侮。」廣雅：「㥄、煤，哀也。」義本此。

五八　掩、翳，薆也。謂蔽薆也。詩曰：「薆而不見。」音愛。

案：月令：「處必掩身。」鄭注云：「掩，猶隱翳也。」左思詠史詩：「歸來翳負郭。」李善注引方言「翳，薆也」并注。爾雅釋木：「蔽者翳。」郭注云：「樹蔭翳覆地者。」釋言：「薆，隱也。」注云：「謂隱蔽。」離騷：「衆薆然而蔽之。」洪興祖補注引方言此條注文訛作「謂薆蔽也」。「薆」亦通用「僾」。説文云：「仿佛也。」引詩「僾而不見」，今毛

[一] 厭：文選原文作「猒」，李善注引同。

詩作「愛」，古字假借通用。「薆而」猶「隱然」，「而、如」「若、然」，一聲之轉。

五九　佚婸，跌、唐兩音。**婬也**〔一〕。

案：「佚」，亦通「劮」。廣雅：「劮婸，婬也。」本此。曹憲音釋：「劮，音逸；婸，大朗反。」說文：「婬，私逸也。」廣韻「婸」與「蕩」同音，云：「淫戲貌。」又「泆」與「跌」同音，云：「泆蕩。」「佚」與「泆、逸」，古皆通用，「婸」與「蕩」通用，「媱」與「淫」通用。「佚」從此注音跌，「婸」從曹憲大朗反，「佚婸」二字乃雙聲，即「泆蕩」也。又「跌踼」，廣雅云：「行失正。」〔二〕「踼」音宕。「唐」與「蕩、宕」，雖有平上去之異，本屬一聲輕重；若「佚」音逸，則「佚婸」不連讀，亦皆「淫逸」之義。各本「婸」訛作「惕」，「婬」訛作「緩」，今據廣雅訂正。

〔一〕婬：文津閣本作「媱」，誤。

〔二〕行失正：見於正字通，集韻、類篇作「行不正」，廣雅並無此條。

輶軒使者絕代語釋別國方言七

漢　揚雄　撰
晉　郭璞　注

一　**諄憎，所疾也。**諄，之潤反。**宋魯凡相惡謂之諄憎，若秦晉言可惡矣。**

案：荀子哀公篇：「無取口啍。口啍，誕也。」楊倞注云：「啍與諄同。方言：『齊魯凡相疾惡謂之諄憎。』」廣雅：「諄憎，誒也。」〔一〕義本此。「誒、疾」，古通用。

二　**杜、蹻，歰也。趙曰杜，**今俗語通言歰如杜。杜梨子歰，因名之。**山之東西或曰蹻。**郤蹻，燥歰貌。音笑謔。

〔一〕諄憎，誒也：廣雅作「諄憎、誒、毒、病……苦也」。

案：廣雅：「杜、蹻，歰也。」曹憲音義[一]：「蹻，虛虐反；歰，師急反。」説文云：「歰，不滑也。从四止。」

三　佻、抗，縣也。趙魏之閒曰佻，自山之東西曰抗。燕趙之郊縣物于臺之上謂之佻。了佻，縣物貌。丁小反。

案：廣雅：「佻、抗，縣也。」義本此。

四　發、稅，舍車也。舍，宜音寫。**東齊海岱之閒謂之發，**今通言發寫也。**宋趙陳魏之閒謂之稅。**稅猶脱也。

案：注讀「舍」爲「寫」，「寫、卸」，古通用。説文云：「卸，舍車解馬也。从卩止午。讀若汝南人寫書之寫。」「發」爲卸車，蓋釋詩「齊子發夕」之義，言夕而解息車徒也。陸機招隱詩：「稅駕從所欲。」李善注引方言：「舍車曰稅。」「稅」亦通用「説」。周禮典

[一] 音義：通作「音釋」。

路：「辨其名物，與其用説。」鄭注云：「説，謂舍車也。」〔一〕

五　肖、類，法也。齊曰類，西楚梁益之閒曰肖。秦晉之西鄙自冀隴而西冀縣，今在天水。**使犬曰哨。**音騷。**西南梁益之閒凡言相類者亦謂之肖。**肖者，似也。

案：荀子勸學篇：「羣類之紀綱也。」楊倞注云：「方言：『齊謂法爲類也。』」廣雅：「肖、類、灋也。」本此。「灋」，古「法」字。「哨」亦作「嗾」。説文云：「肖，骨肉相似也。不似其先，故曰不肖也。」「嗾，使犬聲。」春秋宣公二年左傳：「公嗾夫獒焉。」服虔注云：「嗾，㖩也。」〔二〕釋文：「素口反。」玉篇引方言：「秦晉冀隴謂使犬曰嗾。」

六　憎、懹，憚也。相畏憚也。**陳曰懹。**

案：廣雅：「憎、懹、憚，難也。」曹憲音義〔三〕：「懹，人尚反。」玉篇云：「懹，憚也，相畏也。」

〔一〕此爲鄭玄所引「鄭司農云」。
〔二〕㖩：文津閣本作「㘉」，誤。
〔三〕音義：通作「音釋」。

七　譙、字或作誚。**讙，**火袁反。**讓也。齊楚宋衛荆陳之間曰譙。自關而西秦晉之間凡言相責讓曰譙讓，北燕曰讙。**

案：廣雅：「讙、譙，讓也。」義本此。周語：「讓不貢。」韋昭注云：「讓，譴責也。」春秋昭公二十五年左傳：「且讓之。」杜預注云：「讓，責也。」

八　僉、胥，皆也。自山而東五國之郊曰僉，六國惟秦在山西。**東齊曰胥。**

案：爾雅釋詁：「僉、咸、胥，皆也。」郭注云：「東齊曰胥，見方言。」疏全引方言此條，文竝同。

九　侔莫，强也。北燕之外郊凡勞而相勉若言努力者謂之侔莫。

案：「侔」，亦作「劺」。廣雅：「劺莫，强也。」義本此。曹憲音釋：「劺，音牟。」「强，巨兩反。」玉篇云：「劺，勸勵也。」

一〇　傑倯，罵也。羸小可憎之名也。傑，音邛竹。**燕之北郊曰傑倯。**

案：廣雅：「倮僬，罵也。」義本此。玉篇全引方言此條，文竝同。又云：「謂形小可憎之貌。」

一一　展、惇，信也。東齊海岱之閒曰展，燕曰惇。惇亦誠信貌。

案：「惇」，本作「憺」。廣雅：「憺，信也。」據注云「惇亦誠信貌」，似以此條「信」讀爲屈申之「申」，而「惇」兼「誠信」一義，故言「亦」以別之。揚雄長楊賦：「迺展民之所詘。」李善注引方言：「展，申也。」即此條而改作「申」。謝靈運石門新營所住四面高山迴溪石瀨脩竹茂林詩：「佳期何由敦。」注引方言：「敦，信也。」亦即此條而改「惇」爲「敦」。一取屈信，一取誠信，如此注之兼兩義。

一二　斯、掬，離也。齊陳曰斯，燕之外郊朝鮮洌水之閒曰掬。

案：爾雅釋言：「斯，離也。」孫炎注云：「析之離。」郭璞注云：「齊陳曰斯。」

一三　蝎、音曷。噬，卜筮。逮也。東齊曰蝎，北燕曰噬。逮，通語也。

案：「蝎、噬」，亦作「遏、遾」。爾雅釋言：「遏、遾，逮也。」郭璞注云：「東齊曰遏，北燕曰篷，皆相及逮。」注内「卜筮」，當作「音卜筮之筮」。

一四　皮傅、彈憸，音斂。强也。謂强語也。秦晉言非其事謂之皮傅，東齊陳宋江淮之閒曰彈憸〔一〕。

案：後漢書張衡傳：「後人皮傅。」注云：「揚雄方言曰：『秦晉言非其事謂之皮傅。』謂不深得其情核，皮膚淺近，强相傅會也。後人不達『皮傅』之意，流俗本多作『頗傅』者，誤也。」「彈」亦通用「憚」。廣雅：「憚憸，强也。」義本此。曹憲音釋：「憸，七漸、四廉兩反。」「强，巨兩反。」

一五　膊、音膊脯。曬、霜智反。晞，暴也。東齊及秦之西鄙言相暴僇爲膊。暴僇，謂相暴殄惡事。燕之外郊朝鮮洌水之閒凡暴肉、發人之私、披牛羊之五藏謂之膊。暴五穀之類，秦晉之閒謂之曬，東齊北燕海岱之郊謂之晞。

〔一〕憸：文津閣本作「憚」，誤。

案〔一〕：宋玉高唐賦：「于是水蟲盡暴乘渚之陽。」李善注引方言：「曬，暴也。」廣雅：「晞、膊、曬，曝也。」義本此。「曝」即「暴」。説文一云〔二〕：「膊，薄脯膊之屋上。」劉熙釋名云：「膊，迫也。薄掾肉迫著物使燥也。」〔三〕

一六　**熬、聚、**即𩱧字也。創眇反。**煎、㷭、**皮力反。**鞏，火乾也。凡以火而乾五穀之類，自山而東齊楚以往謂之熬，關西隴冀以往謂之㷭，秦晉之間或謂之聚。凡有汁而乾謂之煎，東齊謂之鞏。**拱手。

案：漢書匈奴傳：「又轉邊穀米糒。」顔師古注云：「糒，乾飯也。」「熬」亦作「𤏡」〔四〕。「聚」亦作「𩱧」，又作「𤎐」。説文云：「熬，乾煎也。」「𩱧，熬也。」廣雅：「𤏡、煎、𤎐〔五〕、焪，乾也。」曹憲音釋：「焪，穹之去聲。」應即「鞏」聲微轉耳。注内「拱手」，

〔一〕「案」字下，遺書系各本有：「春秋成公二年左傳：『殺而膊諸城上。』孔穎達正義曰：『周禮掌戮：「掌斬殺賊諜而搏。」鄭康成云：「搏，當爲『膊諸城上』之膊，字之誤也。膊爲去衣磔之。」方言云：「膊，暴也。」』」六十字。

〔二〕文淵閣本及遺書系各本無「一」字，當據補。

〔三〕掾：釋名原作「椓」。

〔四〕𤏡：各本同。廣雅原作「𪍴」，與説文「熬」之重文同，當據改。

〔五〕𤎐：文津閣本同。文淵閣本及遺書系各本作「𤎐」，當據改。

當作「音拱手之拱」。

一七　胹、而。**飪、**荏。**亨、爛、糦、**熾。**酋、**囚。**酷，熟也。自關而西秦晉之郊曰胹，徐揚之閒曰飪，嵩嶽以南陳潁之閒曰亨。自河以北趙魏之閒火熟曰爛，氣熟曰糦，久熟曰酋，穀熟曰酷。熟，其通語也。**

案：「亨爛糦酷熟」，亦作「亯爛饎秙䬘」。廣雅：「爛、亯、胹、飪、饎、秙、酋，䬘也。」義本此。春秋宣公二年左傳：「宰夫胹熊蹯不熟。」釋文：「胹，煮也。」「胹」，亦作「臑」。枚乘七發：「熊蹯之臑。」李善注引方言：「臑，熟也。音而。」論語：「失飪不食。」孔安國注云：「失飪，失生熟之節也。」禮運：「以炮以燔，以亨以炙。」鄭注云：「亨，煮之鑊也。」周禮「饎人」鄭注云：「主炊官也。故書『饎』作『𩟄』。」士虞禮：「饎爨，在東壁。」注云：「炊黍稷曰饎。」月令：「乃命大酋。」注云：「酒熟曰酋。」鄭語：「毒之酋腊者，其殺也滋速。」韋昭注云：「精熟曰酋。」説文云：「胹，爛也。」「飪，大䬘也。」「爛，䬘也。」「䬘，食飪也。」玉篇云：「秙，禾大孰。」廣韻引方言：「饎，熟食也。」

一八　嫢盈，嫢，上已音。**怒也。燕之外郊朝鮮洌水之閒凡言呵叱者謂之嫢盈。**

案：「嫢」，各本訛作「魏」。注云：「魏，上已音。」書内「趙魏」之「魏」甚多，本無庸音，惟前卷二「嫢」訛作「魏」，下云「羌箠反」，可證「魏」即「嫢」之訛。玉篇云：「嫢，盛貌。」則「嫢盈」爲盛氣呵叱，如「馮」之訓滿、訓怒，郭璞言「馮，恚盛貌」是也。廣雅：「覣盈，怒也。」曹憲音釋：「覣，于危反。」〔一〕據説文：「覣，好視也。」曹憲不察廣雅之「覣」乃「嫢」之訛，殊失之。

一九　**䟫𨇽、**音務。**隑企，**欺豉反。**立也。東齊海岱北燕之郊跪謂之䟫𨇽，**今東郡人亦呼長跽爲䟫𨇽。**委痿謂之隑企。**脚躄不能行也。

案：廣雅：「䟫𨇽、跪，捧也。」「隑企，立也。」曹憲音釋云：「企即古文企字。」玉篇云：「東郡謂跪曰䟫。䟫𨇽，拜也。」「隑企〔二〕，立也，不能行也。」皆本此。「捧、拜」，同。

二〇　**瀧涿謂之霑漬。**瀧涿，猶瀨滯也。音籠。

〔一〕于：遺書系各本、文淵閣本作「於」，與曹憲音釋同，當據改。

〔二〕隑企：依戴震意，連文。玉篇阜部：「隑，巨慨反，又五哀切。梯也。企立也，不能行也。」則「隑企」不連文，戴氏誤讀而誤引。

案：玉篇引方言：「瀧涿謂之沾漬。」「沾、霑」通〔一〕。廣雅：「瀧涿、露、霑、濡，漬也。」不以「霑漬」連讀。「漬」即「漬」。

二一　**希、鑠，摩也。燕齊摩鋁謂之希。**鋁，音慮。

案：「摩鋁」亦作「磨鑢」。廣雅：「希、鑠、鑢，磨也。」義本此。

二二　**平均，賦也。燕之北鄙東齊北郊凡相賦斂謂之平均。**

案：廣雅：「平均，賦也。」本此。爾雅釋言：「賦，量也。」郭注云：「賦稅所以評量。」疏全引方言此條，作「評均，賦也」，下仍作「平均」。「評」皆「平」之譌。史游急就篇：「遠取財物主平均。」顏師古注云：「價有貴賤，又當有轉送費用，不欲勞擾，故立平準均輸之官。」

二三　**羅謂之離，離謂之羅。**皆行列物也。

〔一〕此下，遺書系各本有「『漬』同『漬』」三字，而下文無「『漬』即『漬』」三字。

案：春秋昭公元年左傳：「設服離衛。」杜預注云：「二人執戈陳于前，以自衛。離，陳也。」與此注「行列物」之義正合。

二四　**釗、超，遠也。**釗，上已音。**燕之北郊曰釗，東齊曰超。**

案：楚辭九歌：「平原忽兮路超遠。」謝靈運從遊京口北固應詔詩：「道以神理超。」李善注引方言：「超，遠也。」廣雅：「釗、超，遠也。」玉篇、廣韻竝云：「釗，遠也。」義皆本此。

二五　**漢漫、賑眩，**賑，音瞋恚。眩，音懸。**懣也。朝鮮洌水之閒煩懣謂之漢漫，顛眴謂之賑眩。**

案：廣雅：「漢惘，懣也。」玉篇：「賑眩，懣也。」皆本此。「漢惘」即「漢漫」。

二六　**憐職，愛也。言相愛憐者，吴越之閒謂之憐職。**

案：爾雅：「職，主也。」相愛憐斯仰之爲宗主，故云「憐職」。

二七　茹，食也。吴越之間凡貪飲食者謂之茹。今俗呼能麤食者爲茹，音勝如。

案：廣雅：「茹，食也。」義本此。爾雅：「啜，茹也。」釋文：「茹，音汝。」疏引方言此條，脱「之閒」二字。注内「音勝如」，當作「音沮洳」〔一〕。

二八　竘、貌，治也。謂治作也。竘，恪垢反。吴越飾貌爲竘，或謂之巧。語楚聲轉耳。

案：廣雅：「竘、貌，治也。」又：「貌、竘，巧也。」義皆本此。

二九　煦州吁。煅，呼夏反。熱也，乾也。熱則乾燥。吴越曰煦煅。

案：廣雅：「煦煅，熱也。」義本此。

三〇　攍、音盈。膂、賀、艜，儋也。今江東呼儋兩頭有物爲艜，音鄧。齊楚陳宋之閒曰攍；莊子曰：「攍糧而赴之。」燕之外郊、越之垂甌、吴之外鄙謂之膂；儋者用膂力，因名云。南楚或謂之攍；自關而西隴冀以往謂之賀，今江東語亦然。凡以驢馬駞駝載物者謂之負佗，音大。

〔一〕當作「音沮洳」：遺書系各本作「訛舛不可通」五字。

亦謂之賀。

案：「攍」亦作「贏」，「儋」亦作「擔」。賈誼過秦論：「贏糧而景從。」李善注引方言：「贏，擔也。」後漢書鄧禹傳：「鄧公贏糧徒步。」注引方言：「贏，擔。」莊子庚桑篇釋文引方言：「贏，儋也。齊楚陳宋之閒謂之贏。」「賀、何」，古通用，亦作「荷」〔一〕。廣雅：「攍、何、䑶，擔也。」義本此。

三一　**樹植，立也。燕之外郊朝鮮洌水之閒凡言置立者謂之樹植。**

案：春秋成公二年左傳：「樹德而濟同欲焉。」杜預注云：「樹，立也。」周禮山虞：「植虞旗于中。」鄭注云：「植，猶樹也。」

三二　**過度謂之涉濟。**猶今云濟度。

案：爾雅釋言：「濟，渡也。」疏引方言此條并注，「度」皆作「渡」，義同。

〔一〕此下，遺書系各本有：「唐郝處後傳：『群臣皆賀戟侍。』」十一字。「唐」即新唐書，「賀」原文作「荷」。

三三　**福禄謂之祓戩。**廢、箭兩音。

案：詩大雅：「茀禄爾康矣。」鄭箋云：「茀，福也。」釋文：「徐云：『茀，音廢。』」「茀」與「祓」，古通用。小雅：「俾爾戩穀。」毛傳云：「戩，福也。」爾雅釋詁：「禄、祉、履、戩、祓、禧、禠、祜，福也。」郭璞注引詩作「祓禄康矣」。

三四　**傺、**音際。**眙，**敕吏反。**逗也。**逗，即今「住」字也。**南楚謂之傺，西秦謂之眙。**眙，謂住視也。西秦，酒泉、敦煌、張掖是也。**逗，其通語也。**

案：離騷：「忳鬱邑余侘傺兮。」王逸注云：「侘傺，失志貌。侘猶堂。堂，立貌也。傺，住也。楚人名住曰傺。」洪興祖補注引方言此條并注，文竝同。説文云：「眙，直視也。」「逗，止也。」後漢書光武帝紀：「不拘以逗留法。」注云：「逗，古住字。」廣雅：「傺、眙，逗也。」義本此。

輶軒使者絶代語釋别國方言八

漢　揚雄　撰
晉　郭璞　注

一　虎，陳魏宋楚之間或謂之李父；江淮南楚之間謂之李耳，虎食物值耳即止，以觸其諱故。或謂之於䖘；於，音烏。今江南山夷呼虎爲䖘，音狗竇。自關東西或謂之伯都。俗曰伯都事神虎説。

案：春秋宣公四年左傳：「楚人謂乳穀，謂虎於菟。」釋文：「菟，音徒。」此注言音「竇」，語轉也。「菟」即「䖘」，古字多假借。於，玉篇作「䳡」。廣雅：「於䖘、李耳，虎也。」本此。曹憲音釋：「䖘，音塗。」與釋文同。注内「神」字，諸刻訛作「抑」，永樂大典本及曹毅之本作「神」，其上仍當脱一「見」字。

二　貔，狸别名也。音毗。陳楚江淮之間謂之貅，音來。北燕朝鮮之間謂之貊，今江南呼爲貊狸。音丕。關西謂之狸。此通名耳。貔，未聞語所出。

案：「貔」乃猛獸之名。書牧誓：「如虎如貔。」史記五帝本紀：「教熊羆貔貅貙虎。」古今皆無以「貔」名狸者，應即「狸」字轉寫訛誤耳。「狸」本作「貍」。説文云：「貍，伏獸，似貙。」廣雅：「貔、貍，貓也。」「豾，貍也。」是張揖、郭璞所見方言皆已爲「貔」字。郭注云：「貔，未聞語所出。」則亦疑之矣。「貍、𧳋」一聲。「豱貍」，轉語爲「不來」。故大射儀「奏貍首」，鄭注云：「貍之言不來也。」「豾」即「豱」。

三　貛，豚也。音歡。關西謂之貒。波湍。

案：廣雅：「貒，貛也。」本此。説文云：「貛，野豕也。」爾雅郭注云：「貒，豚也。一名貛。」釋文：「貒，他官反。」引字林云：「獸似豕而肥。」又云：「豚，本又作肫。」注内「波湍」，當作「音波湍之湍」。

四　雞，陳楚宋魏之閒謂之鸊鶝，避、祇兩音。桂林之中謂之割雞，或曰鏦。音從。北燕朝鮮洌水之閒謂伏雞曰抱。房奥反。江東呼蓝，央富反。爵子及雞雛皆謂之鷇。恪遘反。關西曰鷇，音狗竇。其卵伏而未孚始化謂之涅。

案：「鶝鴟」，亦作「辟鴟」。廣雅：「辟鴟，雞也。」本此。曹憲音釋：「鴟，渠夷反。」廣韻「鏦」字引方言云：「南楚人謂雞。」「抱」，廣韻作「菢」，云：「鳥伏卵。」魯語：「鳥翼鷇卵。」韋昭注云：「生哺曰鷇。」史記趙世家：「探爵鷇而食之。」集解：「綦毋邃曰：鷇，爵子也。」爾雅：「生哺，鷇；生噣，雛。」釋文云：「鷇，鳥子須哺而食者，燕雀之屬是也。雛，鳥生而能自啄者。」〔一〕「爵、雀」「噣、啄」，古通用。注内「音狗竇」〔二〕，各本多作「音顧」，從曹毅之本。

五　豬，北燕朝鮮之閒謂之豭；猶云豭斗也。**關東西或謂之彘，或謂之豕；南楚謂之豨。其子或謂之豚，或謂之貕，**音奚。**吴揚之閒謂之豬子。其檻及蓐曰橧。**爾雅曰：「所寢，橧。」音繒。

案：春秋定公十四年左傳：「野人歌之曰：既宅爾婁豬〔三〕，盍歸吾艾豭。」説文云：「豬，豕而三毛叢居者。」「豭，牡豕也。」「豚，小豕也。」「貕，生三月豚，腹貕貕貌

〔一〕「鳥」字下，經典釋文原有「子」字，當據補。
〔二〕遺書系各本無「注内」二字。
〔三〕宅：遺書系各本作「定」，文淵閣本、文津閣本同，十三經注疏本亦作「定」，當據改。

也。」左思吴都賦：「封豨狗。」張協七命：「蹙封豨，僨馮豕。」李善注竝引方言：「南楚人謂豬爲豨。」東方朔答客難：「孤豚之咋虎。」注引方言：「豚，豬子也。」爾雅：「豕子，豬。所寢，橧。」郭璞注云：「今亦曰彘，江東呼豨，皆通名。橧，其所臥蓐。」釋文引方言：「關東西謂之彘，或謂之豕。」又云：「橧，舊本多作繒帛字，非。方言作木旁。」疏全引方言此條，文竝同。詩小雅：「有豕白蹢，烝涉波矣。」毛傳：「豕，豬也。今離其繒牧之處。」釋文云：「繒，方言作橧，從木。」

六　布穀，自關東西梁楚之閒謂之結誥，周魏之閒謂之擊穀，自關而西或謂之布穀。今江東呼爲穫穀。

案：詩召南：「維鵲有巢，維鳩居之。」毛傳：「鳩，尸鳩也；尸鳩，秸鞠也。」[一]釋文云：「尸，本又作鳲。」夏小正：「正月，鷹則爲鳩。」「五月，鳩爲鷹。」月令：「仲春之月，鷹化爲鳩。」鄭注云：「鳩，搏穀也。」爾雅：「鳲鳩，鴶鵴。」郭璞注云：「今之布穀也。江東呼爲穫穀。」春秋昭公十七年左傳：「鳲鳩氏，司空也。」杜預注云：「鳲鳩平

[一] 自「鳩，尸鳩也」自此九字，十三經注疏本作「鳩，尸鳩，秸鞠也」。

均，故爲司空，平水土。」陸璣草木疏云：「今梁宋之閒謂布穀爲鴶鵴。」廣雅：「擊穀、鴶鵴，布穀也。」「結誥、秸鞠、鴶鵴」，字異音義同。説文作「秸䴊」。此條之首「布穀」二字當作「尸鳩」，後「尸鳩」當作「戴勝」。

七　鶡鴠，鳥似雞，五色，冬無毛，赤倮，晝夜鳴。侃、旦兩音。**周魏齊宋楚之閒謂之定甲，或謂之獨春；**好自低仰。**自關而東謂之城旦，**言其辛苦有似于罪謫者。**或謂之倒縣，**好自縣于樹也。**或謂之鳱鴠；自關而西秦隴之内謂之鶡鴠。**

案：「鶡鴠」，説文作「渴旦」[一]。月令：「仲冬之月，曷旦不鳴。」[二]鄭注云：「曷旦，求旦之鳥也。」釋文：「曷，本亦作鶡。」坊記引詩云：「相彼盍旦，尚猶患之。」注云：「盍旦，夜鳴求旦之鳥也。求不可得也，人猶惡其欲反晝夜而亂晦明。」釋文：「盍，音渴。」廣雅：「城旦、倒縣、鶡鴠、定甲、獨春，鶡鴠也。」本此。

[一] 旦：大徐本原作「鴠」。

[二] 曷：十三經注疏本作「鶡」，鄭注内同。

八　鳩，自關而東周鄭之郊韓魏之都謂之鵖音郎。鷎，音皋。其鵔鳩謂之鸊鷎。自關而西秦漢之閒謂之鵴鳩；菊花。其大者謂之鳻鳩；音班[一]。其小者謂之鵔鳩，今荊鳩也。或謂之鷄鳩，音葵。或謂之鵧鳩，音浮。或謂之鶻鳩。梁宋之閒謂之鵻。

案：廣雅：「鵖鷎，鳩也。」「鶻鳩，鵻鳩也。」「鵔鳩、鷄鳩、鸊鷎、鷊鳩，鵴鳩也。」皆本此。「鵻」即「鳺」，「鷊」即「鵧」。詩小雅：「翩翩者鵻。」毛傳：「鵻，夫不也。」鄭箋云：「夫不，鳥之慤謹者也。」陸璣疏云：「今小鳩也。一名浮鳩。幽州人或謂之鸊鵖，梁宋之閒謂之鵻，揚州人亦然。」「鸊鵖」即「鵖鷎」之訛。爾雅：「隹其，鳺鴀。」李巡注云：「今楚鳩也。」郭璞注云：「今鵧鳩。」左傳：「祝鳩氏，司徒也。」杜預注云：「祝鳩，鵻鳩也。鵻鳩孝，故爲司徒，主教民。」釋文：「鷦，音焦。本又作焦，本或作鵻。」今攺「隹、鵻」，古通用，其作「焦」作「鷦」者，即「隹、鵻」之訛耳。「鳺鴀」，古通用「夫不」。「鵧」，古通用「浮」。方言各本「鵻」亦訛作「鷦」，又誤連下條「鳸」字，今訂正。詩衛風：「于嗟鳩兮，無食桑葚。」毛傳：「鳩，鶻鳩也。」爾雅：「鶌鳩，鶻鵃。」郭璞注云：「似山鵲而小，短尾，青黑色，多聲。今江東亦呼爲鶻鵃。」舊説及廣雅皆云「班

[一] 音：遺書系各本作「立」，誤。

鳩」，非也。左傳：「鶻鳩氏，司事也。」杜預注云：「鶻鳩，鶻鵰也。春來冬去，故爲司事。」「鵰」即「鵃」之譌。據經傳所言者證之，此條之「鵖鶝、鵅鳩、鴉鳩、鴾」皆祝鳩也，不與鶻鳩同。「或謂之鶻鳩」一句雜入不倫。注內「菊花」，當作「音菊花之菊」。

九　鳲尸。**鳩，**按爾雅，即布穀，非戴勝也。或云鶝，皆失之也。**燕之東北朝鮮洌水之間謂之鶝鴀；**福、丕兩音。**自關而東謂之戴鵀；東齊海岱之間謂之戴南，南猶鵀也，**此亦語楚聲轉也。**或謂之鷑鷝，**按爾雅説，「戴鵀」下「鷑鷝」自別一鳥名，方言似依此義，又失也。**或謂之戴鳻，或謂之戴勝；**勝，所以纏紝。**東齊吳揚之間謂之鵀；自關而西謂之服鶝，或謂之鶝鶝；燕之東北朝鮮洌水之間謂之⿰或鳥。**音或。

案：「鳲」字，各本誤連上條，遂以「尸」爲正文。爾雅：「鳲鳩，鴶鵴。」釋文云：「鳲，音尸。字又作鳲。」今據以訂正。月令：「季春之月，戴勝降于桑。」鄭注云：「戴勝，織紝之鳥。」爾雅：「鵖鴔，戴鵀。」郭璞注云：「鵀，即頭上勝。今亦呼爲戴勝。鵖鴔猶鶝鶝，語聲轉耳。」釋文引方言：「戴鵀，一名戴南，一名戴勝。」疏引方言此條作「東齊吳揚之間謂之鵖鴔」。爾雅下云：「鷑，澤虞。」是「鷑」有「澤虞」之名，此掇「鷑鷝」亦謬。

一〇 蝙蝠，邊、福兩音。自關而東謂之服翼，或謂之飛鼠，或謂之老鼠，或謂之僊鼠；自關而西秦隴之閒謂之蝙蝠；北燕謂之蟙䘃。職、墨兩音。

案：爾雅：「蝙蝠，服翼。」郭注云：「齊人呼爲蟙䘃，或謂之仙鼠。」疏全引方言此條，文竝同。今方言各本「僊」訛作「譽」，據爾雅疏所引訂正。廣雅：「伏翼、飛鼠、仙鼠，蚨䘃也。」本此。「蚨」即「蟙」。

一一 鴈，自關而東謂之䳎鵝；䳎，音加。南楚之外謂之鵝，或謂之倉䳎。今江東通呼爲䳎。

案：廣雅：「鴚鵝、倉鴚，鴈也。」本此。「鴚」即「䳎」，亦作「駕」。漢書揚雄傳：「豈駕鵞之能捷。」古通用「駕」。魯大夫有榮駕鵞以爲名，即榮成伯也。史記司馬相如列傳：「弋白鵠，連駕鵞。」漢書作「駕鵝」[一]。

一二 桑飛，即鷦鷯也。又名鷦鸎。自關而東謂之工爵，或謂之過蠃，音螺。或謂之女匠；

[一] 鵝：遺書系各本及文淵閣本作「鵞」，同。

今亦名爲巧婦，江東呼布母。**自關而東謂之鸋鴂；**按爾雅云：「鸋鴂，鴟鴞。」鴟屬，非此小雀明矣。寧、玦兩音。**自關而西謂之桑飛，或謂之懱爵。**言懱截也。

案：詩豳風毛傳：「鴟鴞，鸋鴂也。」疏引方言：「自關而東謂桑飛曰鸋鴂。」陸璣疏云：「鴟鴞，似黃雀而小，其喙尖如錐，取茅秀爲巢[一]，以麻紩之，如刺韈然[二]，縣著樹枝，或一房，或二房。幽州人謂之鸋鴂，或曰巧婦，或曰女匠；關東謂之工雀，或謂之過蠃；關西謂之桑飛，或謂之韈雀，或曰巧女。」周頌：「肇允彼桃蟲，拚飛維鳥。」毛傳：「桃蟲，鷦也。」疏引方言此條，首句訛作「自關而東謂之桑飛，或謂之工雀」，與後「自關而西謂之桑飛」遂相刺謬。中閒去「自關而東謂之鸋鴂」一句，然方言此句「自關而東」四字亦屬重出。爾雅：「桃蟲，鷦；其雌鴱。」郭璞注云：「鷦䳭，桃雀也。俗呼爲巧婦。」疏引方言此條，作「幽人或謂之鸋鴂」，餘竝同。荀子勸學篇：「南方有鳥焉，名曰蒙鳩，以羽爲巢而編之以髮，繫之葦苕，風至苕折，卵破子死。巢非不完也，所繫者然也。」楊倞注云：「蒙鳩，鷦鷯也。今巧婦鳥之巢至精密，多繫于葦竹之上，是也。『蒙』

[一] 秀、巢：十三經注疏本作「莠、窠」。

[二] 韈：十三經注疏本作「襪」，下「韈雀」之「韈」同。

當爲『蔑』。」引方言：「鷦鷯，自關而西謂之桑飛，或謂之蔑雀。」張華鷦鷯賦李善注云：「方言曰『桑飛』，郭璞注曰『即鷦鷯也』。」廣雅：「鷦䳄、鸋鳩、果鸁、桑飛、女鴎，工雀也。」「爵、雀」「過、果」「鴎、匠」「懱、韈、蔑」，字異音義同。

一三　鸝黃，自關而東謂之鶬鶊；又名商庚。**自關而西謂之鸝黃，**其色黧黑而黃，因名之。**或謂之黃鳥，或謂之楚雀。**

案：夏小正：「二月，有鳴倉庚。倉庚者，商庚也。商庚者，長股也。」「倉、鶬」「庚、鶊」，古通用[一]。詩周南：「黃鳥于飛。」毛傳：「黃鳥，搏黍也。」陸璣疏云：「黃鳥，黃鸝留也，或謂之黃栗留。幽州人謂之黃鸎。一名蒼庚，一名商庚，一名鵹黃，一名楚雀。齊人謂之搏黍。當葚熟時來在桑間，故里語曰：『黃栗留，看我麥黃葚熟不。』亦是應節趨時之鳥也。」豳風：「有鳴倉庚。」毛傳：「倉庚，離黃也。」鄭箋云：「温而倉庚又鳴，可蠶之候也。」爾雅：「皇，黃鳥。」郭璞注云：「俗呼黃離留，亦名搏黍。」又：「倉庚，商庚。」注云：「即鵹黃也。」又：「鵹黃，楚雀。」注云：「即倉庚也。」釋文

[一] 以上七字，遺書系各本無。

云：「方言：『自關而東謂之倉庚，關西謂之黃鸝留也。』」宋玉高唐賦：「王雎鸝黃。」李善注云：「驪黃，郭璞曰：『其色黧黑而黃，因名之。』方言或謂黧黃爲楚雀。」說文云：「離黃，倉庚也。鳴則蠶生。」「驪、鸝、黧、鵹、離」，字異音義同。

一四　**野鳧，其小而好没水中者，南楚之外謂之鷿鷈，**鷿，音瓴甓[一]。鷈，音他奚反。**大者謂之鶻蹏。**滑、蹄兩音。

案：後漢書馬融傳：「鷿雁鷿鷈。」[二]注云：「揚雄方言曰：『野鳧也，甚小，好没水中。』膏可以瑩刀劍。」張衡南都賦：「[⿰契鳥][⿰鬼鳥]鸊鷉。」李善注引方言：「野鳧甚小而好没水中者，南楚之外謂之鸊鷉。」「鸊、鷿」同；「鷉、鷈」同。廣雅：「鸊鷈，鶻鷈也。」本此。今廣雅「鶻」訛作「鹘」。

一五　**守宮，秦晉西夏謂之守宮，或謂之蠦蠷，**盧、纏兩音。**或謂之蜥易。**南陽人又呼蝘

[一] 瓴甓：遺書系各本作「指辟」，與宋明各本同。
[二] 雁：遺書系各本作「鴈」，同。

蜓。**其在澤中者謂之易蜴。**音析。**南楚謂之蛇醫，或謂之蠑螈；**蠑、元兩音。**東齊海岱謂之螔𧍪；**似蜤易，大而有鱗。今所在通言蛇醫耳。斯、侯兩音。**北燕謂之祝蜓。**音延。**桂林之中守宮大者而能鳴謂之蛤解。**似蛇醫而短，身有鱗采。江東人呼爲蛤蚧。音頜頷。汝潁人直名爲蛤解。音懈，誤聲也。

案：詩小雅：「胡爲虺蜴。」毛傳：「蜴，螈也。」[一]考工記：「以胷鳴者。」鄭注云：「胷鳴，榮原屬。」疏云：「此記本不同，馬融以爲胃鳴，干寶本以爲骨鳴[二]。揚雄以爲蛇醫，或謂之榮原。」鄭語韋昭注云：「黿或爲蚖。蚖，蜥蜴也。象龍。」爾雅：「蠑螈，蜥蜴。蜥蜴，蝘蜓。蝘蜓，守宮也。」疏引方言此條，「易」作「蜴」，「謂之易蜴」作「謂之蜥蜴」，餘竝同。漢書東方朔傳：「臣以爲龍，又無角；謂之爲蛇，又有足。跂跂脈脈，善緣壁，是非守宮即蜥蜴。」顔師古注云：「守宮，蟲名也。術家云：以器養之，食以丹砂，滿七斤，擣治萬杵，以點女人體，終身不滅。若有房室之事，則滅矣。言可以防閑淫逸，故謂之守宮也。今俗呼爲辟宮，辟亦禦扞之義耳。揚雄方言云：『其在澤中者謂之蜥蜴。』故朔曰『是非守宮即蜥蜴也』。」字書以「蜴」爲「易」之異體，方言以「蜴」爲「蜥」之異體，

〔一〕蜴：底本原作「蝪」，誤。
〔二〕干：文津閣本作「于」，誤。

後卷十内「脈蜴」亦注云「音析」。據漢書注及爾雅疏所引，「易蜴」二字亦倒，當改作「蜥易」爲正。説文云：「榮蚖、蛇醫以注鳴者。」「在壁曰蝘蜓，在艸曰蜥易。」廣雅：「蛤解、蠦螻，蜥蜴也。」「蠑、榮」「螈、原、蚖」，字異音義同。注内「蛤蚧音頷頷」，各本訛作「蛤蚖音頭頷」，永樂大典本訛作「音頭額」。廣韻「蛤、頷」同音，其「頷」字注云〔一〕：「頷頷，頤旁。」今據以訂正。又「直名爲蛤解，音懈」，各本訛作「直名爲蛤歠，音解」，從曹毅之本。

一六　**宛野謂鼠爲鼬。**宛、新野，今皆在南陽。音錐。

案：「鼬」，亦作「䶆」。玉篇云：「南陽呼鼠爲䶆。」

一七　**雞雛，徐魯之閒謂之秋子。**子幽反。徐，今下邳，僮縣東南大徐城是也。

案：「秋」字，各本訛作「秋侯」二字。廣雅：「秋，雛也。」曹憲音釋：「秋，子幽反。」與此注同。玉篇、廣韻竝云：「秋，雞雛。」今據以訂正。

〔一〕頷：文津閣本作「頭」，誤。

輶軒使者絕代語釋別國方言九

漢 揚雄 撰
晉 郭璞 注

一 戟，楚謂之釨。取名于鉤釨也。凡戟而無刃，秦晉之間謂之釨，或謂之鏔；音寅。吳揚之間謂之戈。東齊秦晉之間謂其大者曰鏝胡，泥鏝。其曲者謂之鉤釨鏝胡。即今雞鳴，鉤釨戟也。

案：春秋莊公四年左傳：「楚武王荊尸，授師孑焉。」杜預注云：「揚雄方言：『孑者，戟也。』」疏引方言：「戟謂之孑。」又引郭璞云：「取名于鉤孑也。」「釨、孑」，古通用。考工記：「戟，廣寸有半寸，內三之，胡四之，援五之，倨句中矩，與刺重三鋝。」鄭注云：「戟，今三鋒戟也。内長四寸半，胡長六寸，援長七寸〔一〕。刺者，著柲前如鐏者也。戟胡横貫之，胡中矩則援之外句磬折與。」記又曰：「戈，廣二寸，内倍之，胡三之，援四之，倨句外博，重三鋝。」注云：「戈，今句孑戟也。或謂之雞鳴，或謂之擁頸。内謂胡以内接柲者也，長四寸。胡六寸，援八寸。」戈，句兵也，主于胡也，俗謂之曼胡，似此。鄭司農云：「援，直刃也。胡，其孑。」疏不引方言，直用其文。「鉤」作「句」，「鏝」作「曼」，古通用。又「鏔」訛作「鏂」，「戈」訛作「伐」，轉寫失之也。周書牧誓：「稱爾戈。」疏引方言：「戟，楚謂之孑，吴揚之閒謂之戈。」「戟」本作「戟」。説文云：「戟，有枝兵也。」「戈，平頭戟也。」禮記明堂位篇：「越棘大弓，天子之戎器也。」鄭注云：「棘，戟也。」春秋隱公十一年左傳：「子都拔棘以逐之。」杜預注云：「棘，戟也。」皆古字假借通用。「鏔」本作「戭」。説文云：「長槍也。」廣韻云：「鏔，戟之無刃者。出方言。」蓋戟無刃，故漢時或稱長槍，字書遂分「戭、鏔」爲二，非也。「鏔」下，永樂大典本有「音寅」二字，諸刻皆脱去。廣雅：「鏔、孑、鏝胡、戈，戟也。」本此。注内「泥鏝」，當作「音泥鏝之鏝」。

〔一〕此下，十三經注疏本有「半」字。

二　**三刃枝，**今戟中有小孑刺者，所謂雄戟也。**南楚宛郢謂之匽戟。**音偃。郢，今江陵也。余整反〔一〕。**其柄自關而西謂之柲，**音祕。**或謂之殳。**音殊。

案：廣雅：「匽謂之雄戟。」「柲，柄也。」「殳，杖也。」考工記：「戈柲六尺有六寸，殳長尋有四尺，車戟常，酋矛常有四尺，夷矛三尋。」鄭注云：「柲猶柄也。八尺曰尋，倍尋曰常。」又「攻木之工」下疏引方言：「戟，三刃持。其柄，自關而西謂之杖。」「持」乃「枝」之訛，「杖」乃「柲」之訛。詩衛風：「伯也執殳。」毛傳：「殳長丈二而無刃。」〔二〕

三　**矛，吳揚江淮南楚五湖之閒謂之鍦，**嘗蛇反。五湖，今吳興大湖也。先儒處之多亦不了，所未能詳者。**或謂之鋋，**音蟬。**或謂之鏦。**漢書曰：「鏦殺吳王。」錯工反。**其柄謂之矜。**今字作槿，巨巾反。

案：詩鄭風：「二矛重英。」釋文全引方言此條，文竝同。荀子議兵篇：「宛鉅鐵鉇，慘如蠭蠆。」楊倞注引方言：「自關而西謂之矛，吳揚之閒謂之鍦。」「鍦、鉇」，同。

〔一〕整：遺書系各本作「正」，誤。

〔二〕丈二：遺書系各本作「丈二尺」，衍。

方言無「自關而西謂之矛」七字。左思吴都賦：「藏鍦于人。」劉逵注引方言：「吴越以矛爲鍦。」史記商君列傳：「持矛而操闟戟者。」張守節正義引方言：「矛，吴揚江淮南楚五湖之閒謂之鋋，其柄謂之矜。」吴王濞列傳：「鏦殺吴王。」集解：「孟康曰：『方言戟謂之鏦。』」後漢書馬融傳：「飛鋋電激。」注云：「鋋，矛也。」又：「鏦特肩。」注引方言：「吴楚之閒或謂矛爲鏦。」音楚江反。廣韻引方言：「五湖之閒謂矛爲鋋。」廣雅：「鏦、𥍢，矛也。」「穳謂之鋋。」「矜，柄也。」「𥍢」即「鍦」。考工記廬人鄭注云：「凡矜八觚。」説文云：「矜，矛柄也。」刻本「矜」訛作「鈴」，永樂大典本不誤。

四　箭，自關而東謂之矢，江淮之閒謂之鍭，音侯。**關西曰箭。**箭者，竹名，因以爲號。

案：詩大雅：「四鍭既鈞。」毛傳：「鍭，矢參亭。」疏云：「方言：『關西曰箭，江淮謂之鍭。』則鍭者，鐵鏃之矢名也。」考工記：「矢人爲矢，鍭矢參分，一在前，二在後。」鄭注云：「參訂之而平者，前有鐵重也。」爾雅：「金鏃翦羽謂之鍭。」郭璞注云：「今之錍箭是也。」疏全引方言此條，「鍭」訛作「鏃」。説文云：「箭，矢也。古者夷牟初作矢。」爾雅釋地：「東南之美者，有會稽之竹箭焉。」郭注云：「竹箭，篠也。」疏云：「是竹之小者可以爲箭榦者也。」馬融長笛賦：「特箭稾而莖立兮。」李善注云：「郭璞方言注曰：『箭者，竹名也。』」

案：廣雅：「鍴謂之鑽。」本此。説文云：「鑽，所以穿也。」

五　鑽謂之鍴。音端。

案：考工記：「攻木之工，輪、輿、弓、廬、匠、車、梓。」鄭注云：「廬，矛戟矜柲也。」疏引方言：「矜謂之杖。」

六　矜謂之杖。矛戟槿，即杖也。

七　劍削，自河而北、燕趙之閒謂之室；自關而東或謂之廓，或謂之削；自關而西謂之鞞。方婢反。

案：「削」，亦作「鞘」。史記刺客列傳：「拔劍，劍長，操其室。」索隱云：「室謂鞘也。」貨殖列傳：「洒削，薄技也。」索隱引方言云：「劍削，關東謂之削。」顏師古注漢書云：「削謂刀劍室也。主爲洒刷之，去其垢穢，更飾令新也。」[一]廣雅：「郭，劍削也。」「郭、廓」，古通用。「𩏂」又作「鞞」。「削、室、鞞」，亦刀劍通稱。說文云：「削，鞞也。」「鞞，刀室也。」廣雅：「鞞，刀削也。」

八　盾，自關而東或謂之瞂，音伐。**或謂之干；**干者，扞也。**關西謂之盾。**

案：周禮司兵鄭注云：「五盾，干櫓之屬。」張衡西京賦：「植鎩縣瞂[二]，用戒不虞。」李善注引方言：「盾或謂之瞂。」「瞂、伐」，古通用。詩秦風：「蒙伐有苑。」毛傳：「蒙，討羽也。伐，中干也。」鄭箋云：「蒙，厖也。討，雜也。畫雜羽之文于伐，故曰蒙伐也。」[三]釋文云：「『伐』，本或作『瞂』。」疏云：「櫓是大盾，故以伐爲中干。『干、伐』，皆盾之別名也。」牧誓：「比爾干。」疏全引方言此條，「盾」作「楯」，餘並同。費誓：「敿乃干。」鄭注云：「敿，繫也。」王肅注云：「敿盾當有紛繫持之。」[四]論語：「而

[一] 令：遺書系各本作「合」，誤。
[二] 縣：文選作「懸」。
[三] 蒙：十三經注疏本作「厖」。
[四] 盾：十三經注疏本作「楯」。

謀動干戈于邦内。」孔安國注云：「干，盾也。」〔一〕疏全引方言此條，「盾」亦作「楯」。又云：「今謂之旁牌。」「施紛以持之。『紛如綬而小，繫于楯以持之，且以爲飾也。』」〔二〕史記蘇秦列傳：「革抉㕸芮。」索隱云：「『㕸』與『瞂』同。『芮』，謂繫盾之紛綬也〔三〕。方言云：『盾，自關而東謂之瞂，關西謂之盾。』」〔四〕廣雅：「干、瞂、樐，盾也。」「樐」即「櫓」。爾雅釋言：「干，扞也。」孫炎注云：「干盾自蔽扞。」

九　車下鉄，陳宋淮楚之閒謂之畢。大車謂之綦。鹿車也。音忌。

案：此言維車之索，故郭璞注云「鹿車也」。前卷五内：「維車，東齊海岱之閒謂之道軌。」廣雅云：「道軌謂之鹿車。」各本「鉄」訛作「鐵」，非也。玉篇云：「紩，索也。古作鉄。」據此，「紩」乃本字，「鉄」即其假借字。考工記：「天子圭中必。」鄭注云：

〔一〕盾：十三經注疏本作「楯」。

〔二〕「紛如綬而小，繫于楯以持之，且以爲飾也」上，十三經注疏本有「孔注尚書費誓云」，知此爲邢昺疏引孔注語，故標引號區別之。

〔三〕盾：史記索隱原文作「楯」，無「紛」字。

〔四〕方言文爲張守節正義所引，非索隱引文。

「必，讀如鹿車縪之縪，謂以組約其中央爲執之，以備失隊。」圭中必爲組，鹿車縪爲索，其約束相類，故讀如之。士喪禮：「組綦，繫于踵。」鄭注云：「綦，屨繫也[一]。讀如馬絆綦之綦。」疏云：「馬有絆，名爲綦。此屨綦亦拘止屨。」蓋「屨綦、馬絆綦」與「圭中必」，義皆取于約束。「縪、畢」，古通用。「大者謂之綦」，各本别爲一條，又改「者」作「車」，今訂正。

一〇　**車轊，**車軸頭也。于厲反。**齊謂之𨏉。**又名𨎮。

案：史記田單列傳：「令其宗人盡斷其車軸末，而傅鐵籠。」索隱云：「斷其軸，恐長相撥也。以鐵裹軸頭，堅而易進也。傅者，截其軸與轂齊，以鐵鍱附軸末，施轄于鐵中以制轂也。方言曰：『車轊，齊謂之籠。』郭璞云：『車軸也。』」「籠」即「𨏉」，古通用。所引郭注脱一「頭」字。廣雅：「轊、𨏉，𨎮也。」[二]

[一]　繫：十三經注疏本作「係」。
[二]　轊、𨏉，𨎮也：廣雅原文作「𨏉、𨎮，轊也」。

一一 車枸簍，即車弓也。音縷。宋魏陳楚之閒謂之篌，今呼車子弓爲篌。音巾幗。或謂之簦籠。穹、隆兩音。其上約謂之箹，即軬帶也。音瓜瓝。或謂之簤。音覛。秦晉之閒自關而西謂之枸簍；西隴謂之㮰；即「軬」字，薄晚反。南楚之外謂之篷，今亦通呼篷。或謂之隆屈。尾屈。

案：廣雅：「枸簍、隆屈、篌、篷、簦籠，軬也。」「箹、簤，軬帶也。」皆本此。劉熙釋名云：「隆强[一]，言體隆而强也。或曰車弓，似弓曲也。其上竹曰郎疏，相遠晶晶然也。」注内「音覛」，多訛作「音脈」，從曹毅之本。

一二 輪，車輅也。韓楚之閒謂之軑，音大。或謂之軝；詩曰：「約軝錯衡。」音祇。關西謂之𨍭。音總。

案：謝朓始出尚書省詩：「青精翼紫軑。」李善注引方言：「韓楚閒輪謂之軑。」[二]廣雅：「軑、𨍭，輪也。」本此。「軝」，説文亦作「䩭」，從革。詩小雅：「約軝錯衡。」[三]

[一] 强：釋名原文作「彊」。

[二] 「楚」字下，李善注引原有「之」字，各本均脱。

[三] 遺書系各本、文淵閣本均無「約軝錯衡」四字。

毛傳云：「軝，長轂之軝也。朱而約之。」考工記：「幬必負榦。」〔一〕鄭注云：「幬負榦者，革轂相應，無贏不足。」「軝」即記之幬革，朱其革以幬于榦，故曰「朱而約之」。惟長轂盡飾，若大車短轂則無飾，故曰「長轂之軝」。

一三　**軺謂之軸。**軺，牛忿反。

案：廣雅：「軺謂之軸。」本此。玉篇云：「軺，車軸也。」

一四　**轅，楚衛之閒謂之輈。**張由反〔二〕。

案：考工記：「輈人爲輈。」鄭注云：「輈，車轅也。」釋文引方言：「楚衛之閒轅謂之輈。」詩秦風：「五楘梁輈。」毛傳：「楘，歷録也。梁輈，輈上句衡也。一輈五束，束有歷録。」廣雅：「轅謂之輈。」本此。

〔一〕 榦：文津閣本、文淵閣本及遺書系各本作「榦」，十三經注疏本作「幹」，下同。作「榦」爲是，下同。
〔二〕 遺書系本脱「張由反」三字。

一五　**箱謂之棐。**音俳。

案：詩小雅：「不以服箱。」毛傳：「箱，大車之箱也。」廣雅：「棐，箱也。」本此。玉篇、廣韻竝云：「棐，車箱。」

一六　**軫謂之枕。**車後横木。

案：玉篇云：「枕，車後横材。」

一七　**車紂，自關而東、周洛韓鄭汝潁而東謂之緧，**音秋。**或謂之曲綯，**綯亦繩名。詩曰：「宵爾索綯。」**或謂之曲綸；**今江東通呼索綸，音倫。**自關而西謂之紂。**

案：考工記：「必緧其牛後。」[一]鄭注云：「關東謂紂爲緧。」疏云：「『方言：『本紂，自關而東、韓鄭汝潁而東謂之爲緧，或謂之爲曲綸；自關而西爲紂。』』」「本」字誤，當作「車」。廣韻引方言：「自關而東謂緧曰紂。」「東」字誤，當云「西」。「緧」，亦作「緧」。説文云：「馬紂也。」廣雅：「綯、紂，緧也。」本此。

[一]　緧：各本同。十三經注疏本作「緧」，當據改。

一八　輨、音管。軑，音大。鍊鏅。鍊，音柬。鏅，音度果反。關之東西曰輨，南楚曰軑，趙魏之間曰鍊鏅。

案：離騷：「齊玉軑而竝馳。」説文云：「軑，車輨也。」「輨，轂端沓也。」「輨軑」，亦作「錧鈦」。廣雅：「鍊鏅、鈦，錧也。」曹憲音釋：「鍊，音諫。」集韻訛作「鍊」，收入一東，與「東」同音，引方言「輨、軑，趙魏之間曰鍊鏅」，殊謬。

一九　車釭，齊燕海岱之間謂之鍋，音戈。或謂之錕。衮衣。自關而西謂之釭，盛膏者乃謂之鍋。

案：廣雅：「鐹、錕，釭也。」本此。「鍋、鐹」同，本作「楇」。説文云：「釭，車轂中鐵也。」「楇，盛膏器。」史記孟子荀卿列傳：「炙轂過髡。」集解云：「劉向別録『過』字作『輠』。輠者，車之盛膏器也。」索隱云：「今按，文稱『炙轂過』，『過』則是器名[一]，謂盛脂之器名『過』，與『鍋』字相近。」注内「衮衣」，當作「音衮衣之衮」。

[一]「過」則：史記索隱作「則『過』」，當據改。

二〇　**凡箭鏃胡合嬴者，**胡鏑在于喉下。嬴，邊也。**四鐮**鐮，稜也。**或曰鉤腸；三鐮者謂之羊頭；其廣長而薄鐮謂之錍，**普蹄反。**或謂之鈀**音葩。**箭；其小而長中穿二孔者謂之鉀鑪；**今箭錍鑿空兩邊者也。嗑、嚧兩音。**其三鐮長六尺者謂之飛䖟；**此謂今射箭也。**内者謂之平題。**今戲射箭。頭，題，猶羊頭也。

案：「鐮」，古通用「廉」，亦作「鎌」。「鉤」，各本訛作「拘」。「六尺」，訛作「尺六」。注内「鐮稜也」，「鐮」訛作「廣」。潘岳閒居賦：「激矢䖟飛。」李善注引方言：「凡箭三鐮謂之羊頭，三鐮長六尺謂之飛䖟。」又引郭璞曰：「此謂今射箭也[一]。鎌，稜也。」爾雅釋文引方言：「箭廣長而薄廉者謂之錍。」廣雅：「平題、鈀、錍、鉤腸、羊頭、鉀鑪、鏃、䂮，鏑也。」本此。廣韻「鈀」字下引方言云：「江東呼鎞箭。」今方言無此語，所引似「鈀箭」下注文，今脱去，諸刻自「箭」字以下誤别之爲一條。劉熙釋名：「矢又謂之前[二]。其本曰足。又謂之鏑。齊人謂之鏃。」

[一]「今」字下，文選李善注引原有「之」字。

[二] 前：文津閣本同。遺書系各本及文淵閣本作「箭」，當據改。

二一　**所以藏箭弩謂之箙。**盛弩箭器也。外傳曰：「檿弧箕箙。」**弓謂之鞬，**鞬牛。**或謂之皾**牛犢。**丸。**

案：詩小雅：「象弭魚服。」鄭箋云：「魚服[一]，矢服也。」周禮司弓矢：「中秋獻矢箙。」鄭注云：「箙，盛矢器也，以獸皮爲之。」「箙、服」，古通用。鄭語韋昭注云：「服，矢房。」後漢書董卓傳：「雙帶兩鞬。」注引方言：「所以藏箭謂之服，藏弓謂鞬。」[二]「皾」，本作「韇」，古通用「櫝」。各本「丸」譌作「凡」，因誤在下條「矛」字上。南匈奴傳：「弓鞬韇丸一。」注云：「方言：『藏弓爲鞬，藏箭爲韇丸。』即箭箙也。」春秋昭公二十五年左傳：「公徒釋甲執冰而踞。」服虔注云：「冰，櫝丸蓋也。」疏引方言：「弓藏謂之鞬，或謂之櫝丸。」今據此兩引訂正。鮑昭擬古詩：「氈帶佩雙鞬，象弧插彫服。」李善注引方言：「所以藏箭弩謂之服[三]，所以盛弓謂之鞬。」廣雅：「鞬，弓藏也。」「皾肒，矢藏也。」「皾肒」即「韇丸」。「鞬」與「韇丸」，後漢書注所引方言與廣雅

[一] 魚：各本同。十三經注疏本無此字，當據删。
[二] 謂鞬：遺書系各本作「爲鞬」，後漢書注原文作「謂之鞬」，當據改。
[三] 弩：各本同。文選李善注引原無此字。

合。注内「犍牛、牛犢」，當作「音犍牛之犍、音牛犢之犢」。釋名云：「矢，其受之器以皮曰箙，織竹曰笮。步叉[一]，人所帶以箭叉其中也[二]。馬上曰鍵[三]。鍵，建也，弓矢竝建立其中也。」[四]

二二　**矛骹細如鴈脛者謂之鶴厀。**今江東呼爲鈴釘。**有小枝刃者謂之鉤釨矛，或謂之釨。鋋謂之鈹。**今江東呼大矛爲鈹，音彼。鋋，音聃。**骹謂之銎。**即矛刃下口，音凶。**鐏謂之釬。**音扞。或名爲鐓，音頓。

案：戟有鉤釨戟、鉤釨鏝胡之名，矛亦有鉤釨矛之名，各本誤以「矛或謂之釨」別爲一條，今訂正。説文云：「鋋，長矛也。讀若老聃。」「鐏，柲下銅也。」廣雅：「鋋，矛也。」「鐓、釬，鐏也。」

[一] 畢沅釋名疏證謂「步叉」上當有「亦曰」二字。
[二] 「叉」字下，釋名原文有「於」字。
[三] 鍵：釋名原文作「鞬」，下同。當據改。
[四] 「立」字下，釋名原文有「於」字。

一二三　舟，自關而西謂之船；自關而東或謂之舟，或謂之航。行伍。南楚江湘凡船大者謂之舸；姑可反。小舸謂之艖，今江東呼艖，小底者也。音叉。艖謂之艒⿰舟宿；目〔一〕、宿二音。小艒⿰舟宿謂之艇；䑰也。艇長而薄者謂之艜；衣帶。短而深者謂之艀；今江東呼艖艀者。音步。小而深者謂之𣐊。即長舼也。音邛竹。東南丹陽會稽之閒謂艖爲欚。音禮。

案：說文云：「欚，江中大船也。」〔二〕「欚」，亦作「⿰舟蠡」。廣雅：「䑰、艜、艒⿰舟宿、艖、舸、艇、⿰舟蠡，舟也。」後漢書文苑列傳：「北斻涇流。」注云：「斻，舟度也。方言：『關而東或謂舟爲航。』說文『斻』在方部，今流俗不解，遂與『杭』字相亂者，誤也。」左思吳都賦：「宏舸連舳。」劉逵注云：「江湖凡大船曰舸。」「湖」字乃「湘」之訛。廣韻引方言：「關西謂之船，關東謂之舟。」釋名：「船又曰舟，二百斛以下曰艇。」注內「行伍、衣帶」，當作「音行伍之行、音衣帶之帶」。

一二四　泭謂之𥴰，泭，音敷。𥴰謂之筏。音伐。筏，秦晉之通語也。江淮家居𥴰中謂之

〔一〕目：安徽叢書本作「自」，誤。
〔二〕也：大徐本作「名」。

薦。 音荐。

案：説文云：「泭，編木以渡也。」詩周南：「不可方思。」毛傳：「方，泭也。」釋文云：「『泭』，本亦作『㳈』，又作『桴』，或作『柎』。方言〔一〕：『泭謂之簰，簰謂之筏。筏，秦晉通語也。』」爾雅釋言：「舫，泭也。」「舫、方」，古通用。釋水：「庶人乘泭。」郭注云：「併木以渡。」論語：「乘桴浮于海。」馬融注云：「桴，編竹木大者曰栰，小者曰桴。」「筏」即「栰」〔二〕。注内「音荐」二字，各本「荐」訛作「符」，今訂正。三國志吴書妃嬪傳：「宜伐蘆葦以爲泭，佐船渡軍。」裴松之注云：「郭璞注方言曰：『泭，水中簰也。』」今方言注無此語。

二五　方舟謂之㶇。 揚州人呼渡津舫爲杭〔三〕。荆州人呼㶇〔四〕，音横。**艁舟謂之浮梁。** 即今浮橋。

案：説文云：「㶇，以船渡也。」玉篇云：「方舟謂之㶇。㶇，航也。」廣韻：「㶇，

〔一〕此下，詩釋文原文有「云」字。

〔二〕「筏」即「栰」：遺書系各本及文淵閣本作「『栰』即『筏』」。據上引文，作「『栰』即『筏』」爲是。

〔三〕杭：遺書系各本作「㶇」，誤。

〔四〕㶇：遺書系各本作「杭」，誤。

方舟也。荆州人呼渡津舫爲潢。」今方言各本注文作「揚州人呼渡津航爲杭，荆州人呼樹」。「航」乃「舫」之訛，「樹」乃「潢」之訛〔一〕，據廣韻訂正。潘岳閒居賦：「浮梁黝以徑度。」李善注引方言：「造舟謂之浮梁。」郭璞曰：『即今浮橋。』」「造、艁」，古通用。廣雅：「潢，筏也。」「造舟謂之浮梁。」〔二〕本此。

二六　楫謂之橈，如寮反。**或謂之櫂。**今云櫂歌，依此名也。**所以隱櫂謂之㯢。**搖櫓小橛也。江東又名爲胡人。音獎。**所以縣櫂謂之緝。**繫櫂頭索也。**所以刺船謂之槁。**音高。**維之謂之鼎。**繫船爲維。**首謂之閤閭，**今江東呼船頭屋謂之飛閭，是也。**或謂之艗艏。**鷁，鳥名也。今江東貴人船前作青雀，是其像也。音亦。**後曰舳。**今江東呼柁爲舳，音軸。**舳，制水也。僞謂之扤。**吾敎反。僞，音訛。船動搖之貌也。**扤，不安也。**

案：易繫辭：「剡木爲楫。」釋文引方言：「楫謂之橈，或謂之櫂。」詩大雅：「烝徒楫之。」毛傳：「楫，櫂也。」釋文引方言兼引郭注云：「楫橈頭索也。所以縣櫂謂

〔一〕此下，遺書系各本有「而『潢』與『杭』又互訛」六字。
〔二〕造：各本同。廣雅原文作「艁」。

之楫。」「楫橈」乃「繫櫂」之訛。「謂之楫」，「楫」乃「緝」之訛，又誤以正文與注相雜。楚辭九歌：「蓀橈兮蘭旌。」〔一〕王逸注云：「橈，船小楫也。」張衡西京賦：「縱櫂歌。」李善注云：「方言〔二〕：『楫或謂之櫂。』郭璞曰：『今云櫂歌也。』」左思吴都賦：「檺工檝師。」劉逵注云：「方言〔三〕：『刺船曰檺。』檝，橈也。」「檺」，本作「篙」。「檝」同「楫」。廣雅：「艗艄，舟也。」古通用「鷁首」。淮南鴻烈本經篇：「龍舟鷁首。」高誘注云：「鷁，大鳥也。畫其像著船頭〔四〕，故曰鷁首也。」吴都賦：「宏舸連舳〔五〕，巨檻接艫。」注云：「舳，船前也。艫，船後也。」「前、後」二字互訛。「艫」即閤閭。後漢書劉表傳贊：「魚儷漢舳。」注引前書音義曰：「舳，船後持柁處也。」〔六〕郭璞江賦：「淩波縱柁。」李善注云：「方言：『船後曰舳。』郭璞曰：『今江東柁呼爲舳也。』」釋名：「船，其尾曰柁，在旁曰橶，在旁撥水曰櫂，又謂之楫，所用斥旁岸曰

〔一〕橈：安徽叢書本作「澆」，誤。
〔二〕此下，文選注原文有「曰」字。
〔三〕此下，文選注原文有「云」字。
〔四〕船：遺書系各本及文淵閣本作「舡」，誤。
〔五〕宏：文選原文作「弘」。
〔六〕柁：後漢書注原文作「柂」，下引江賦及注同。

交。」「交」即「篙」，一聲之轉。「僞」，各本訛作「僞」。「扤」亦作「仡」。玉篇于「僞」字云：「僞謂之仡。仡，不安也。」義本此。「仡」字亦訛〔一〕，曹毅之本作「扤」。説文云：「扤，動也。」〔二〕

〔一〕遺書系各本無「『仡』字亦訛」四字。

〔二〕此下，遺書系各本有「説文又作『𨓈』，『船行不安也。讀若兀』。『仡、扤、𨓈』義同」十八字。

輶軒使者絶代語釋别國方言十

漢　揚雄　撰
晉　郭璞　注

一　**嫍、愓，**音羊。**遊也。江沅之閒謂戲爲嫍，或謂之愓，或謂之嬉。**香其反。

案：「嫍」，多訛作「媱」，曹毅之本不誤〔一〕。王逸九思：「音晏衍兮要嫍。」注云：「要嫍，舞容也。」洪興祖補注引方言：「嫍，遊也。江沅之閒謂戲爲嫍。」荀子修身篇：「加愓悍而不順。」楊倞注云：「韓侍郎云：『愓與「蕩」同，字作「心」邊「昜」。』」廣雅：「嫍、愓、嬉、遊，戲也。」義本此。曹憲音釋：「嫍，音遥。」説文云：「嫍，曲肩行

〔一〕　曹毅之本不誤：遺書系各本作「今訂正」。

也。」[一]「愓，放也。」

二　**曾、訾，何也。湘潭之原**潭，水名，出武陵。音潭，亦音淫。**荆之南鄙謂何爲曾，或謂之訾，**今江東人語亦云訾，爲聲如斯。**若中夏言何爲也。**

案：注内「音譚，亦音淫」，各本訛作「音潭，亦曰淫」，今改正。

三　**央亡、嚜杘、**嚜，音目。杘，丑夷反。**姡，**胡刮反。**獪也。江湘之閒或謂之無賴，或謂之漻。**偛㑇，多智也。恪交反。**凡小兒多詐而獪謂之央亡，或謂之嚜杘，**嚜杘，潛潛狡也。**或謂之姡。**言黠姡也。**姡，娗也。**言恫娗也。**或謂之猾。**音滑。**皆通語也。**

案：列子力命篇：「墨杘、單至、嘽咺、憋懯，四人相與游于世，胥如志也。窮年不相知情，自以智之深也。」張湛注引方言：「墨杘，江淮之閒謂之無賴。」「墨、嚜」通。「江淮」乃「江湘」之訛。史記高祖本紀：「始大人常以臣無賴。」集解：「或曰江湖之閒謂小兒多詐狡猾爲無賴。」漢書「無」作「亡」，注「江湖」作「江淮」，「狡猾」作「狡

[一]　也：大徐本作「貌」。

獪」。左思吴都賦：「儸譶澩㺜，交貿相競。」李善注引方言：「㺜，獪也。」爾雅釋言：「覶，婚也。」釋文引方言：「凡小兒多詐謂之婚。」「央亡」，亦作「鞅罔」。廣雅：「鞅罔，無賴也。」「嘿杘，欺也。」「㺜，獪也。」廣韻：「嘿杘，小兒多詐獪。」皆本此。注内「偭恑」，各本訛作「恐恥」。玉篇云：「偭恑，鬼黠也。」今據以訂正。

四　**崽者，子也。**崽，音枲，聲之轉也。**湘沅之會**兩水合處也。音獪。**凡言是子者謂之崽，若東齊言子矣。**聲如宰。

案：水經注澧水篇：「至若孌婉丱童，及弱年崽子，或單舟採菱，或疊舸折芰。」玉篇引方言：「江湘之間凡言是子曰崽。」廣韻引方言：「江湘間凡言是子謂之崽。」又云：「自高而侮人也。」

五　**誺，不知也。**音癡眩。江東曰咨，此亦知聲之轉也。**沅澧之間**澧水，今在長沙。音禮。**凡相問而不知答曰誺；使之而不肯答曰吂。**音茫，今中國語亦然[一]。**粃，不知也。**今淮楚間語呼聲如非也。

[一] 亦：遺書系各本作「今」，誤。

案：「𧩼」，各本訛作「誺」，今訂正。玉篇云：「𧩼，不知也。丑脂、丑利二切。」「誺，同上。又力代切，誤也。」廣韻「誺」字[一]，以入脂、至韻者爲「不知」，入代韻者爲「誤」。此注云「音癡眩」，與丑脂切合。「癡」多訛作「瘢」，曹毅之本不誤。以六書諧聲攷之，「𧩼」從言，桼聲，可入脂、至二韻；「誺」從言，來聲，應入代韻，不得入脂、至韻。玉篇、廣韻因字形相近訛舛，遂溷合爲一，非也。「知聲之轉」，謂「知」與「咨」乃聲之變轉。各本「知」訛作「如」，今並訂正。玉篇云：「使人問而不肯答曰吂。」廣韻：「吂，不知也。」皆本方言而誤。方言「𧩼」是相問而不知答[二]，「吂」是使之而不肯答，玉篇、廣韻並失其指。廣雅：「粃，不知也。」曹憲音釋云：「彼、比俱得。」[三]此注云：「聲如非。」皆方音輕重之變。

六　**𤋱**，呼隗反。**火也。楚轉語也，猶齊言𤈦**，音毀。**火也。**

案：詩周南：「王室如燬。」毛傳：「燬，火也。」釋文云：「燬，音毀。齊人謂火曰

[一]「誺」字：遺書系各本作「作『誺』」。
[二]「𧩼」：遺書系各本作「誺」，誤。
[三] 比：遺書系各本作「此」，誤。

燬。字書作焜，一音火尾反。或云『楚人名火曰煤，齊人曰燬，吴人曰焜』，此方俗訛語也。」爾雅釋言：「燬，火也。」郭璞注云：「燬，齊人語。」疏全引方言此條，文竝同。玉篇云：「楚人呼火爲煤也。」廣韻：「焜，齊人云火。」皆本此。

七　嘳、音蒯。**無寫，憐也。**皆南鄙之代語也。**沅澧之原凡言相憐哀謂之嘳，或謂之無寫；江濱謂之思。**濱，水邊也[一]。**皆相見驩喜有得亡之意也。九疑湘潭之間謂之人兮。**九疑，山名，今在零陵營道縣。

案：説文「嘳」即「喟」，「太息也」[二]。詩小雅：「我心寫兮。」毛傳：「我心寫矣，輸寫其心也。」鄭箋云：「我心寫者，輸寫其情意，無留恨也。」據此，則「無寫」爲無所輸寫。中庸：「仁者，人也。」鄭注云：「人也，讀如相人偶之人。以人意相存問之言。」表記：「仁者，人也。」注云：「人也，謂施以人恩也。春秋傳曰：『執未有言舍之者，此其言舍之何？人也。』」疏云：「引之者，證人是人偶相存愛之義也。」此言「人兮」，與古

[一] 遺書系各本脱「也」字。
[二] 太：大徐本作「大」。

語所謂相存偶義亦相近。注内「南鄙之代語」[一]，諸刻作「秦漢之代語」，蓋不知者所妄改[二]。後「南楚江湘之間代語」郭注云：「凡以異語相易謂之代也。」惟永樂大典本及曹毅之本作「南鄙」。據下文，則「南鄙」正謂南楚江湘之間[三]。

八　婩、魚踐反。**嫧、**音策。**鮮，好也。南楚之外通語也。**

案：説文：「嫧，齊也。」玉篇：「婩，好也。」張湛注列子「巧佞、愚直、婩斫、便辟」引字林云：「婩，齊也。」蓋「婩」與「嫧」皆容止整齊鮮潔之貌，故「婩、嫧、鮮」同爲好也。廣雅：「婩、嫧、鮮，好也。」義本此。

九　讕哰、闌、牢二音。**謰謱，**上音連，下力口反。**拏也。**言諸拏也。奴加反。**東齊周晉之鄙曰讕哰。讕哰亦通語也。**平原人好讕哰也。**南楚曰謰謱，或謂之支註，**支，之豉反。註，音注。**或謂之詀謕，**上託兼反，下音蹄。**轉語也。拏，揚州會稽之語也，或謂之惹，**言情惹也。汝邪反，一音若。**或謂之**

[一] 此下，遺書系各本有「謂語相更代」五字。
[二] 此下，遺書系各本有「今從永樂大典本」七字。
[三] 自「後『南楚江湘之間代語』郭注云」至此五十字，遺書系各本無。

䛳。言誣䛳也。

案：廣雅：「囒哰，謰謱也。」「惹、䛳，拏也。」皆本此。説文：「拏，牽引也。」「諸拏，羞窮也。」又言部云「謰謱」，辵部云「連遱」。玉篇作「嗹嘍」；「拏」又作「詉」，云：「諸詉，言不可解。」「嗹嘍，多言也。」「惹，亂也。」「䛳，言輕也。」「諸」，廣韻作「偖」，云：「囒哰，偖拏，語不可解。」「嗹嘍，言語繁絮貌。」「連嘍，煩貌。」「謰謱，小兒語。」隨文立訓，義可互見。廣韻于「謕」字下云「轉語」，則誤讀方言。後漢書馮衍傳：「禍拏未解，兵連不息。」注云：「拏謂相連引也。」王逸九思：「媒女詘兮謰謱。」洪興祖補注引方言：「謰謱，拏也。南楚曰謰謱。」又云：「一曰謰謱，語亂也。」「東齊」，各本作「東南」[一]，從曹毅之本。

一〇 **亄、**音懿。**嗇，貪也。**謂慳貪也。**荊汝江湘之郊凡貪而不施謂之亄，**亦中國之通語。**或謂之嗇，或謂之恪。恪，恨也。**慳者，多惜恨也。

案：陸機謝平原内史表：「豈臣蒙垢含吝所宜忝竊。」李善注引方言：「貪而不施

[一]「各本」下，遺書系各本有「訛」字。

謂之吝。」「悋、吝」，古通用，亦作「遴」。「嗇」今作「嗇」。廣雅：「𠙷、嗇、遴，貪也。」義本此。

一一　遥、窕，淫也。九疑荆郊之鄙謂淫曰遥，言心遥蕩也。沅湘之閒謂之窕。窈窕，冶容。

案：廣雅：「遥、窕，婬也。」義本此。「淫、婬」，同。荀子禮論篇：「故其立文飾也，不至于窕冶。」楊倞注云：「窕讀爲姚。姚冶，妖美也。」

一二　潛、涵，音含，或古南反。沈也。楚郢以南曰涵，或曰潛。潛又游也。潛行水中亦爲游也。

案：左思吴都賦：「涵泳乎其中。」劉逵注云：「涵，沈也。揚雄方言曰：『南楚謂沈爲涵。』」廣雅：「潛、沈，没也。」

一三　宋、安，静也。江湘九疑之郊謂之宋。

案：「宋」，各本訛作「家」〔一〕，筆畫之舛，遂不成字〔二〕。說文云：「宋，無人聲。」楚辭遠遊：「野宋漠其無人。」「宋」亦或作「寂」〔三〕。江淹別賦：「道已寂而未傳。」范蔚宗樂遊應詔詩：「虛寂在川岑。」李善注竝引方言：「寂，安靜也。」「寂」即「宋」。廣雅：「宋、安，靜也。」義本此。「宋」與「安」皆訓靜。李善連引「安」字，殊誤。

一四　**拌**，音伴，又普槃反。**棄也。楚凡揮棄物謂之拌，或謂之敲**；恪校反。今汝潁閒語亦然。**淮汝之閒謂之投。**江東又呼擫，音黶，又音揞。或云擫也。

案：廣雅：「拌、墩、投，棄也。」曹憲音釋：「墩，苦孝反，又苦交反。」是「墩」與「敲」字異音義同。春秋文公十八年左傳：「投諸四裔。」杜預注云：「投，棄也。」注內「江東又呼擫」，各本「擫」訛作「撅」，與上「或云擫也」相亂而訛。「又音揞」三字訛作「又音犳音豹」五字。今訂正。廣韻：「揞，吴人云抛也。」黶，于琰切〔四〕；揞，于陷

〔一〕家：文津閣本作「家」，誤。
〔二〕遂不成字：遺書系各本作「遂成或體」。
〔三〕寂：遺書系各本及文淵閣本作「家」。據下引兩例，作「寂」爲是。
〔四〕于：廣韻作「於」。

切〔一〕。語輕重異耳。

一五　**詠，愬也。**詠譖亦通語也。**楚以南謂之詠。**

案：離騷：「謡詠謂余以善淫。」王逸注云：「詠，猶譖也。」洪興祖補注引方言此條，文竝同。「愬」，亦作「訴」。廣雅：「詠，訴也。」「詠、訴，誏也。」曹憲音釋云：「誏音毁〔二〕，即誏謗之誏。今毁乃訓壞。」

一六　**戲、**音羲。**泄，歇也。楚謂之戲泄。奄，息也。楚揚謂之泄。**

案：「戲、歇」，一聲之轉。「泄」，亦作「渫」。曹植七啟：「于是爲歡未渫。」李善注引方言：「渫，歇也。」又作「洩」。顔延之赭白馬賦：「畜怒未洩。」注引方言：「洩，歇也。」司馬相如上林賦：「掩細柳。」注引方言：「掩者，息也。」枚乘七發：「掩青蘋。」注引方言：「掩〔三〕，息也。」「奄、掩」，古通用。廣雅：「奄，息也。」義本此。

〔一〕于：廣韻作「烏」。「烏、於」，同一小韻。
〔二〕曹憲音釋無「毁」字。
〔三〕掩：文選注引作「奄」，與方言同。

一七　**摙**，音騫，一曰騫。**取也。楚謂之摙。**

案：「摙，取也。南楚曰摙」，已見卷一。

一八　**昲、曬，乾物也。揚楚通語也。**昲，音費。亦皆北方常語耳。或云瞟。

案：廣雅：「昲、瞟、曬，曝也。」玉篇云：「昲，乾物也。」「曬，暴乾物也。」「瞟，置風日中令乾。」注內「費」，諸刻譌作「曬」，今從曹毅之本。「常」，諸刻作「通」，又脱「耳」字，今從永樂大典本〔一〕。

一九　**蕖**，音斐。**卒也。**謂倉卒也。**江湘之間凡卒相見謂之蕖相見，或曰突。**他骨反。

案：詩齊風：「突而弁兮。」釋文引方言：「凡卒相見謂之突。」廣雅：「蕖、突，猝也。」「卒、猝」，古通用。玉篇云：「江湖之閒凡卒見謂之蕖也。」〔二〕「湖」乃「湘」之譌。

〔一〕遺書系各本無「今」字。

〔二〕凡卒見：宋本玉篇原文作「兄卒相」。

二〇　**迹迹、屑屑，不安也。**皆往來之貌也。**江沅之閒謂之迹迹；秦晉謂之屑屑，或謂之塞塞，或謂之省省。不安之語也。**

案：後漢王良傳：「何其往來屑屑不憚煩也。」注引方言：「屑屑，不安也。」秦晉曰屑屑。」又引郭注：「往來貌。」潘岳閒居賦：「尚何能違劄下色養，而屑屑從斗筲之役乎。」李善注引方言：「屑屑，不靜也。」即「不安」之訛〔一〕。廣雅：「屑屑、迹迹、塞塞、省省，不安也。」義本此。

二一　**潤沭、**潤，音閱。**征伀，遑遽也。江湘之閒凡窘猝怖遽謂之潤沭，**喘喈貌也。**或謂之征伀。**

案：王褒四子講德論：「百姓征伀，無所措其手足。」李善注引方言：「征伀，惶遽也。」廣雅：「潤沭，怖懅也。」「征伀，懼也。」「屏營，征伀也。」「遑、惶」，同；「遽、懅」，同。曹憲音釋：「征，音征。」「伀，音鍾。」玉篇云：「方言：『潤沭，或謂之征伀

〔一〕訛：文津閣本作「說」，誤。

也。』」「潤」亦作「憪」，「沭」亦作「怵」，「征忪」亦作「怔忪」。玉篇云：「憪怵，遑遽也。」〔一〕「怔忪，懼貌。」

二二二　**翥，舉也。**謂軒翥也。**楚謂之翥。**

案：潘岳射雉賦：「鬱軒翥以餘怒。」徐爰注引方言：「翥，舉也。」楚辭遠遊：「鸞鳥軒翥而翔飛。」洪興祖補注引方言此條，文竝同。説文云：「翥，飛舉也。」

二二三　**忸怩，慙歰也。**歰猶苦者〔二〕。**楚郢江湘之閒謂之忸怩，或謂之䀿咨。**子六、莊伊二反。

案：晉語：「君忸怩顔。」韋昭注云：「忸怩，慙貌。」趙岐注孟子云：「忸怩而慙。」廣雅：「忸怩，䀿咨也。」「忸怩、䀿咨」，竝雙聲。注内「莊伊反」，「莊」字乃類隔，改音和爲「即伊反」。

〔一〕遺書系各本無玉篇此條。據上文「『潤』亦作『憪』，『沭』亦作『怵』」，有此條引文爲是。
〔二〕者：文淵閣本作「也」。

二四　**垤、封，場也。楚郢以南蟻土謂之封。垤，中齊語也。**

案：詩豳風：「鸛鳴于垤。」毛傳：「垤，螘冢也。」〔一〕孟子：「泰山之于丘垤。」趙岐注云：「垤，蟻封也。」「螘、蟻」，同。廣雅：「封、垤，場也。」義本此。「謂之封」，各本訛作「謂之垤」〔二〕。吴淑事類賦注引方言：「楚郢以南蟻土謂之封。」今據以訂正〔三〕。

二五　**讁，過也。**謂罪過也。音蹟，亦音適，罪罰也。**南楚以南凡相非議人謂之讁，或謂之衇。**血脈。**衇，又慧也。**今名黠爲鬼衇。

案：列子力命篇：「窮年不相讁發。」張湛注云：「讁，謂責其過也。」詩商頌：「歲事來辟，勿予禍適。」毛傳：「適，過也。」「讁、適」，古通用，亦作「謫」。説文云：「謫，罰

〔一〕冢：十三經注疏本作「塚」。
〔二〕此下，遺書系各本有「太平御覽及」五字。
〔三〕遺書系各本無「今」字。

也。」潘岳射雉賦：「靡聞而驚，無見自脈。」〔一〕徐爰注云〔二〕：「方言注曰：『俗謂黠爲鬼脈。』言雉性驚鬼黠。」「脈」即「衇」。注内「血脈」，當作「音血脈之脈」。

二六 **膊，兄也。**此音義所未詳。**荆揚之鄙謂之膊，桂林之中謂之⿰豕孟**〔三〕。

二七 **謰極，吃也。楚語也。**亦北方通語也。**或謂之軋，**鞅軋，氣不利也。烏八反。**或謂之歰。**語歰難也。今江南又名吃爲喋〔四〕，若葉反。

案：「謰」，亦通用「謇」；「極」，亦作「慜」。列子力命篇：「𤢖伢、情露、謰慜、凌誶，四人相與游于世，胥如志也。窮年不相曉悟，自以爲才之得也。」張湛注云：「方言：謰，吃也。極，急也〔五〕。謂語急而吃。」説文云：「吃，言蹇難也。」廣雅：「謰、極、

〔一〕脈：遺書系各本作「覛」，與文選同。
〔二〕云：遺書系各本作「引」。
〔三〕此條下，遺書系各本有戴氏疏證文「案：『膊』訓『暴』，又見前卷七内」十字。然此條「膊」並非訓「暴」，蓋戴氏定稿時删除。
〔四〕南：遺書系各本作「東」，誤。
〔五〕謰，吃也。極，急也：列子注引原作「謰、吃、慜，急也」，今方言無此文。

軋、𨁟，吃也。」義本此。

二八　**呰**、昨啟反。**矲**，蒲楷反。**短也。江湘之會謂之呰。凡物生而不長大亦謂之鮆，又曰㾊。**今俗呼小爲㾊，音薺菜。**桂林之中謂短矲。**言矲𥎊也。**矲，通語也。東陽之閒謂之府。**言俯視之，因名。

案：「呰」字兩見，以下云「亦謂之鮆」證之，皆應作「鮆」。徐堅初學記引方言：「鮆、矲，短也。」廣韻「㾊」字引方言曰：「生而不長也。」廣雅：「㾊、鮆、府、矲，短也。」曹憲音釋：「㾊，在細反。」「鮆，籍禮反。」〔一〕注内「𥎊」譌作「偝」。廣韻：「矲𥎊，短也。」今據以訂正。

二九　**鉗**、鉗害，又惡也。**疲**、疲恎，惡腹也。妨反反。**憋**，憋怤，急性也。妨滅反。**惡也。南楚凡人殘罵謂之鉗，**殘猶惡也。**又謂之疲。**

〔一〕此下，遺書系各本有：「周禮春官典同注：『人短罷。』釋文云：『罷，皮買反。字或作矲，音同。方言：「桂林之閒謂人短爲矲矮。」矮，苦買反。』」三十九字。

案：徐爰注潘岳射雉賦云：「鷙性悍憋。」李善引方言：「憋，惡也。」後漢書董卓傳：「敝腸狗態。」注云：「續漢書『敝』作『憋』。方言〔一〕：『憋，惡也。』郭璞曰：『憋忕，急性也。』」列子力命篇：「憋懯。」張湛注：「懯，音敷。」「懯、忕」，字異音義同。廣雅：「憋、鉗、疲，惡也。」義本此。

三〇 **癡，騃也。**吾駭反。**揚越之郊凡人相侮以爲無知謂之眲。**諸革反。**眲，耳目不相信也。**因字名也。**或謂之斫。**斫郤。斫，頑直之貌。今關西語亦皆然。

案：列子黃帝篇：「顧見商丘開年老力弱，面目黎黑，衣冠不檢〔二〕，莫不眲之。」張湛注引方言：「揚越之間凡人相輕侮以爲無知謂之眲。眲，耳目不相信也。」說文：「癡，不慧也。」廣雅：「騃，癡也。」

三一 **惃、**衮衣。**愗、**音教。**頓愍，惛也。**謂迷惛也。**楚揚謂之惃，或謂之愗；江湘之間謂**

〔一〕此下，後漢書注引原有「云」字。
〔二〕檢：遺書系各本作「儉」，誤。

之頓愍，頓愍，猶頓悶也。或謂之氐惆。丁弟、丁牢二反。南楚飲毒藥懣謂之氐惆，亦謂之頓愍，猶中齊言眠眩也。愁恚憒憒、毒而不發謂之氐惆。氐惆，猶懊憹也。

案：廣雅：「惃、慠、頓愍、眠眩，亂也。」義本此〔一〕。

三二　悅、舒，蘇也。謂蘇息也。楚通語也。

案：廣韻：「穌，息也，舒悅也。」義本此。「蘇、穌」，古通用。

三三　眠娗、莫典、塗殄二反〔二〕。脈蜴、音析。賜施、輕易。茭媞、恪校〔三〕、得懈二反。譠謾、託蘭、莫蘭二反。㥜忚，麗、醯二音。皆欺謾之語也。楚郢以南東揚之郊通語也。六者亦中國相輕易蚩弄之言也〔四〕。

〔一〕此下，遺書系各本有「尚書說命：『若藥弗瞑眩。』孔穎達疏曰：『瞑眩者，令人憤悶之意也。方言云：「凡飲藥而毒東齊海岱閒或謂之瞑，或謂之眩。」郭璞云：「瞑眩亦通語也。」』見前卷三內。『瞑、眠』古字同」六十四字。

〔二〕塗：遺書系各本作「涂」。

〔三〕校：遺書系各本作「交」。

〔四〕遺書系各本無「亦」字。

案：列子力命篇：「眠娗、諈諉、勇敢、怯疑，四人相與游于世，胥如志也。窮年不相謫發，自以行無戾也。」張湛注引方言：「眠娗，欺謾之語也。」又引郭璞云：「謂以言相蚩弄也。」〔一〕「脈蜴」當即「𧊈摘」，語之轉耳。劉熙釋名云：「𧊈摘，猶譎摘也。」玉篇云：「譠謾，欺也。」廣韻云：「㦒怹，欺慢之語。出方言。」「慢」乃「謾」之訛。注內「輕易」，當作「音輕易之易」。

三四　䪼、音旃裘。**頷、顏，顙也。湘江之間謂之䪼，**今建平人呼頷爲䪼。**中夏謂之頷，東齊謂之顙，汝潁淮泗之間謂之顏。**

案：齊語：「天威不違顏咫尺。」韋昭注云：「顏，眉目之間。」史記高祖本紀：「隆準而龍顏。」集解：「應劭曰：『顏，頷，顙也。齊人謂之顙，汝南淮泗之間曰顏。』」後漢書杜篤傳：「于是同穴裘褐之域，共川鼻飲之國，莫不祖跣稽顙，失氣虜伏。」注云：「方言曰：『顙、頷，顙也。』」玉篇引方言：「江淮之間謂頷爲䪼。」「中夏謂之頷，東齊謂之顙。」「淮」即「湘」之訛。「頷、頷」，同。廣雅：「䪼、顏、顙，頷也。」義本此。沈彤釋骨

〔一〕「相」字下，列子注引有「輕」字。

云：「橫在髮際前者曰額。顱亦曰額。額之中曰顏、曰庭。其旁曰額角。眉間曰闕〔一〕。其下曰下極。下極者，目間也。眉目間亦通曰顏。」

三五　頷、頤，頜也。謂頷車也。**南楚謂之頷，**亦今通語耳。**秦晉謂之頜。頤，其通語也。**

案：廣雅：「頷、頤，頜也。」義本此。春秋宣公五年公羊傳〔二〕：「絶其頷。」何休注云：「頷，口。」馬融長笛賦：「寒態振頷。」〔三〕李善注引方言：「頷，頤也。」玉篇引方言：「頷、頤，頜也。」「頷」，說文作「顄」，云：「頤也。」釋名云：「輔車或曰牙車，或曰頷〔四〕，或曰頰車，或曰鰜車。」沈彤釋骨云：「耳下曲骨載頰在頷後者曰頰車，曰曲頰，曰巨屈。」「說文『頷』〔五〕，與『頤』同訓『顄』，蓋從口内言之。若從口外言，則兩旁爲頷，頷前爲頤，不容相假，故内經無通稱者。」

〔一〕眉間：釋骨原文作「上陷骨眉間」。
〔二〕五：當作「六」。
〔三〕態：文選原文作「熊」，當據改。
〔四〕此下，釋名原文有「車」字。
〔五〕「說文」下，釋骨原文有「作」字。

三六　**紛怡，喜也。湘潭之間曰紛怡，或曰巸已。**嬉、怡二音。

案：廣雅：「紛怡，喜也。」義本此。

三七　**𨛜，**酒酣。**或也。沅澧之間凡言或如此者曰𨛜如是。**此亦「憨」聲之轉耳。

案：「或、𨛜」，一聲之轉。注内「酒酣」，當作「音酒酣之酣」。「此亦憨」三字有舛誤，「𨛜、憨」，語輕重異耳，當是「亦言憨」。廣韻：「邯，江湘人言也。」「言」下應脱一「或」字。

三八　**愮、療，治也。江湘郊會謂醫治之曰愮。**俗云厭愮病，音曜。**愮又憂也。**博異義也。**或曰療。**

案：春秋襄公二十六年左傳：「不可救療。」杜預注云：「療，治也。」玉篇云：「愮，憂也。」「療、愮」，語之變轉，故「愮」可從「療」爲治，「療」又可從「愮」爲憂。廣雅：「摇、療，治也。」「摇、愮」，古通用。

三九　㒼、凶位反。莽，嫫母反。草也。東越揚州之間曰㒼，南楚曰莽。

案：詩小雅：「卉木萋萋。」毛傳：「卉，草也。」陸機赴洛道中詩：「安轡遵平莽。」〔一〕李善注引方言：「草，南楚謂之莽。」又見前卷三內。

四〇　慖鰓、慖，音良悼。鰓，音魚鰓。乾都、乾，音干。耇〔二〕、音垢。革，老也。皆老者皮色枯瘁之形也。皆南楚江湘之閒代語也。凡以異語相易謂之代也。

案：三國志蜀書彭羕傳：「老革荒悖，可復道邪。」裴松之注引方言：「㦁鰓、乾都、耇、革，老也。」又引郭璞注曰：「皆老者皮毛枯瘁之形也。」「㦁」即「慖」之訛；「耇」即「耉」之訛；「毛」即「色」之訛。玉篇云：「慖，老也。」義本此。注內「良悼」，「悼」本作「譁」。說文云：「飭也〔三〕。讀若戒。」玉篇云：「或作悼。」廣韻：「譁，謹也。」「良悼」之語，蓋猶言良謹，楷革反。

〔一〕安：文選原文作「案」。

〔二〕耇：或作「耉」、或作「耈」，同。

〔三〕飭：大徐本原文作「飾」。

四一　抋、神祕。抌，都感反，亦音甚。推也。南楚凡相推搏曰抋，或曰㧾；苦骨反。沅涌淣幽之語淣水，今在桂陽，音扶。涌水，今在南郡華容縣也。或曰攩。今江東人亦名推爲攩，音晃。

案：列子黄帝篇：「既而狎侮欺詒，攩抋挨抌，亡所不爲。」張湛注云：「方言：『今江東人亦名推爲攩，又音晃。』」此乃注文，方言下應脱一「注」字。又云：「方言：『凡相推搏曰抋。』」又「抌」字下云：「方言：『擊背也。』」此語，方言所無。注内「神祕」，當作「音神祕之祕」，諸刻「神」訛作「捶」。

四二　食閻、音鹽。慫慂，上子竦反，下音涌。勸也。南楚凡己不欲喜而旁人説之、不欲怒而旁人怒之謂之食閻，或謂之慫涌。

案：廣雅：「食閻、慫慂，勸也。」本此。廣韻引方言：「慫慂，歡也。」「歡」即「勸」之訛。

四三　欸、音醫，或音塵埃。𧪰，烏鷖。然也。南楚凡言然者曰欸，或曰𧪰。

案：楚辭涉江篇：「欸秋冬之緒風。」王逸注云：「欸，歎也。」洪興祖補注引方言：「欸，然也。南楚凡言然者曰欸。」韋孟諷諫詩：「勤唉厥生。」李善注引方言曰：

「唉，歎辭也。」此非方言文。廣雅：「欸、譻、然，譍也。」廣韻：「譻，相言應辭。」「譍、應」，古通用。注内「皛譻」，當作「音皛譻之譻」。

四四　緤、末、紀，緒也。南楚皆曰緤，音薛。**或曰端，或曰紀，或曰末，皆楚轉語也。**

案：歐陽建臨終詩：「成此禍福端。」盧諶覽古詩：「昭襄欲負力，相如折其端。」李善注皆引方言：「端，緒也。」説文云：「紀，絲別也。」「緒，絲耑也。」廣雅：「耑、緒，末也。」「端、耑」，古通用。

四五　睃、音總。**𥉂、**音麗。**闚、貼、**敕纖反。**占、伺，視也。凡相竊視，南楚謂之闚，或謂之睃，或謂之貼，或謂之占，或謂之𥉂。𥉂，中夏語也。**亦言瞟也。**闚，其通語也。自江而北謂之貼，或謂之覘。凡相候謂之占。占，猶瞻也。**

案：郭璞江賦：「爾乃𥉂雰祲于清旭。」李善注引方言：「𥉂，視也。」班固西都賦：「魚窺淵。」李善注引方言：「窺，視也。」「窺」即「闚」。禮記檀弓篇：「我喪也斯沾。」鄭注云：「沾讀曰覘。覘，視也。」又：「晉人之覘宋者。」注云：「覘，闚視也。」學記：「呻其佔畢。」注云：「佔，視也。」晉語：「公使覘之。」韋昭注云：「覘，微視也。」「覘、貼」同，通用「佔」。「覗、伺」，同。廣雅：「窺、覘、覗、睃、占，視也。」義本此。廣韻「睃」字引方言云：「南人竊視。」注内「睘」，各本訛作「睬」，今訂正。「睘、䂂」，一聲之轉。玉篇：「睘，視也。」

四六　䆲、惡孔反。**䆵**、奴動反。**䫉，多也。南楚凡大而多謂之䆲，或謂之䆵。凡人語言過度及妄施行亦謂之䆵。**

案：後漢書崔駰傳：「若夫紛纕塞路。」注引方言：「纕，盛多也。」音奴董反。「纕、䆵」，古通用；「盛、䫉」，古通用。廣雅：「䆲、䆵、盛、饒，多也。」

四七　扭、相棃。**摣**，仄加反。**取也。南楚之間凡取物溝泥中謂之扭，或謂之摣。**

案：廣雅：「摣、扭，取也。」義本此。說文云：「扭，挹也。讀若樝棃之樝。」此注作「相棃」，同。「仄加反」，各本「仄」訛作「以」，廣雅曹憲音釋作「反」，亦傳寫之訛。玉篇作「仄」，今據以訂正。

四八　伣、音汎。**僄**，飄零。**輕也。楚凡相輕薄謂之相伣，或謂之僄也。**

案：廣雅：「僄、仭，輕也。」義本此。玉篇引方言：「仭，輕也。」荀子修身篇：「怠慢僄弃。」楊倞注云：「僄，輕也，謂自輕其身也。」方言：『楚謂相輕薄爲僄。』」後漢書班固傳：「雖輕迅與僄狡。」袁紹傳：「僄狡鋒俠。」注皆引方言：「僄，輕也。」音匹妙反。「仭僄」亦作「汎剽」。左思魏都賦：「過以汎剽之單慧。」劉逵注云：「揚雄方言曰：『汎、剽，輕也。』」曹植樂府詩白馬篇：「勇剽若豹螭。」李善注引方言：「剽，輕也。」注內「飄零」，當作「音飄零之飄」。

輶軒使者絶代語釋别國方言十一

漢 揚雄 撰
晉 郭璞 注

一　**蛥蚗，**蛥，音折。蚗，于列反，一音玦。**齊謂之螇螰；**螇、鹿二音。**楚謂之蟪蛄，**莊子曰「蟪蛄不知春秋」也。**或謂之蛉蛄；**音零。**秦謂之蛥蚗；自關而東謂之虭蟧，**貂、料二音。**或謂之蝭蟧，**蝭，音啼。**或謂之蜓蚞。**廷、木二音。**西楚與秦通名也。**江東人呼嘄蟧。

案：夏小正：「七月，寒蟬鳴。蟬也者[一]，蝭𧔉也。」「𧔉」即「蟧」。爾雅：「蜓蚞，螇螰。」郭璞注云：「即蝭蟧也。一名蟪蛄。齊人呼螇螰。」疏全引方言此條，文竝同。「蟪」亦通用「惠」。莊子逍遥遊篇釋文：「司馬云：『惠蛄，寒蟬也。一名蝭蟧。』

[一] 大戴禮記原文「蟬」上有「寒」字。

崔云：『蛁蟧也。或曰山蟬。』秋鳴者不及春，春鳴者不及秋。」楚辭招隱士篇：「蟪蛄鳴兮啾啾。」洪興祖補注引方言：「蛥蚗，齊謂之螇螰，楚謂之蟪蛄。」廣雅：「蛥蚗，蚻也。」「蟪蛄、蛉蛄、䗖蟧，蛁蟟也。」「䗖」即「蝭」，「蟟」即「蟧」。以蛥蚗為蚻，與方言異。注內「料」字，曹毅之本作「聊」[一]。

二　蟬，楚謂之蜩，音調。宋衞之閒謂之螗蜩，今胡蟬也。似蟬而小，鳴聲清亮，江南呼螗蛦。陳鄭之閒謂之蜋蜩，蜋，音良。秦晉之閒謂之蟬，海岱之閒謂之⿰虫奇。齊人呼為巨⿰虫奇，音技。其大者謂之蟧，或謂之蝒馬；按爾雅，蝒者馬蜩，非別名蝒馬也，此方言誤耳。其小者謂之麥蚻。如蟬而小，青色[二]。今關西呼麥蠽，音癰⿸疒截之⿸疒截。有文者謂之蜻蜻。即蚻也。爾雅云耳。其雌蜻謂之⿺乚虫。祖一反。大而黑者謂之蝬，音棧。黑而赤者謂之蜺。雲霓。

案：夏小正：「四月，鳴札。札者，寧縣也。」「五月，良蜩鳴。良蜩也者，五彩具[三]，

[一] 此上十字，遺書系各本無。

[二] 青色：遺書系各本作「音札」。爾雅釋蟲「蚻，蜻蜻」條下郭璞注：「如蟬而小。」「蠽，茅蜩」條下郭璞注：「江東呼為茅截，似蟬而小，青色。」

[三] 彩：大戴禮記原文作「采」。

匽之興五日翕，望乃伏。望也者，月之望也。五日也者，十五日也。唐蜩鳴。唐蜩者，匽也。」郭璞注爾雅引夏小正「札」作「蚻」，「寧縣」作「虎縣」，「良」作「蜋」，「匽」作「蝘」，「唐」作「螗」。詩小雅：「鳴蜩嘒嘒。」毛傳：「蜩，蟬也。」豳風：「五月鳴蜩。」毛傳：「蜩，螗也。」疏引方言：「楚謂蟬爲蜩，宋衛謂之螗蜩，陳鄭謂之蜋蜩，秦晉謂之蟬。」大雅：「如蜩如螗。」毛傳：「蜩，蟬也。螗，蝘也。」衛風：「螓首蛾眉。」鄭箋云：「螓，謂蜻蜻也。」月令：「孟秋之月，寒蟬鳴。」鄭注云：「寒蟬，寒蜩，謂蜺也。」考工記：「以旁鳴者。」鄭注云：「旁鳴，蜩蜺類。」[一]爾雅：「蜩，蜋蜩、螗蜩。蚻，蜻蜻。蝒，馬蜩。蜺，寒蜩。」舍人注云：「皆蟬也。方語不同，三輔以西爲蜩，梁宋以東謂蜩爲蝘，楚地謂之蟪蛄。」孫炎注引方言「有文者謂之螓」，郭璞注所引同。郭注「馬蜩」云：「蜩中最大者爲馬蜩。」注「寒蜩」云：「寒螿也。似蟬而小，青色。」[二]疏引方言此條，文竝同。王褒洞簫賦：「秋蜩不食。」李善注引方言：「楚謂蟬爲蜩。」廣雅：「䗁，蟬也。」「虬」，各本訛作「疋」，曹毅之本訛作「蜓」[三]，今訂正。注内「雲霓」，當作「音雲霓之霓」。

㈠ 類：十三經注疏本作「屬」。
㈡ 色：十三經注疏本作「赤」。
㈢ 此上七字，遺書系各本無。

三　**蜩蟧謂之蓋蜩。**江東呼爲蓋蠽也。

案：爾雅：「蠽，茅蜩。」郭璞注云：「江東呼爲茅截，似蟬而小，青色。」「茅截」即「蓋蠽」〔一〕。

四　**蝭謂之寒蜩。寒蜩，瘖蜩也。**按爾雅以蜺爲寒蜩，月令亦曰「寒蜩鳴」，知寒蜩非瘖者也。此諸蜩名通出爾雅，而多駮雜，未可詳據也。寒蜩，螿也，似小蟬而色青。蝭，音應。

案：廣雅：「闇蜩，蝭也。」本此。「闇、瘖」，通用。

五　**蛄詣謂之杜蛒。**音格。**螻蛭**音窒塞。**謂之螻蛄，或謂之蟓蛉。**象、鈴二音。**南楚謂之杜狗，或謂之蛞螻。**

案：夏小正：「三月，螜則鳴。螜，天螻也。」王褒洞簫賦：「螻蟻蝘蜓。」李善注引方言：「南楚謂螻蛄爲蛞螻。」〔二〕枚乘七發：「蚑蟜螻蟻聞之。」注引方言：「南楚或謂

〔一〕截：文津閣本作「蜩」，誤。

〔二〕蛞：文選字作「括」。

蛄爲螻。」此所引脱誤。爾雅：「螜，天螻。」郭璞注云：「螻，蛄也。」又：「蝚，蛖螻。」注云：「蛖螻，螻蛄類。」疏全引方言此條，「詣」訛作「者」，餘竝同。「蛄」亦作「姑」。廣雅：「蟓蛉、蛞螻，螻姑也。」本此。

六　蜻蛚，即趨織也。精、列二音。**楚謂之蟋蟀，或謂之蛬；**梁國呼蛬，音鞏。**南楚之閒謂之蚟孫。**孫一作絲。

案：考工記：「以注鳴者。」鄭注云：「注鳴，精列屬。」「精列」即「蜻蛚」。疏全引方言此條，「蚟」作「王」，餘竝同。詩唐風：「蟋蟀在堂。」毛傳：「蟋蟀，蛬也。」淮南鴻烈時則篇：「蟋蟀居奧。」高誘注云：「蟋蟀、蜻蛚，促織也。」廣雅：「蛬、趨織、蚟孫，蜻蛚也。」「趨、促」，同。

七　螳蜋謂之髦，有斧蟲也。江東呼爲石蜋，又名齕肬。**或謂之虰，**按爾雅云：「螳蜋，蛑。」「虰」義自應下屬。方言依此説，失其指也。**或謂之蝆蝆。**

案：「螂」，亦作「蜋」。月令：「仲夏之月，螳蜋生。」鄭注云：「螳蜋，螵蛸母也。」歐陽詢藝文類聚云：「王瓚問曰：『爾雅云莫貈、螳蜋同類物也，今沛魯以南謂之蟷蠰[一]，三河之域謂之螳蜋[二]，燕趙之際謂之食朧，齊濟以東謂之馬敫。然名其子則同云螵蛸，是以注云「螳蜋，螵蛸母也」。』」此所引蓋鄭志文，唐時猶存。而孔穎達正義于月令引方言云：「譚魯以南謂之蟷蠰，三河之域謂之螳蜋，燕趙之際謂之食厖，齊杞以東謂之馬穀，然名其子同云螵蛸也。」所引亦即鄭志，當是不知者妄改爲方言。爾雅疏又襲其誤，後人遂疑今本方言脱此數語，非也。「潭」即「沛」之訛。「厖、朧」，聲義同，「食朧」猶「齕朧」也。「馬穀」，爾雅疏作「馬谷」。淮南鴻烈時則篇高誘注云：「螳蜋，世謂之天馬，一名齕朧，兖豫謂之巨斧也。」爾雅：「不過，蟷蠰。其子蜱蛸。」「莫貈，螳蜋，蛑。」郭璞注云：「螳蜋，有斧蟲，江東呼爲石蜋。孫叔然以方言説此義亦不了。」疏全引方言此條，「蛘」作「芊」，餘竝同。「蛑、髦」，一聲之轉。廣雅：「芊芊、齕朧，螳蜋也。」[三]

八 **姑螿謂之强蛘。** 米中小黑甲蟲也。江東謂之蛪，音加。建平人呼蛘子，音芊。芊即姓也。

[一] 蠰：藝文類聚原文作「蜋」。

[二] 蜋：藝文類聚原文作「蠰」。

[三] 螳：廣雅原文作「螗」。

案：爾雅：「蛄䗐，强蛘。」郭注云：「今米穀中蠹小黑蟲是也[一]。建平人呼爲蛘子。」疏引方言此條及注，「米中」作「今米穀中」，「甲」作「蠹」，「芊即姓也」作「楚姓芊」，餘竝同。

九　蟒，即蝗也。莫鯁反。**宋魏之閒謂之蚮**；音貸。**南楚之外謂之蟅蟒**，蟅，音近詐。亦呼吒陌。**或謂之蟒，或謂之螣。**音滕。

案：詩小雅：「去其螟螣。」毛傳：「食葉曰螣。」釋文云：「螣，字亦作蟘，徒得反。」月令：「仲夏之月，百螣時起。」鄭注云：「螣，蝗之屬。言百者，明衆類竝爲害。」爾雅：「食葉蟘。」釋文云：「蟘，字又作蟘，又作蚮，同徒得反。」説文引詩作：「去其螟蟘。」是「蚮、螣」字異音義同。廣雅：「蟅蟒，蚮也。」本此，而有「蚮」則無「螣」。此類不宜别立名及强讀異音[二]，正文「或謂之螣」[三]，「螣」即「蚮」耳。注文「音滕」，則是「螟螣」之「螣」與「螣蛇」之「螣」同一音矣，未詳。

[一] 蠹：十三經注疏阮元校勘記以爲此字在「蟲」上，當據改。

[二] 此下，文津閣本有「也」字。

[三] 文津閣本誤脱「或」字。

一〇　**蜻蛉謂之蝍蛉。**六足四翼蟲也。音靈。江東名爲狐黎，淮南人呼䗇蛜。䗇，音康。蛜，音伊。

案：爾雅：「虰蛵，負勞。」郭璞注云：「或曰即蜻蛉也。江東呼狐梨，所未聞。」「梨、黎」同。疏引方言此條，文竝同。廣雅：「蜻蛉、蝍蛉，倉螘也。」

一一　**春黍謂之𧒂蝑。**𧒂〔一〕，音聚。蝑，音牆沮反。又名蚣𧒂，江東呼蚱蜢。

案：詩周南：「螽斯羽。」毛傳：「螽斯〔二〕，蚣蝑也。」釋文云：「蚣〔三〕，字林作蜙，郭璞『先工反』。蝑，粟居反，郭璞『才與反』。揚雄、許慎皆云『春黍』，郭璞注方言云『江東呼爲蚱蜢』。蚱，竹白反〔四〕。蜢，音猛。」豳風：「五月斯螽動股。」毛傳：「斯螽，蚣蝑也。」考工記：「以股鳴者。」鄭注云：「股鳴，蚣蝑動股屬。」爾雅：「蜤螽，蚣蝑。」郭璞注云：「蚣，蜙也。俗呼春黍。」釋文云：「蜤，本又作蟴，詩作斯。」注內「蝑」，各本訛

〔一〕𧒂：遺書系各本作「從」，誤。
〔二〕此下，文津閣本誤衍「者」字。
〔三〕文津閣本誤脱「蚣」字。
〔四〕白：十三經注疏本作「帛」。

作「壞」，「蜢」訛作「蛨」，今據詩釋文訂正。

一二　**蠀蚸謂之蚇蠖。**即、踧二音。蠖，烏郭反。又呼步屈。

案：「蚇」，古通用「尺」。易繫辭：「尺蠖之屈，以求信也。」爾雅：「蠖，尺蠖。」〔一〕郭璞注云：「今蝍蝛。」疏引方言此條，文竝同。潘尼贈侍御史王元貺詩：「蠖屈固小往。」李善注云：「郭璞方言注曰：『尺蠖又呼爲步屈也。』」廣雅：「尺蠖，蠀蚸也。」本此。說文云：「尺蠖，屈申蟲也。」考工記：「麋筋庌蠖灂。」鄭注云：「庌蠖，屈蟲也。」「庌蠖」即「尺蠖」。太平御覽引郭注云：「尺蠖，有呼步屈。其色青而細小，或在草木葉上，今蜾蠃所負爲子者。」「有」即「又」之訛。今方言各本無「其色」以下二十字，或屬脱文。

一三　**蠭，燕趙之閒謂之蠓螉。**蒙、翁二音。**其小者謂之蠮螉**〔二〕，小細腰蠭也。音鰋噎。**或**

〔一〕尺：十三經注疏本作「蚇」。

〔二〕蠮：遺書系各本及文淵閣本作「⿰虫醫」，與方言宋本明本同，誤。

謂之蚴蛻；幽、悦二音。**其大而蜜謂之壺蠭。**今黑蠭，穿竹木作孔亦有蜜者。或呼笛師。

案：詩小雅：「螟蛉有子，蜾蠃負之。」毛傳：「螟蛉，桑蟲也。蜾蠃，蒲盧也。」鄭箋云：「蒲盧取桑蟲之子，去〔一〕，煦嫗養之以成其子。」中庸：「夫政也者，蒲盧也。」鄭注云：「蒲盧，蜾蠃，謂土蜂也。」「蜂、蠭」，同。爾雅：「果蠃，蒲盧。」郭璞注云：「即細腰蠭也。俗呼爲蠮螉。」〔二〕「果、蜾」，同。疏引方言此條，文竝同。廣雅：「蚴蛻、土蜂，蠮螉也。」〔三〕本此。

一四　**蠅，東齊謂之羊，**此亦語轉耳，今江東人呼羊聲如蠅。凡此之類，皆不宜别立名也。**陳楚之閒謂之蠅，自關而西秦晉之閒謂之羊。**

案：「蠅、羊」，一聲之轉。「羊」可呼「蠅」，「蠅」亦可呼爲「羊」，方音既異，遂成兩名。書中皆此類，注以爲不宜别立名，非也。

〔一〕「去」字上脱「負持而」三字，致「去」義無所承。
〔二〕蠮：十三經注疏本作「蠮」，當據改。
〔三〕蠮：廣雅原文作「蠮」，當據改。

一五　**蚍蜉**，蚍、浮二音。亦呼蟞蜉。**齊魯之閒謂之蚼蟓**，駒、養二音。**西南梁益之閒謂之玄蚼**，法言云「玄駒之步」是。**燕謂之蛾蛘**。蟻、養二音。建平人呼蚳，音侈。**其場謂之坻**，直尸反。**或謂之垤**。亦言冢也。

案：夏小正：「十有二月〔一〕，玄駒賁。玄駒也者，螘也。賁者何也，走于地中也。」禮記檀弓篇：「蟻結于四隅。」鄭注云：「蟻，蚍蜉也。殷之蟻結，似今蛇文畫。」學記：「蛾子時術之。」注云：「蛾，蚍蜉也。蚍蜉之子，微蟲耳。時術，蚍蜉之所爲其功，乃復成大垤。」釋文云：「蛾，魚起反。本或作蟻。」爾雅：「蚍蜉，大螘；小者螘。其子蚳。」郭璞注云：「齊人呼螘爲蛘。」「蚳，螘卵也。」釋文云：「螘，魚綺反。本亦作蛾，俗作蟻，字音同。」又引字林云：「北燕人謂蚍蜉曰蟻蛘。」疏全引方言此條，「蟓」訛作「蠓」，餘竝同。廣雅：「蛾蛘、玄蚼、蚼蟓、蟞蜉，螘也。」曹憲音釋：「蟞，匹結反。」夏小正：「二月，抵蚳。抵，猶推也。蚳，螘卵也。爲祭醢也。」魯語：「蟲舍蚳蟓。」韋昭注云：「蚳，螘子〔二〕。可以爲醢。」「坻」已見前卷六内。「垤」已見前卷十内。

〔一〕大戴禮記原文無「有」字。

〔二〕此下，遺書系各本重出一「子」字，誤。今本國語韋昭注作「也」。

一六　蠀螬謂之蟦。翡翠。自關而東謂之蝤蠀，酋、餈兩音。或謂之卷蠾，書卷。或謂之蝖螜；亦呼當齊，或呼地蠶，或呼蟦蝖。喧、斛兩音。梁益之閒謂之蛒，音格。或謂之蝎，或謂之蛭蛒；蛭，音質。秦晉之閒謂之蠹，或謂之天螻。按爾雅云：「螜，天螻。」謂螻蛄耳。而方言以爲蝎，未詳其義也。四方異語而通者也。

案：「蠀」又作「蠐」。詩衛風：「領如蝤蠐。」毛傳：「蝤蠐，蝎也。」爾雅：「蟦，蠐螬。」郭璞注云：「在糞土中。」又：「蝤蠐，蝎。」注云：「在木中。今雖通名爲蝎，所在異。」又：「蝎，蛣𧊵。」注云：「木中蠹蟲。」又：「蝎，桑蠹。」注云：「即蛣𧊵。」孫炎注云：「蠐螬謂之蟦，關東謂之蝤蠐，梁益之閒謂之蝎。」廣雅：「蛭蛒、蛬蠾、地蠶〔一〕、蠹、蟦，蠀螬也。」注內「翡翠、書卷」，當作「音翡翠之翡、音書卷之卷」。各本訛作「翡翠反」，今訂正。「地蠶」，永樂大典本訛作「肥蚕」，今據廣雅證之，從諸刻爲正。

一七　蚰蜒，由、延二音。自關而東謂之螾蜇，螾，音引。或謂之入耳，或謂之蜧蠼；音麗。

〔一〕地：文津閣本作「也」，誤。

趙魏之閒或謂蚨虷；扶、于二音。北燕謂之蛆蚭。蛆，奴六反。蚭，音尼。江東又呼蛩，音鞏。

案：爾雅：「螾衘，入耳。」郭璞注云：「蚰蜒。」釋文云：「衘，本又作蚟。方言：『宋魏之閒蚰蜒謂之入耳。』」所引有脱誤[一]。又引字林云：「北燕人謂蚰蜒爲蛆蚭。」疏全引方言此條，文竝同。廣雅：「蚿蠼、蛆蚭、蚨虷，蚰蜒也。」本此。

一八　鼅鼄，知、株二音。鼄蝥也。音無。自關而西秦晉之閒謂之鼄蝥；今江東呼蝃蝥，音掇。自關而東趙魏之郊謂之鼅鼄，或謂之蠾蝓。燭、臾二音。蠾蝓者，侏儒語之轉也。北燕朝鮮洌水之閒謂之蝳蜍。齊人又呼社公，亦言罔工。音毒餘。

案：爾雅：「次蟗，鼅鼄。鼅鼄，鼄蝥。」郭注云：「今江東呼蝃蝥。」疏全引方言此條及注，「罔」作「網」，餘竝同。廣雅：「蛛蝥、罔工、蠾蝡，蝳蜍也。」「蝡、蝓」，同。「次蟗」，説文作「䵶蟊」，云：「作罔蛛蟊也。」注内「罔工」，各本訛作「周公」，今據廣雅及爾雅疏所引訂正。廣韻引方言：「䵹鼄，自關而東趙魏之郊或謂之蠾蝓。」「䵹」即「鼅」之省。

[一] 有：文津閣本作「又」，誤。

一九　**蜉蛶，**浮、由二音。**秦晉之閒謂之蟝𧍸。**似天牛而小，有甲、角，出糞土中，朝生夕死。

案：「蜉蛶」，亦作「浮游」，「蛶」又作「蝣」。「蟝𧍸」，亦作「渠略」。夏小正：「五月，浮游有殷。殷，衆也。浮游殷之時也。浮游者，渠略也。朝生而莫死。」詩曹風：「蜉蝣之羽。」毛傳：「蜉蝣，渠略也。朝生夕死。」荀子太略篇：「不飲不食者，蜉蝣也。」爾雅：「蜉蝣，渠略。」舍人注云：「南陽以東曰蜉蝣，梁宋之閒曰渠略。」郭璞注云：「似蛣蜣，身狹而長，有角，黃黑色。叢生糞土中，朝生莫死。豬好啖之。」

二〇　**馬蚿，**音弦。**北燕謂之蛆蟝。**蝍蛆。**其大者謂之馬蚰。**音逐。今關西云。

案：廣雅：「蛆蟝、馬𧒂，馬蚿也。」莊子秋水篇：「夔憐蚿。」釋文：「司馬云：馬蚿，蟲也。」「夔一足，蚿多足。」廣韻：「馬蚿蟲，一名百足。」注內「蝍蛆」，當作「音蝍蛆之蛆」[一]。

[一] 自「注內」至此十一字，遺書系各本無。

輶軒使者絶代語釋别國方言十二

漢　揚雄　撰
晉　郭璞　注

一　**爰、喛，哀也。**喛，哀而恚也。音段。

案：前卷六内：「爰、喛，恚也。楚曰爰，秦晉曰喛。」注云：「謂悲恚。」此注云：「哀而恚。」蓋義可互見。廣雅：「爰、喛，愁也。」曹憲音釋云：「方言音叚。」「叚」即「段」之訛。

二　**儒輸，愚也。**儒輸，猶懦撰也。

案：荀子修身篇：「勞苦之事，則偷儒轉脱。」楊倞注云：「或曰『偷』當爲『輸』。揚子方言云：『懦輸，愚。』郭注：『謂懦撰也。』」此所引并方言正文亦作「懦」，非也。

陸德明經典釋文于春秋僖公二年左傳「懦而不能强諫」列乃亂、乃貨二反，又引字林「愞，音乃亂反。偄，音讓犬反」，是合「懦」與「愞、偄」爲一。廣雅：「儒輸，愚也。」「儒」即「儒」之訛。釋文于易需卦云：「從雨，重『而』者非。」可證「需」轉寫訛作「需」。以雙聲叠韻攷之，「儒輸」叠韻也，不當作「懦」。注内「懦撰」亦叠韻也。「懦」，讓犬反。「撰」，士免反。各本「懦」訛作「儒」，今據荀子注訂正。

三 **㥂、諒，知也。**

案：「知」讀爲「智」。廣雅：「㥂、諒，𥏼也。」義本此。𥏼，古智字。曹憲音釋：「㥂，音爱。」

四 **拊、撫，**音府[一]。**疾也。**謂急疾也。

案：「撫」亦作「舞」。廣雅：「拊、舞，疾也。」義本此。曹憲音釋：「拊，方于

[一] 遺書系各本「音府」置於注文「謂急疾也」下。

反。」[二]據廣雅，「拊、撫」應讀「夫、舞」兩音。

五　菲、音翡。惄，悵也。謂惋惆也。

案：「菲」，亦作「蕜」。廣雅：「蕜、惄，悵也。」義本此。曹憲音釋：「菲，音翡，又芳尾反。」應即「不悱不發」之「悱」。

六　鬱巸，音怡。長也。謂壯大也。

案：「巸」，各本訛作「熙」，今訂正。廣雅：「鬱巸，長也。」義本此。司馬相如長門賦：「鬱並起而穹崇。」李善注云：「郭璞方言注曰：『鬱，壯大也。』」

七　娋、孟，姊也。外傳曰：「孟啖我。」是也。今江東山越閒呼姊聲如市，此因字誤遂俗也。娋，音義未詳。

案：廣雅：「娋、孟，姊也。」本此。曹憲音釋：「娋，所交反。」玉篇別作「⿱稍女」，云：「姊也。所交切。」廣韻「⿱稍女」字注云：「齊人呼姊。」可取以補方言之略及郭注所闕。

[二] 于：曹憲音釋原文作「宇」。

八　**築**度六反。廣雅作「妯」。**娌，匹也。**今關西兄弟婦相呼爲築娌。

案：廣雅：「妯娌、娣姒，先後也。」爾雅：「長婦謂稚婦爲娣婦，娣婦謂長婦爲姒婦。」郭璞注云：「今相呼先後，或曰妯娌。」釋文引郭注方言云：「今關西兄弟婦相呼爲妯娌。」漢書郊祀志：「見神于先後宛若。」顏師古注云：「古謂之娣姒，今關中俗呼爲先後，吴楚俗呼之爲妯娌。」劉熙釋名云：「少婦謂長婦曰姒，言其先來，己所當法似也。長婦謂少婦曰娣；娣，弟也，己後來也。或曰先後，以來先後言之也。」〔一〕廣韻引方言云：「先後猶娣姒。」此非方言之文。注内「度六反」乃類隔，改音和則「直六反」。

九　**娌，耦也。**

案：廣雅：「耦、娌，二也。」

一〇　**𥗼**、音盈。**奝，習也。**謂玩習也。

〔一〕言：釋名一本作「弟」。

案：廣雅：「礦、裔，習也。」義本此。「裔」，説文作「怈」[一]，云：「習也。」

一一　**躔**、度展反。**逡**，逡巡。**循也。**

案：爾雅釋獸：「其跡躔。」釋文引方言：「躔，循也。」廣雅：「躔、逡，循也。」義本此。注內「逡巡」，當作「音逡巡之逡」。

一二　**躔、歷，行也。**躔猶踐也。**日運爲躔，月運爲逡。**運猶行也。

案：張衡思玄賦：「躔建木于廣都兮。」李善注引方言：「日運爲躔。躔，行也。」左思吳都賦：「未知英雄之所躔也。」注引方言：「躔、歷，行也。」謝莊月賦：「北陸南躔。」注引方言：「日運爲躔。躔、歷，行也。」爾雅釋文引方言：「躔，歷也，行也。」衍上「也」字。廣雅：「躔、歷，行也。」義本此。

一三　**逭**、音換，亦管。**逭**，陽六反。**轉也。逭、逭，步也。**轉相訓耳。

[一] 怈：文津閣本作「洩」，誤。

案：廣雅：「步、轉、逭、遁，行也。」「逭、遁，轉也。」皆本此。禮記緇衣篇：「不可以逭。」鄭注云：「逭，逃也。」

一四　**燧、虞，望也。**今云烽火是也。

案：「燧、烽」，同。班固西都賦：「舉烽命釂。」李善注云：「方言曰：『燧、虞，望也。』郭璞曰：『今烽火是也。』」廣雅：「燧、虞、候，望也。」說文云：「燧燧，候表也。邊有警，則舉火。」

一五　**揄、墒，脱也。**

案：「揄」，各本訛作「楡」；「墒」訛作「楕」。今訂正。枚乘七發：「揄弃恬怠。」李善注引方言：「揄〔一〕，脱也。」廣雅：「揄、墒，脱也。」義本此。曹憲音釋：「揄，以珠反。」

〔一〕揄：文選注引原作「輸」。

一六　**解、輸，捝也。**捝猶脱耳。

案：「捝」，各本訛作「梲」，注内同。「梲」乃侏儒柱，不與「脱」通。説文云：「捝，解捝也。」廣韻「捝」字注云：「或作脱。」今據以訂正。

一七　**賦、與，操也。**謂操持也。

案：「操」，如曲禮：「獻民虜者操右袂，獻米者操量鼓，獻孰食者操醬齊，獻田宅者操書致。」「凡以弓劍苞苴簞笥問人者〔一〕，操以受命，如使之容。」皆操之而與，故因以爲義。

一八　**漉、**音鹿。**歇，**泄气。**涸也。**謂渴也。音鶴。

案：考工記：「清其灰而盝之，而揮之。」「盝」同「漉」。爾雅釋詁：「揮、盝、歇、涸，竭也。」説文：「涸，渴也。讀若狐貈之貈。」「渴，盡也。」廣雅：「渴、漉、涸，盡也。」

〔一〕簞：十三經注疏本作「簞」。

注内「泄气」二字與説文「歇」字注「一曰气越泄」合[一]。「气」，古「氣」字。

一九 **潎**、妨計反。**澂**，音澄。**清也。**

案：廣雅：「澂、潎，清也。」義本此。「澂」亦作「澄」。左思詠史詩：「左眄澄江湘。」李善注引方言：「澄，清也。」考工記：「清其灰。」鄭注云：「清，澄也。」

二〇 **逯**、音鹿，亦録。**遡**，音素。**行也。**

案：廣雅：「逯、遡，行也。」義本此。説文云：「逯，行謹逯逯也。」

二一 **墾**、**牧**，**司也。** **墾**，**力也。** 耕墾用力。**牧**，**飤也。** 謂放飤牛馬也。**監**、**牧**，**察也。**

案：此皆展轉引伸之義。廣雅：「墾，力也。」本此。周語：「使監謗者。」韋昭注云：「監，察也。」

[一] 歇：遺書系各本作「渴」，誤。

二二　**雚，**音歡。**始也。雚，化也。**別異訓也。

案：廣雅：「雚，匕也。」義本此。「匕」，古「化」字。廣韻「雚」字注云：「化也，始也。出方言。」

二三　**鋪、脾，止也。**義有不同，故異訓之。鋪，妨孤反。

案：此蓋釋詩「匪安匪舒，淮夷來鋪」之義，言爲淮夷之故來止，方與上「匪安匪遊，淮夷來求」文義適合。舊說讀「鋪」爲「痡」，謂爲淮夷而來，當討而病之。失于迂曲。廣雅：「鋪、脾，止也。」義本此。「脾」之爲「止」，不見于書傳，與「鋪」一聲之轉，方俗或云「鋪」，或云「脾」也。

二四　**攘、掩，止也。**

案：潘岳西征賦：「揜細柳而撫劍[一]，快孝文之命帥。」李善注云：「方言：『掩，止也。』『掩』與『揜』同。」廣韻：「攘，止也。」本此。

[一] 揜：文選原文作「掩」。

二五　幕，覆也。

案：廣雅：「幕，覆也。」義本此。説文云：「帳在上曰幕〔一〕，覆食案亦曰幕。」

二六　侗他動反。**胴，**挺挏。**狀也。**謂形狀也。

案：注内「挺挏」，當作「音挺挏之挏」。漢書百官公卿表：「更名家馬爲挏馬。」注：「晉灼曰：『挏，音挺挏之挏。』師古曰：『晉音是也。挏，音徒孔反。』」前卷六内有「侹侗」，卷十内又有「恫娗」，三處音同而字異，且有先後之別。凡雙聲多取音，不取字，姑仍其傳本之舊。

二七　尐、杪，小也。樹細枝爲杪也。

案：「尐」，各本訛作「疋」。説文：「尐，從小，乀聲。」廣雅：「杪、尐，小也。」其義本之此條。曹憲音釋：「尐，子列反。」今據以訂正。

〔一〕帳：説文大、小徐本皆作「帷」。

二八　**屑、往，勞也。**屑屑、往來，皆劬勞也。**屑、恎，**王相。**獪也。**市獪。

案：廣雅：「屑、往，勞也。」義本此。「恎」，廣韻作「⿱狂心」，云：「誤人。」與「旺」同音。注內「王相」，當作「音王相之王」。

二九　**效、**音皎。**烓，**口類反。**明也。**

案：「效」，廣雅作「皎」，云：「皎、烓，明也。」義本此。

三〇　**潒、將，威也。**

案：「潒」，今通作「湊」。

三一　**嫣、**居僞反。**娗，**音挺。**傍也。**爛傍，健狡也。博丹反。

案：「傍」，各本訛作「傷」，今訂正。注內「爛傍」即「孄媥」。「爛」讀如「蘭」，乃與「傍」爲疊韻。或「孄」訛爲「爛」耳。

三二　**儇、虔，謾也。**謂慧黠也。莫錢反。

案：「虔、儇，慧也。秦謂之謾。」已見前卷一內，此申重言之也。

三三　**佻，疾也。**謂輕疾也。音糶。

案：詩小雅：「佻佻公子，行彼周行。」毛傳：「佻佻，獨行貌。」爾雅釋訓：「佻佻、契契，愈遐急也。」與此訓「疾」意合。左思吴都賦：「儇佻坌竝。」劉逵注引方言：「儇、佻，疾也。」廣雅：「挑，疾也。」義本此。「挑」，當作「佻」。

三四　**鞅、侼，**音勃。**强也。**謂强戾也。**鞅、侼，懟也。**亦爲怨懟。鞅猶怏也。

案：史記伍子胥列傳：「常鞅鞅怨望。」淮陰侯列傳：「由此日怨望，居常鞅鞅，羞與絳、灌等列。」又高祖本紀：「此常怏怏，今乃事少主。」絳侯世家：「此怏怏者，非少主臣也。」漢書皆作「鞅鞅」。顔師古注云：「鞅鞅，不滿足也。」廣雅：「侼、怏，强也。」「勃、怏，懟也。」義皆本此。「鞅、怏」「侼、勃」，古通用。

三五　**追、末，隨也。**

案：「末」，各本訛作「未」。廣雅：「追、末、隨，逐也。」義本此。今據以訂正。

三六　**僉、怚，劇也。**謂勤劇。音驕怚也。**僉，夥也。**僉者同，故爲夥。音禍。

案：注内「驕怚」，昔人有是語。説文云：「怚，驕也。」「故爲夥」之「夥」，各本訛作「多」，今改正。

三七　**夸、烝，婬也。**上婬爲烝。

案：「婬」，各本訛作「媱」，注内同，今改正。廣雅：「夸、烝〔一〕，婬也。」本此。春秋桓公十六年左傳：「初，衛宣公烝于夷姜。」杜預注云：「上淫曰烝。」「淫、婬」，古通用。

三八　**䚡、顮，**音頻。**懣也。**謂憤懣也。

案：廣雅：「䚡、顮，懣也。」義本此。「顮」，説文作「𩔖」，云：「涉水𩔖蹙。」

〔一〕烝：廣雅原文作「蒸」。

三九　**𤃫、激，清也。**

案：説文：「𤃫，回疾也。」「激，水礙衺疾波也。」故皆爲清急之義。

四〇　**紓、**音舒。**逞，緩也。**謂寬緩也。

案：詩小雅：「匪交匪紓。」〔一〕毛傳：「紓，緩也。」春秋莊公三十年左傳：「以紓楚國之難。」杜預注云：「紓，緩也。」禮記檀弓篇：「文子其中退然如不勝衣。」鄭注云：「退，柔和貌。」廣雅：「逞，緩也。」「逞」，古「退」字。

四一　**清、躡，急也。**

案：廣雅：「清、躡，急也。」義本此。

四二　**抒、**抒井。**瘛，**胡計反。**解也。蒧、**音展。**逞，解也。**蒧訓勅，復言解，錯用其義。

案：「抒」，各本譌作「杼」，今訂正。春秋文公六年左傳：「難必抒矣。」杜預注云：

〔一〕匪：十三經注疏本作「彼」。又此處「紓」及疏證下文所引二「紓」字，顯是版刻譌誤，皆當作「紓」。

「抒，除也。」隱公九年、成公元年兩言「乃可以逞」，杜注竝云：「逞，解也。」廣雅：「紓、葴、呈，解也。」「紓」當作「抒」，「呈」即「逞」之訛。注内「抒井」，當作「音抒井之抒」。廣韻「抒」字注云：「渫水，俗作汿。」

四三　**抵**、音觸牴。**㧙，刺也。**皆矛戟之槿，所以刺物者也。

案：「抵」，各本訛作「柢」，今訂正。「柲」亦作「㧙」。廣雅：「抵、㧙，刺也。」義本此。「抵」即「抵」之訛。廣韻「撁」字注云：「方言：『刺也。』亦作㧙。」〔一〕所引即此條，字異音義同。

四四　**倩、荼，借也。**荼猶徒也。

案：前卷三「壻謂之倩」注云：「言可借倩也。」廣雅：「賃、荼、差、且、假、貸、僭也。」「僭」即「借」之訛。

〔一〕㧙：文津閣本作「案」，誤。

四五　懸朴，劈歷、打撲二音。**猝也。**謂急速也。

案：「懸、朴」雙聲，形容急速之意。廣雅：「懸朴，猝也。」義本此。

四六　麋、黎，老也。麋猶眉也。

案：前卷一内作「眉、棃」，古字「眉」通用「麋」。廣雅：「眉、黎〔一〕，老也。」

四七　萃、離，待也。

案：「萃」，亦作「崪」。「待」，各本訛作「時」。廣雅：「崪、離，待也。」義本此，今據以訂正。

四八　漢、赫，怒也。赫，發也。

案：「赫」，各本訛作「荞」，今訂正。大雅：「王赫斯怒。」鄭箋云：「赫，怒意也。」廣雅：「漢、赫，怒也。」「赫，發也。」義皆本此。

〔一〕黎：廣雅原文作「梨」。

四九　譁、呼瓜反。**吁**，音于。**然也。**皆應聲也。

案：廣雅：「譁、吁、然，譍也。」曹憲音釋：「吁，虚于反，又音于。」

五〇　猜、忦，恨也。

案：潘岳馬汧督誄：「忘爾大勞，猜爾小利。」李善注引方言：「猜，恨也。」廣雅：「忦，恨也。」義本此。

五一　㫐、磑，五碓反。**堅也。**㫐、磑，皆名石物也。

案：宋玉高唐賦：「振陳磑磑。」〔一〕張衡思玄賦：「行積冰之磑磑兮。」李善注皆引方言：「磑，堅也。」易説卦：「㫐爲小石。」説文：「磑，䃺也。」故注云「㫐、磑皆名石物也」。「石」字，各本訛在「名」上，今訂正。

〔一〕振：文選原文作「裖」。

五二　䀹、音淫。**眼**〔一〕**，明也。**䀹，光也。

案：「䀹」，各本訛作「䀣」。廣雅：「䀹，明也。」曹憲「音淫」，今據以訂正。「眼」音亮，諸刻訛作「眼」，今從永樂大典本。

五三　敓愉，悅也。敓愉，猶㖃愉也。音敷。

案：「敓」，亦作「敷」。漢瑟調曲隴西行：「好婦出迎客，顏色正敷愉。」「敷愉」，雙聲形容之辭。廣雅：「敓愉，説也。」「説」即「悅」。又：「敓愉，喜也。」

五四　即、圍，就也。即，半也。即一作助。

案：各本「就」下脱「也」字，今補。廣雅：「即，就也。」玉篇云：「圍，就也。」廣韻：「即，就也，半也。」義皆本此。

五五　惙、怞，中也。「中」宜爲「忡」。忡，惱怖意也。

〔一〕據疏證文意，此「眼」當作「䀹」，版刻訛誤也。

案：詩周南〔一〕：「憂心忡忡。」「憂心惙惙。」毛傳：「忡忡，猶衝衝也。」「惙惙，憂也。」爾雅釋訓：「忡忡、惙惙，憂也。」玉篇云：「怞，憂心也。」

五六　薵、蒙，覆也。薵，戴也。此義之反覆兩通者。字或作「燾」，音俱波濤也。

案：「薵」，亦作「幆」；「蒙」，亦作「幏」。廣雅：「幆、幏，覆也。」義本此。「幆」今作「幬」。中庸：「無不覆幬。」注云：「幬，亦覆也。或作燾。」春秋襄公十年左傳：「建大車之輪，而蒙之以甲，以爲櫓。」杜預注云：「蒙，覆也。」說文本作「冡」，云：「覆也。」

五七　堪、輂，音釘鍋。**載也。**輂輿，亦載物者也。

案：廣雅：「堪、輂，載也。」義本此。曹憲音釋：「輂，恭録反。」注内「音釘鍋」，玉篇「鍋」字注云：「以鐵縛物。」故有「釘鍋」之語。

五八　摇、祖，上也。祖，摇也。祖，轉也。互相釋也。動摇則轉矣。

〔一〕周：當作「召」。

案：廣雅：「搖、祖，上也。」義本此。

五九　括、音适。**關，閉也。**易曰：「括囊，無咎。」

案：易坤六四：「括囊，无咎无譽。」釋文引方言云：「括，閉也。」廣雅：「關、括、閉，塞也。」

六〇　衝、俶，動也。

案：廣雅：「衝、俶，動也。」義本此。「衝、俶」即「衝、俶」。

六一　羞、厲，熟也。熟食爲羞。**厲，今也。**

案：張衡南都賦：「珍羞琅玕。」李善注引方言：「羞，熟也。」「厲」，亦作「礪」。廣雅：「羞、礪，飄也。」〔一〕義本此。「今」，當爲「矜」。月令：「天子乃厲飾。」鄭注云：「厲飾謂戎服，尚威武也。」春秋僖公九年公羊傳：「葵丘之會，桓公震而矜之。」「矜之者

〔一〕飄：廣雅原文作「熟」。

何？猶曰莫我若也。」何休注云：「色自美大之貌。」「厲」與「矜」又皆爲「危」。春秋定公元年穀梁傳：「踰年即位，厲也。」范甯注云：「厲，危也。」詩小雅：「居以凶矜。」毛傳：「矜，危也。」鄭箋云：「居我以凶危之地。」廣雅：「矜、厲，危也。」

六二　備、該，咸也。 咸猶皆也。

案：「該」，亦作「賅」。廣雅：「備、賅，咸也。」義本此。

六三　嗌，食也。嗌，憂也。

案：左思蜀都賦：「射嗌毒之鹿。」李善注引方言：「嗌，食也。」廣雅：「嗌，食也。」「嗌，憂也。」義皆本此。

六四　惵，悸也。 謂悚悸也。

案：說文云：「悸，心動也。」玉篇云：「惵，悸也，悚也。祇隹、祇癸二切。」

六五　虜、鈔，强也。 皆强取物也。 **鹵，奪也。**

案：「虜、鹵」，古通用，亦作「擄」。廣雅：「擄、鈔，强也。」義本此。

六六　**鑈**，奴俠反。**正也。**謂堅正也。

案：廣雅：「鑈，正也。」義本此。

六七　**蒔、植，立也。蒔，更也。**謂更種也。音侍。

案：「植」，各本多訛作「殖」，曹毅之本不誤。又作「⿱艹殖」。廣雅：「⿱艹殖〔一〕、蒔，立也。」「蒔，種也。」「種」即「穜」。注内「謂」字，各本訛作「爲」〔二〕。左思魏都賦：「陸蒔稷黍。」李善注云：「方言曰：『蒔，更也。』郭璞曰：『謂更種也。』」今據以訂正〔三〕。

六八　**鬌、尾、梢，盡也。**鬌，毛物漸落去之名。除爲反。**尾，梢也。**

案：「鬌」，各本訛作「鬐」，今訂正。説文云：「鬌，髮隋也。」廣韻「鬌」字注云：

〔一〕⿱艹殖：廣雅原文作「殖」。

〔二〕自「注内」至此九字，遺書系各本作「今注内『謂』訛作『爲』」七字，置於李善引文之下。

〔三〕今據以訂正：遺書系各本作「據此所引改正」。

「髮落。直垂切。」亦作「⿰镸青」。廣雅：「⿰镸青、梢[一]，盡也。」義本此。

六九　⿰女彖、⿰亻谻，僗也。今江東呼極爲⿰女彖，音喙。外傳曰：「余病⿰女彖矣。」

案：「⿰亻谻」，各本訛作「⿰亻⿰谷丸」，今訂正[二]。注内「音喙」，各本多作「音劇」[三]，從曹毅之本。史記司馬相如例傳[四]：「徼谻受屈。」[五]裴駰集解云：「谻，音劇。駰案：郭璞曰：『谻，疲極也。』言獸有倦游者，則徼而取之。」索隱：「司馬彪云：『谻，倦也。』謂遮其倦者。説文云：『谻，勞也。』燕人謂勞爲谻。」漢書注：「蘇林曰：『谻，音倦谻之谻。』」又「與其窮極倦谻」，漢書注引郭璞云：「窮極倦谻，疲憊也。」説文丮部：「谻，相踦谻也。」[六]徐鍇繫傳云：「上林賦：『徼谻受屈。』謂以力相踦角，徼要極而受屈也。」人部：「㑰，徼㑰受屈也。」繫傳云：「㑰，困劇也。言見徼遮困劇則受屈也。」心部：

〔一〕梢：廣雅原文作「稍」。
〔二〕以上九字，遺書系各本在「從曹毅之本」下。
〔三〕「多」字下，遺書系各本有「訛」字。
〔四〕例：當作「列」。
〔五〕屈：史記原文作「詘」。
〔六〕相踦谻：大徐本原文作「相踦之」。

「㑳，㑳也。」即索隱所引。此三字應以「𠎝」爲本字，「㑳、㑳」皆其別體。方言因「𠎝」加人旁作「㑳」，猶「券」加人旁作「倦」耳。「㑳」之于「㑳、㑳」，亦猶「倦」之于「倦」。廣雅：「𢴘、券、㑳，極也。」

七〇　鼁、音蛙。**律，始也。**

案：「律」，亦作「葎」。廣雅：「鼁、葎，始也。」義本此。曹憲音釋：「葎，音律。」

七一　蓐、臧，厚也。

案：廣雅：「蓐、臧，厚也。」義本此。

七二　遵、遳，行也。遳遳，行貌也。魚晚反。

案：廣雅：「遵、遳，行也。」義本此。

七三　鑴、音攜。**鏺**，祭醊。**餽也。**音愧。

案：「鑴、鏺」，諸刻訛作「鑴、錣」。注内「祭醊」，當云「音祭醊之醊」。諸刻「醊」訛作「餟」。今竝從永樂大典本。

七四　餼、香既反。**餵**，音映。**飽也。**

案：「餵」，諸刻訛作「餵」，今從永樂大典本。廣雅：「餵，飽也。」〔一〕義本此。

七五　惵、度協反。**耇**，音垢。**羸也。**音盈。

案：「羸」與「盈」通。玉篇云：「惵，盈也。」義本此。

七六　趙、肖，小也。

案：廣雅：「肖，小也。」義本此。

七七　蚩、慅，音遥。**悖也。**謂悖惑也。

案：後漢書袁紹列傳：「揚雄有言，『六國蚩蚩』。」注引方言：「蚩，悖也。」廣雅：

〔一〕飽：廣雅原文作「滿」。

「蚩、愮，亂也。」

七八　吹、扇，助也。吹噓、扇拂，相佐助也。

案：廣雅：「吹、扇，助也。」義本此。

七九　焜、曅，晠也〔一〕**。**韡曅、焜燿，晠貌也。

案：「焜」，亦作「昆」。「曅、暭」同，亦作「爗」〔二〕。「晠」，亦作「盛」。廣雅：「爗〔三〕、昆，盛也。」張協七命：「觀聽之所煒曅也。」李善注引方言曰：「煒，盛也。」郭璞曰：「煒曅，盛貌也。」當即此條，而字有譌舛〔四〕。

八〇　苦、翕，熾也。

〔一〕晠：文津閣本作「城」，誤。

〔二〕「曅、暭」同，亦作「爗」：遺書系各本作「『曅』亦作『燁』」。文淵閣本「燁」作「煜」，誤。

〔三〕爗：文淵閣本作「煜」，誤。

〔四〕自「張協」至此三十八字，遺書系各本無。

案：廣雅：「苦、翕，熾也。」義本此。

八一　蘊，崇也。蘊、嗇，積也。 嗇者貪，故爲積。**嗇、𪑒，合也。**

案：任昉百辟勸進今上牋[一]：「近以朝命蘊策。」李善注云：「方言曰：『蘊，崇也。』謂尊崇而加策命也。」左思魏都賦：「雖踰千祀，而懷舊蘊于遐年。」江淹雜體詩：「悠悠蘊真趣。」李善注皆引方言：「蘊，積也。」「嗇」通作「嗇」，亦作「繬」。「𪑒」，各本訛作「殄」，今訂正。「𪑒」通作「彌」，省作「弥」，遂訛而爲「殄」耳。「蘊」亦作「薀」。廣雅：「薀[二]、崇、嗇，積也。」「繬、彌，合也。」義皆本此。

八二　翬、音揮。**翾，飛也。** 翬翬，飛貌也。

案：「翾、獝」，古通用。孫綽遊天台山賦：「整輕翾而思獝。」李善注引方言：「獝，飛也。」廣雅：「翬、獝，飛也。」義本此。

[一] 牋：文津閣本作「㦮」，誤。

[二] 薀：文津閣本作「蘊」，誤。

八三　憤、自，盈也。

案：樂記：「粗厲、猛起、奮末、廣賁之音作，而民剛毅。」鄭注云：「賁讀憤〔一〕。憤，怒氣充實也。」周語：「陽癉憤盈。」韋昭注云：「憤，積也。」廣雅：「憤，盈也。」

八四　譟、喚譟。**諻，**從横。**音也。**

案：左思吴都賦：「諠譁喤呷。」李善注引方言：「諻，音也。」〔二〕「喤、諻」通。玉篇云：「譟，羣呼煩擾也。」「諻，音也。」注内「喚譟、從横」，當作「音喚譟之喚、音從横之横」。

八五　攎、音盧。**遫，**音敕。**張也。**

案：廣雅：「遫，張也。」玉篇云：「攎，張也。」皆本此。

〔一〕讀：十三經注疏本作「讀爲」。

〔二〕諻，音也：文選李善注引原作「諻，吁横切。諻，通也」，今方言無此文。

八六　岑、夤，大也。岑，高也。岑崟，峻貌也。

案：廣雅：「岑、夤，大也。」「岑，高也。」皆本此。江淹雜體詩：「岑崟還相蔽。」李善注云：「郭璞注方言曰：『岑崟，峻貌。』」

八七　效、眅，音户。**文也。**眅眅，文采貌也。

案：廣雅：「眅，文也。」義本此。張衡西京賦：「赫眅眅以宏敞。」〔一〕李善注引埤蒼云：「眅，赤文也。」〔二〕

八八　鈵、音柄。**董，固也。**謂堅固也。

案：「固」，各本訛作「錮」。廣雅：「鈵、董，固也。」玉篇于「鈵」字、「董」字竝云：「固也。」〔三〕與此注合，今據以訂正。

〔一〕宏敞：文選原文作「弘敞」。
〔二〕自「張衡」至此二十二字，遺書系各本無。
〔三〕宋本玉篇「董」字訓「正也」，無「固」訓。

八九　抒、搷，音填。**揚也。**謂播揚也。

案：「抒」，各本訛作「扜」，今訂正。説文：「抒，指麾也。」廣韻：「抒，揚也。」玉篇：「搷，揚也。」廣雅作「扜、揁[一]，揚也」，二字竝訛。

九〇　水中可居爲洲，三輔謂之淤[二]，音血淤。上林賦曰「行乎洲淤之浦」也。**蜀漢謂之㯒。**手臂。

案：史記司馬相如列傳：「行乎洲淤之浦。」集解：「郭璞曰：『淤亦州名[三]，蜀人云，見方言。』」李善注上林賦云：「方言曰：『水中可居者曰洲，三輔謂之淤也。』」「㯒」，各本訛作「嬖」。玉篇云：「㯒，水洲也。」廣韻于「㯒」字云：「蜀漢人呼水洲曰㯒。」皆本此。今據以訂正。

[一] 揁：廣雅原文作「搷」。
[二] 淤：文津閣本作「游」，誤。
[三] 州：史記集解引原文作「洲」，當據改。

九一　殹，音醫。幕也。謂蒙幕也。

案：「殹」即「翳」，音輕重異耳。

九二　刳，音枯。狄也。宜音剔。

案：「狄、剔」，古亦通用。詩魯頌：「狄彼東南。」鄭箋云：「狄當作剔。剔，治也。」釋文引韓詩作「鬄」，云：「鬄，除也。」

九三　度高爲揣。常絹反。

案：孟子：「不揣其本而齊其末，方寸之木可使高于岑樓。」春秋昭公三十二年左傳：「揣高卑。」杜預注云：「度高曰揣。」「度深曰仞。」

九四　半步爲跬。羌箠反。

案：荀子勸學篇：「故不積蹞步，無以至千里。」楊倞注云：「半步曰蹞。蹞與跬同。」漢書息夫躬傳：「未有能窺左足。」注：「蘇林曰：『窺，音跬。』師古曰：跬，半步也。言一舉足也。」説文作「趌」，云：「半步也。」

九五　半盲爲睺。呼鉤反，一音猴。

案：玉篇云：「半盲爲睺。」本此。

九六　未陞天龍謂之蟠龍。

案：後漢書張衡傳：「龍德泥蟠。」注云：「揚雄方言曰：『未升天龍謂之蟠。』」脱一「龍」字。左思蜀都賦：「潛龍蟠于沮澤。」王延壽魯靈光殿賦：「蟠螭宛轉而承楣。」袁宏三國名臣序贊：「初九龍蟠。」〔一〕李善注竝引方言：「未升天龍謂之蟠龍。」「升、陞」通。

九七　裔，夷狄之總名。邊地爲裔，亦四夷通以爲號也。

案：春秋文公十八年左傳：「投諸四裔。」杜預注云：「裔，遠也。」

〔一〕蟠：文選原文作「盤」。

九八　考，引也。

案：玉篇云：「考，壽考延年也。」廣韻：「考，引也。」義本此。

九九　弜，高也。

案：廣雅：「弻，高也。」義本此。「弻」即「弜」〔一〕。

一〇〇　上，重也。

案：漢書匡衡傳：「治天下者，審所上而已。」顏師古注云：「上，謂崇尚也。」「尚、上」，義相通。春秋襄公二十七年左傳：「尚矣哉。」杜預注云：「尚，上也。」禮記緇衣篇：「不重辭。」鄭注云：「重猶尚也。」

一〇一　箇，古餓反。枚也。謂枚數也。

案：「箇」，古作「个」，亦作「個」。大射儀：「搢三挾一个。」鄭注云：「个猶枚

〔一〕即：文淵閣本作「音」，誤。

也。」〔一〕士虞禮：「俎釋三个。」注云：「个猶枚也。今俗或名枚曰個，音相近。」特牲饋食禮注云：「个猶枚也。今俗言物數有云若干个者，此讀然。」漢書刑法志：「負矢五十个。」顏師古注云：「个讀曰箇。箇，枚也。」說文云：「箇，竹枚也。」玉篇云：「箇，數之一枚也。」

一〇二　一，**蜀也。南楚謂之蜀。**蜀猶獨耳。

案：廣雅：「蜀，弌也。」說文云：「弌，古文一。」爾雅釋山：「獨者，蜀。」郭璞注云：「蜀亦孤獨。」

〔一〕此條鄭注文字，十三經注疏本未見。

輶軒使者絶代語釋别國方言十三

漢 揚雄 撰
晉 郭璞 注

一 裔、歷，相也。裔、旅，末也。

案：爾雅釋詁：「艾、歷、覛、胥，相也。」廣雅：「裔，末也。」晉語：「延及寡君之紹續昆裔。」韋昭注云：「裔，末也。」

二 緤、緣，廢也。

案：爾雅釋詁：「緤，暴樂也。」〔一〕郭璞注云：「謂樹木葉缺落蔭疏。」「緣、捐」同

〔一〕 緤，暴樂也：戴疏各本同，爾雅原文作「毗劉，暴樂也」。

音，捐，弃也。故皆有「廢」義。

三 **純、毣，**音沐。**好也。**毣毣，小好貌也。

案：「毣」，亦作「毦」。廣雅：「純、毦，好也。」義本此。

四 **藐、**音邈。**素，廣也。**藐藐，曠遠貌。**藐，漸也。**

案：楚辭九章：「藐曼曼之不可量兮。」〔一〕廣雅：「藐、素，廣也。」義本此。

五 **蹡、**踊躍。**抍，**拯拔。**拔也。出休爲抍，出火爲蹡也。**「抍」一作「極」。「蹡」一作「蹌」。

案：春秋宣公十二年左傳：「目于眢井而拯之。」杜預注云：「出溺爲拯。」疏云：「方言文。」列子黄帝篇〔二〕：「孔子觀于吕梁，懸水三十仞，流沫三十里，黿鼉魚鼈之所不能游也。見一丈夫游之，以爲有苦而欲死者也，使弟子竝流而承之。」張湛注云：

〔一〕 曼曼：楚辭原文作「蔓蔓」。
〔二〕 黄：遺書系各本作「皇」，誤。

「承，音拯。方言：『出溺爲承。』諸家直作拯，又作撜。」説文云：「㲻，没也。从人，从水。」「㲻、溺」，古通用。廣雅：「踚、抍，拔也。」義本此。注内「踊躍、拯拔」，當作「音踊躍之躍、音拯拔之拯」。

六　炖、託孫反。**焃**、音閴。**煓**，波湍。**赫也。**皆火盛熾之貌。

案：説文云：「赫，火赤貌。」玉篇云：「炖，風與火也。」「焃，光也。」「煓，火熾也。」各本「赫」訛作「⿱艹赤」，下衍「貌」字，今訂正。前卷十二内「赫，怒也」「赫，發也」，亦訛作「⿱艹赤」。注内「波湍」，當作「音波湍之湍」。

七　憒、**竅**，孔竅。**阨也。**謂迫阨，烏革反。

案：注内「孔竅」，當作「音孔竅之竅」。

八　杪、**眇**，**小也。**

案：漢書律歷志：「究其微眇。」顔師古注云：「眇，細也。」馬融長笛賦：「僬眇睢維。」李善注引方言：「眇，小也。」廣雅：「杪、⿰耳少，小也。」義本此。「⿰耳少」即「眇」之訛。

九　**讟、咎，謗也。**謗言，噂讟也。音沓。

案：後漢書王梁傳：「百姓怨讟。」注云：「讟，謗也。」廣雅：「謗、咎、讟，惡也。」曹憲音釋：「讟，音讀。」此注云：「謗言噂讟也。」「噂讟」即「噂沓」。詩小雅：「噂沓背憎。」春秋僖公十五年左傳引作「僔沓背憎」。「讟」字，郭璞直音沓，與曹憲異。

一〇　**葴、敕、戒，備也。**葴亦訓敕。

案：春秋文公十七年左傳：「以葴陳事。」賈、服注皆云：「葴，敕也。」張衡東京賦：「雖萬乘之無戒[一]，猶怵惕于一夫。」薛綜注引方言：「戒，備也。」廣雅：「葴、飭、戒，備也。」義本竝[二]。「飭、敕」通。

一一　**摵、**音縮。**擳，**音致。**到也。**

[一] 戒：文選原文作「懼」。

[二] 竝：當作「此」，其他各本均不誤。

案：廣雅：「檄、槭，至也。」「檄、槭」即「摎、摵」之訛。玉篇、廣韻竝云：「摵，到也。」說文云：「摎，刺之財至也。」

一二 黴、腆，忘也。

案：「黴」，各本訛作「聲」，今訂正。說文云：「黴者忘而息也。」廣雅：「黴、腆，忘也。」義本此。

一三 黮、度感反。䵝，莫江反。私也。皆冥闇，故爲陰私也。

案：廣雅：「黮、䵝，私也。」義本此。玉篇于「䵝」字云：「冥暗，故曰陰私也。」即此條注文。

一四 龕、音堪。喊、音減。喊、荒麥反，亦音郁。唏，虛几反。聲也。

案：玉篇於「龕、喊、啖」竝云：「聲也。」本此。注內「虛」，各本多訛作「靈」，今從曹毅之本。

一五　**筡**、音涂。**箄**，方婢反。**析也。析竹謂之筡。**今江東呼篾竹裏爲筡，亦名爲箄也。

案：説文云：「筡，折竹笢也。」「笢，竹膚也。」廣雅：「析、筡，分也。」注内「笢」字，各本訛作「筡之」二字，今訂正。

一六　**䫄**、音逵。**宵**，音蕭。**使也。**

案：玉篇云：「䫄，使也。」義本此。「宵、嗾」，一聲之轉。「嗾」音漱。説文云：「使犬聲。」

一七　**蠢，作也。**謂動作也。

案：詩小雅：「蠢爾蠻荆。」毛傳：「蠢，動也。」爾雅釋詁：「蠢，作也。」郭璞注云：「蠢，動作也。」考工記：「則春以功。」鄭注云：「春讀爲蠢。蠢，作也，出也。」春秋昭公二十四年左傳：「今王室實蠢蠢焉。」杜預注云：「蠢蠢，動擾貌。」

一八　**忽、達，芒也。**謂草杪芒躲出。**芒、濟，滅也。**外傳曰：「二帝用師以相濟也。」

案：詩周頌：「實函斯活，驛驛其達。」毛傳：「實，種子也。函，含也。活，生也。

達，射也。」鄭箋云：「達，出地也。」疏云：「苗生達也，則射而出。」春秋昭公二十九年左傳：「木正曰句芒。」杜預注云：「取木生句曲而有芒角也。」「芒」又同「亡」。廣韻：「亡，滅也。」晉語韋昭注云：「濟，字當爲擠〔一〕。擠，滅也。」莊子人閒世篇：「故其君因其脩以擠之。」釋文引方言：「擠，滅也。」

一九　劆、音廓。**劙**，音儷。**解也。**

案：廣雅：「劆、劙，解也。」玉篇于「劆、劙」二字竝云：「解也。」義本此。

二〇　魏，能也。

案：「魏」訓「能」，未詳。當亦是「嫢」之訛，見前卷二。郭注云：「嫢嫢，小成貌。」與「能」之義亦相因。

二一　⿰亻斨，刻也。

〔一〕遺書系各本無「字」字，與韋昭注原文同。

案：「㹀」，諸刻訛作「㹀」，今從永樂大典本。集韻于「㹀」字云：「方言：『刻也。謂相難折。』」似兼引注文，今方言脱此注。

二二　聳，山頂反。悚也。謂聳聳也。

案：周語：「身聳除潔。」韋昭注云：「聳，懼也。」楚語：「昔殷武丁能聳其德，至于神明。」注云：「聳，敬也。」

二三　跌，蹷也。偃地也。江東言跢，丁賀反。

案：説文：「跌，越也。」「蹶，僵也。」「蹶、蹷」同。玉篇：「跌，仆也。」「跢，小兒行貌。」注内「偃地也」，各本「也」訛作「反」，今訂正。

二四　蘪，蕪也。謂草穢蕪也，音務。

案：「蕪」，諸刻訛作「無」，今從永樂大典本。

二五　漫、淹，敗也。溼敝爲漫，水敝爲淹。皆謂水潦漫澇壞物也。

案：禮記儒行篇：「淹之以樂好。」鄭注云：「淹謂浸漬之。」廣雅：「漫、淹，敗也。」義本此。

二六　**釐**、音狸。**悔**，亡改反。**貪也。**

案：玉篇引方言：「釐，貪也。」楚辭天問篇：「穆王巧梅。」王逸注云：「梅，貪也。」洪興祖補注云：「梅，一作悔。方言：『悔，貪也。』」「梅、悔」皆「悔」之訛。廣雅：「悔、釐，貪也。」玉篇、廣韻竝云：「悔，貪也。」皆本此。亦通作「每」。漢書敘傳：「致死爲福，每生作旣。」顔師古注云：「每，貪也。」

二七　**𢷎**、恪潁反。**埏**，音延。**竟也。**

案：「埏」，各本訛作「挻」，今訂正。史記司馬相如列傳：「上暢九垓，下泝八埏。」集解：「駰案：漢書音義曰：『埏若瓮埏，地之八際也。』」[一]顔師古注漢書云：「埏，本

[一] 瓮：史記集解原文作「八」。又史記集解原文無「八際」之「八」字。

音延，合韻音亦戰反。」〔一〕廣雅：「擷、挺，竟也。」「挺」亦「埏」之訛，「挺」與「挺」皆無「延」音。

二八 譴喘，轉也。 譴喘，猶宛轉也。

案：廣雅：「讃喘，轉也。」本此。「讃」即「譴」之訛。

二九 困、胎、倇，逃也。 皆謂逃叛也。倇，音鞭撻。

案：「倇」即「撻」，各本訛作「倇」，從曹毅之本〔二〕。玉篇引方言：「倢，逃也。」廣雅：「困、胎、倢，逃也。」義本此。「倢」即「倢」之訛。曹憲音釋：「倢，敕逵反。」舛誤不可通。

三〇 隋、毻，易也。 謂解毻也。他臥反。

〔一〕亦：遺書系各本及文淵閣本作「弋」，與漢書顏注原文同，當據改。
〔二〕從曹毅之本：遺書系各本作「今訂正」。

案：廣雅：「毻，解也。」廣韻：「毻，鳥易毛也。」枚乘七發：「手足惰窳。」〔一〕李善注引方言注曰：「墯，懈墯也。」即此注文而所見本不同。

三一　**姚**音遙。**娧，好也。**謂姅娧也。

案：「姚」，各本訛作「眺」，曹毅之本不誤。「娧」，各本訛作「説」，注内訛作「悦」，今訂正。廣雅：「姚娧，好也。」曹憲音釋：「姚，音遙。娧，通外反。」玉篇云：「娧，好貌。」

三二　**憚、怛，惡也。**心怛懷，亦惡難也。

案：廣雅：「憚，惡也。」義本此。

三三　**吴，大也。**

案：周頌：「不吴不敖。」毛傳：「吴，譁也。」説文：「吴，大言也。」釋文引何承天

〔一〕惰：文選原文作「墮」。

云〔一〕：「吴字誤，當爲吴，從口下大〔二〕，故魚之大口者名吴，胡化反。」〔三〕史記武帝本紀頌云〔四〕：「不虞不驁。」索隱引何承天云〔五〕：「此虞當爲吴。」皆非〔六〕。

三四　灼，驚也。猶云恐灼也。

案：後漢書楚王英傳：「既知審實，懷用悼灼。」〔七〕「灼」亦作「㣿」。廣雅：「㣿，驚也。」義本此。曹憲音釋：「㣿，音灼。」

三五　賦，動也。賦斂所以擾動民也。

案：廣雅：「賦，動也。」義本此。

〔一〕引：遺書系各本作「云」。
〔二〕文津閣本脱「大」字。
〔三〕此下，遺書系各本有「此音恐驚俗也」六字。
〔四〕頌云：遺書系各本作「引詩作」三字。
〔五〕索隱引何承天云：遺書系各本作「索隱云：案何承天云」。
〔六〕皆非：遺書系各本作「皆妄變字體以就謬説」。
〔七〕以上十五字，遺書系各本無。

三六 **㾌**，巨畏反。**極也。**江東呼「極」爲「㾌」，「倦」聲之轉也。

案：詩大雅：「混夷駾矣，維其喙矣。」毛傳：「喙，困也。」前卷十二內「㾌，倦也」注云：「今江東呼『極』爲『㾌』。」是「㾌」與「㾌」字異音義同。玉篇云：「㾌，困極也。」亦作「喙」。廣韻引詩「昆夷㾌矣」云：「本亦作喙。」所引詩脱去中四字。

三七 **煎，盡也。**

案：廣雅：「煎，盡也。」義本此。

三八 **爽，過也。**謂過差也。

案：廣雅：「爽，過也。」義本此。爾雅釋言：「爽，差也。爽，忒也。」郭璞注云：「皆謂用心差錯不專一。」

三九 **蟬，毒也。**

案：「蟬」即「慘」聲之轉耳。説文云：「慘，毒也。」廣雅：「毒，惡也。」

四〇　傪，慉也。音酋。**慉，惡也。**傪悴，惡事也。

案：「傪[一]、慘」通。廣雅：「慉，惡也。」義本此。

四一　還，積也。

案：此義別無可攷。荀子非相篇注引方言云：「儇，疾也。」文選南都賦注引方言曰：「儇，急疾也。」吴都賦注引方言曰：「儇、佻，疾也。」「佻」之爲「疾」，見前卷十二內，而無「儇，疾」之訓。「儇，疾」「還，積」，或字形音聲疑似而訛。

四二　宛，音婉。**蓄也。**謂宛樂也。

案：郭璞葬書言「宛而中蓄」，正合此義。注內「謂宛樂也」，其語未詳所出。廣韻「惋、宛」同音，注云：「歡樂。」然「宛樂」與「宛蓄」絶不相蒙，「謂」字或「音」字之訛？

[一] 傪：遺書系各本及文淵閣本作「傪」，當據改。

四三　**類，法也。**

案：「類，法也」已見前卷七内。諸刻無此三字，永樂大典本及曹毅之本有之。書内重見者多矣，删去非也[一]。

四四　**猴**，音侯。**本也。**今以鳥羽本爲猴。

案：廣雅：「猴，本也。」義本此。

四五　**懼，病也。懼，驚也。**

案：「懼」當作「瞿」，故有「病、驚」二義。禮記檀弓篇：「瞿瞿然如有求而弗得。」玉藻篇：「視容瞿瞿梅梅。」一爲憂悼在心，一爲驚遽不審，于義近之。

四六　**葯，纏也。**謂纏裹物也。葯猶纏也，音約。

案：「葯、約」，古通用。「纏」，各本訛作「薄」，注内「纏裹」訛作「薄裹」。「音約」，

[一] 遺書系各本「删去非也」上有「後人」二字。

諸刻訛作「音決」，永樂大典本訛作「音決的」。今訂正。潘岳射雉賦：「首葯緑素。」徐爰注云：「方言曰：『葯，纏也。猶纏裹也。』」

四七　𦡶，短也。便旋，庳小貌也。

案：廣雅：「𦡶，短也。」義本此。

四八　掊，深也。掊克，深能。

案：廣雅：「掊，深也。」義本此。詩大雅：「曾是掊克。」釋文云：「聚斂也。」史記封禪書：「見地如鉤狀，掊視得鼎。」後漢書百官志注云：「胡廣曰：『鹽官掊坑而得鹽。』」

四九　涅，㲻也。

案：「涅」，各本訛作「湼」，今訂正。廣雅：「溺、涅，没也。」「㲻」即古「溺」字。曹憲音釋：「涅，乃結反。」

五〇　撈，音料。**取也。**謂鉤撈也。

案：廣雅：「撈，取也。」義本此。曹憲音釋：「撈，音牢，又力幺反。」

五一　**摸，**音莫。**撫也。**謂撫順也。

案：「摸」，各本訛作「膜」。廣雅：「摸，撫也。」義本此，今據以訂正。

五二　**由，式也。**

案：廣雅：「由，式也。」義本此。

五三　**猷，詐也。**猷者言，故爲詐。

案：「猷」之爲「詐」，即匿謀之謂。

五四　**萓，隨也。**

案：今人猶謂蒙窗櫺櫋格曰萓。隨者，隨其大小也。

五五　**揣，試也。**揣度試之。

案：廣雅：「揣，試也。」義本此。曹憲音釋：「揣，測委、丁果二反。」

五六　顊，巨廩反。**怒也。**顊顊，恚貌也。

案：廣雅：「顊，怒也。」義本此。

五七　埝，音坫肆。**下也。**謂陷下也。

案：廣雅：「埝，下也。」義本此。曹憲音釋：「埝，乃頰反。」

五八　讚，解也。讚訟，所以解釋理物也。

案：「讚、贊」同用，取贊明之義。

五九　賴，取也。

案：廣雅：「賴，取也。」義本此。

六〇　扲，音鉗。**業也。**謂基業也。

案：廣雅：「拎，業也。」義本此。

六一　**帶，行也。**隨人行也。

案：廣雅：「帶，行也。」義本此。

六二　**㝩，空也。**㝩㝗，空貌。「㝩」或作「歋虛」字也。

案：「㝩」，各本作「漮」；注内「㝩㝗」，各本譌作「漮窘」。今訂正。「㝩、康」，古通用，別作「漮」，亦作「歋」。説文云：「㝩，屋㝩㝗也。」「漮，水虛也。」「歋，飢虛也。」[二]「㝩㝗」，俗又作「㡾㝗」。詩小雅：「酌彼康爵。」鄭箋云：「康，虛也。」爾雅釋詁：「漮，虛也。」郭璞注云：「方言云，漮之言空也。」釋文云：「方言作㡾。」疏引方言：「漮㝗，空貌。」司馬相如長門賦：「委參差以槺梁。」李善注云：「方言曰：『㡾，虛也。』『㡾』與『槺』同。」此所引改「空」爲「虛」，蓋誤憶耳。

[二] 飢：遺書系各本作「饑」，誤。

六三　**湛，安也。**湛然，安貌。

案：廣雅：「湛，安也。」義本此。曹憲音釋：「湛，丈減反。」〔一〕

六四　**嗖，**音督。**樂也。**嗖嗖，歡貌。

案：廣雅：「嗖，樂也。」義本此。廣韻引方言曰：「嗖嗖，歡貌。」即此注文，蓋脱一「注」字。

六五　**惋，**音婉。**歡也。**歡樂也。

案：陸機于承明作與士龍詩：「婉孌居人思，紆鬱遊子情。」李善注云：「方言曰：『惋，歡也。』『惋』與『婉』同，古字通。説文曰：『孌，慕也。』」

六六　**衎，**音看。**定也。**衎然，安定貌也。

案：廣雅作「刊，定也」，與郭本異，義亦可通。

〔一〕丈：遺書系各本作「文」，誤。

六七　膞，魚自反。䐈也。謂息肉也。

案：玉篇、廣韻于「䐈」字竝云[一]：「䐈肉。」

六八　讟，痛也。謗誣，怨痛也。亦音讀。

案：漢書五行志：「作事不時，怨讟動于民。」顔師古注云：「讟，痛怨之言也。」廣雅：「讟，痛也。」義本此。説文云：「讟，痛怨也。」郭璞于前「讟，謗也」音「沓」，故此云「亦音讀」。

六九　鼻，始也。嘼之初生謂之鼻，人之初生謂之首。梁益之閒謂鼻爲初，或謂之祖。祖，居也。鼻、祖，皆始之别名也。轉復訓以爲「居」，所謂代語者也。

案：廣雅：「鼻，始也。」義本此。漢書食貨志：「舜命后稷，以黎民祖飢。」[二]孟

[一] 䐈：遺書系各本均作「息」，誤。

[二] 飢：遺書系各本作「饑」，與漢書原文同。

康注云：「祖，始也。」揚雄傳：「或鼻祖于汾隅。」注引劉德云：「鼻，始也。」

七〇　充，養也。

案：「充」，各本訛作「究」，今訂正。廣雅：「充，養也。」義本此。

七一　翳，掩也。謂掩覆也。

案：陸機文賦：「理翳翳而愈伏。」李善注引方言：「翳，奄也。」「奄」當作「掩」。曹植七啟：「揜狡兔。」注引方言：「掩，覆也。」此語方言所無，似即此注文，脱「注」字耳。「揜、掩」同。

七二　臺，支也。

案：廣雅：「臺，支也。」義本此。

七三　純，文也。

案：楊雄羽獵賦：「光純天地。」李善注引方言：「純，文也。」廣雅：「純，文也。」

義本此。

七四　祐，亂也。亂宜訓治。

案：此義別無可攷。

七五　桃〔一〕，音遥。**理也。**謂情理也。

案：正文與注，皆別無可攷。

七六　蘊，晠也。蘊藹，茂貌。

案：廣雅：「藴，盛也。」義本此。「蘊、藴」「晠、盛」，古通用。

七七　搪，音堂。**張也。**謂彀張也。

案：荀子正論篇：「故魯人以糖。」楊倞注引方言：「糖，張也。謂彀張也。」荀子

〔一〕桃：遺書系各本及文淵閣本、文津閣本均作「恌」，與方言各本同，當據改。

正文「榶」木旁，注引此文亦作木旁，據方言應以手旁爲正，楊倞誤引也。

七八　惲，嘔憒反。**謀也。**謂議也。

案：廣雅：「惲，謀也。」義本此。

七九　陶，養也。

案：「陶，養也」已見前卷一内。

八〇　襟，格也。今之竹木格是也。音禁惡。

案：「襟」，各本譌作「㩒」，「格」譌作「挌」，曹毅之本不誤。廣韻：「襟，格也。」本此。

八一　朏、曉，明也。

案：廣雅：「朏、曉，明也。」義本此。

八二　扱，擭也。扱猶汲也。

案：說文：「扱，收也。」注內「汲」，各本訛作「級」，今訂正。廣雅：「扱、擥、收、汲、捊，取也。」廣韻：「扱，取也，獲也，引也。」「擭，手取也。」「汲，引也。」「獲」即「擭」之訛。

八三　扶，護也。 扶挾，將護。

案：廣雅：「護，助也。」「將，扶也。」「挾，輔也。」其義交互相通。

八四　淬，寒也。 淬猶清也。作憒反。

案：玉篇、廣韻竝云：「淬，寒也。」義本此。廣雅作「淬，寒也」，曹憲音釋：「淬，七碎反。」

八五　漺，淨也。 皆冷貌也。初兩、禁耕二反。

八六　漉，極也。 滲漉，極盡也。

案：月令：「仲春之月，毋漉陂池。」釋文云：「漉，竭也。」史記司馬相如列傳：「滋液滲漉。」說文云：「滲，下漉也。」廣雅：「漉，滲也。」

訂正。

八七　枚，凡也。

案：「枚」，各本譌作「牧」。前卷十二：「箇，枚也。」廣雅：「枚、箇，凡也。」今據以訂正。

八八　易，始也。易代，更始也。

案：「易」取更新義。書堯典：「平在朔易。」王肅引詩「曰爲改歲」解之，是也，不必如注所説。

八九　追，周也。謂周轉也。

案：前卷十二内「追，轉也」，故又爲周。

九〇　黯，色也。黯然，赤黑貌也。音奭。

案：廣雅：「黯，色也。」本此。注内「黑」字，諸刻作「毛」，永樂大典本及曹毅之本作「色」，皆譌舛。玉篇云：「黯，赤黑色也。」廣韻于「黯」字云：「赤黑貌。」今據以訂正。

九一　**恬，靜也。**恬淡，安靜。

案：張華答何劭詩：「恬曠苦不足，煩促每有餘。」李善注引廣雅：「恬，靜也。」義本此〔一〕。

九二　**禔，**音祇。**福也。**謂福祚也。**禔，喜也。**有福即喜。

案：説文云：「禔，安福也。」廣雅：「禔，福也。」廣韻：「禔，喜也。」皆本此。

九三　**攋、**洛旱反。**隓，**許規反。**壞也。**

案：潘岳西征賦：「豈斯宇之獨隳。」李善注引方言：「隳，壞也。」「隳」即「隓」。廣雅：「攋，墯也。」「隓，壞也。」曹憲音釋：「攋，音賴。」玉篇、廣韻竝作「𥜒」，從示，云：「墯壞也。」

〔一〕義本此：遺書系各本作「此在前矣」。

九四　息，歸也。

案：「息」者，作勞而休止，故有退歸之義。廣雅：「息，歸也。」義本此。

九五　抑，安也。

案：廣雅：「抑，安也。」義本此。

九六　潛，亡也。

案：潛匿隱遁，故爲逃亡之義。

九七　曉，過也。曉，嬴也。

案：廣雅：「曉，過也。」義本此。

九八　㡯，短也。 蹶㡯，短小貌。音疕贅。

案：廣雅：「㡯，短也。」義本此。廣韻于「㡯」字云：「吴人呼短。」

九九　隑，陭也。江南人呼梯爲隑，所以隑物而登者也。音剴切也。

案：廣雅：「隑，陭也。」本此。玉篇云：「隑，梯也。」漢書賈鄒枚路傳贊：「賈山自下劘上。」注：「孟康曰：『劘，謂剴切之也。』師古曰：剴，音工來反。」[一]

一〇〇　迒，胡郎反。**長也。**謂長短也。**迒，迹也。**爾雅以爲兔迹。

案：廣雅：「迒，長也。」義本此。説文云：「迒，獸迹也。」

一〇一　賦，臧也。

案：此義別無可攷。「賦」，疑「賕」之訛。説文云：「賕，以財物枉法相謝也。」「臧、贓」，古通用。漢書景帝紀「皆坐臧爲盜，没入臧縣官」「畀其所受臧」是也[二]。

一〇二　蘊，音温。**饒也。**

[一] 漢書顔師古注引蘇林：「劘，音工來反。」

[二] 自「説文」至此四十四字，遺書系各本無。

案：「蘊」，亦作「緼」。廣雅：「緼，饒也。」義本此。

一〇三　**芬，和也。**芬香，和調。

案：廣雅：「芬，和也。」義本此。

一〇四　**擣，依也。**謂可依倚之也。**依，祿也。**祿位可依憑也。

案：廣雅：「搗，依也。」廣韻：「依，祿也。」皆本此。「搗」即「擣」。

一〇五　**晠，腯也。**腯腯，肥充也。音腞，亦突。

案：廣雅：「腯，盛也。」「晠、盛」通。曲禮：「豚曰腯肥。」鄭注云：「腯亦肥。春秋傳作『腯腯，充貌也』。」[一]據左傳「奉牲以告曰博碩肥腯」，曲禮注當云：「春秋傳作『肥腯』。」于「腯肥」爲異[二]，故引之。下當云：「腯腯，充貌也。」上句脱「肥」字，下句

[一] 此下，遺書系各本有：「釋文云：『腯，徒忽反。本或作豚。』」十一字。

[二] 「于」下，遺書系各本有「正文」二字。

脱一「脂」字[一]。

一〇六　**盬、**音古。**雜，猝也。**皆倉卒也。

案：廣雅：「盬、雜，猝也。」義本此。

一〇七　**𨇨，行也。**音跳𨇨也。音藥。

案：廣韻有「𨇨」字，與「躍」同音，云：「出走也。」于「行」之義爲近[二]。廣雅：「踚，行也。」曹憲音釋云：「倫音，方言爲藥。」「藥」當作「𨇨」。此注既云「音跳𨇨」，又云「音藥」，蓋後人所加。

一〇八　**盬，且也。**盬猶𧆛也。

案：「盬」讀爲「姑息」之「姑」。廣雅：「婞，且也。」皆古字假借通用[三]。禮記內

[一] 此下，遺書系各本有「『脂肥』不得作『豚肥』，蓋不知注有脱誤，從而妄改耳」十九字。

[二] 遺書系各本無「爲」字。

[三] 用：文津閣本作「行」，誤。

則篇：「姑與之而姑使之。」鄭注云：「姑猶且也。」注内「䀚」字，各本多譌作「䀛」，曹毅之本不誤。玉篇、廣韻有「䀚」字，竝云：「䀚，息也。」

一〇九　**抽，讀也。**

案：詩鄘風：「不可讀也。」毛傳：「讀，抽也。」鄭箋云：「抽猶出也。」史記太史公自序：「紬史記石室金匱之書。」集解：「徐廣曰：『紬，音抽。』」索隱：「如淳云：『抽徹舊書故事，而次述之。』小顔云：『紬謂綴集之也。』」方言以「讀」訓「抽」，兼此二義。

一一〇　**艐，託也。**

案：爾雅釋言：「艐，送也。」「艐」即「艐」。釋文引方言：「艐，託也。」廣雅：「艐，託也。」義本此。

一一一　**適，啎也。**相觸迕也。

案：廣雅：「適，啎也。」義本此。郭璞、曹憲皆無音，以義推之，當讀爲「適見于天」

之「適」。鄭注云：「適之言責也。」〔一〕

一一二　**埤，**音界。**予也。**予猶與。

案：「埤」，各本譌作「捭」，今訂正。廣雅：「埤，予也。」義本此。

一一三　**躎，縫也。**

案：前卷十二內「嗇、躎，合也」，「縫」與「合」義相因。廣雅：「繬、彌，縫也。」「繬、嗇」，古通用。「彌」即「躎」。

一一四　**譯，傳也。譯，見也。**傳宣語，即相見。

案：廣雅：「譯，傳也。」「譯，見也。」皆本此。説文云：「譯，傳譯四夷之言者。」

一一五　**梗，略也。**梗概，大略也。

〔一〕此下，遺書系各本有：「説文：『啎，逆也。』」五字。

案：廣雅：「梗，略也。」義本此。

一一六　**臆，滿也。**愊臆，氣滿之也。

案：廣雅：「臆、溢、豐，滿也。」永樂大典本「滿」作「懣」，據廣雅證之，應以作「滿」者爲正。

一一七　**隅，**音罵。**益也。**謂增益也。

案：廣雅、玉篇竝云：「隅，益也。」廣韻于「隅」字云：「增益。」皆本此。

一一八　**空，待也。**來則實也。

案：廣雅：「空，待也。」義本此。

一一九　**珇，**音祖。**好也。珇，美也。**美好等互見義耳。

案：廣雅：「珇，好也。」「珇，美也。」皆本此。玉篇引方言曰：「珇，好也，美也。」

一二〇　**嫗，色也。**嫗煦，好色貌。

案：樂記：「煦嫗覆育萬物。」鄭注云：「氣曰煦，體曰嫗。」「嫗」亦作「嘔」。「煦」亦作「呴」。廣雅：「嘔、呴，色也。」

一二一　**闓，開也。**謂開門也。

案：廣雅：「闓，開也。」義本此。注内「開」，各本訛作「闕」，今改正。

一二二　**摩，滅也。**或作擵滅字。音麋。

案：後漢書文苑列傳：「東擵烏桓。」注云：「字書『擵』亦『摩』字也，音靡。」方言云：「『摩，滅也。』」

一二三　**菲，**音翡。**薄也。**謂微薄也。

案：諸葛亮出師表：「不宜妄自菲薄。」李善注云：「方言曰：『菲，薄也。』」郭璞曰：『微薄也。』」廣雅：「菲，薄也。」曹憲音釋于「菲」字云：「世人以此爲芳菲之菲〔一〕，失之矣。」于「禣」字云：「世人作禪禣之禣，『艸』下著『溥』，亦失之矣。」

一二四　**腆，厚也。**

案：春秋昭公二十五年公羊傳：「寡人有不腆先君之服。」何休注云：「腆，厚也。」

一二五　**媟，狎也。**相親狎也。

案：漢書賈山傳：「古者大臣不媟。」顏師古注云：「媟，狎也。」説文云：「媟，嬻也。」亦通用「渫」。荀子榮辱篇：「橋泄者，人之殃也。」楊倞注云：「泄與渫同，嫚也。」

一二六　**芋，**香于反。**大也。**芋猶訏耳〔二〕。

案：詩小雅：「君子攸芋。」毛傳：「芋，大也。」

一二七　**煬、**音恙。**翕，炙也。**今江東呼火熾猛爲煬。**煬、烈，暴也。**

〔一〕芳菲之菲：曹憲音釋原文作「芳䬠之䬠」。

〔二〕訏：遺書系各本及文淵閣本、文津閣本等均作「訂」，當據改。耳：遺書系各本作「也」。

案：揚雄甘泉賦：「南煬丹厓。」李善注引方言：「煬，炙也。」張衡東京賦：「颺槱燎之炎煬。」薛綜注云：「郭璞方言注曰：『火熾猛爲煬。』」潘岳西征賦：「詩書煬而爲煙。」李善注引方言注曰：「今江東呼火熾猛爲煬。」「翕」亦作「熻」，「㬥」亦作「曝」。廣雅：「煬、熻、炙，爇也。」「煬、烈，曝也。」

一二八　馺，索荅反。**馬馳也。**馺馺，疾貌也。

案：揚雄甘泉賦：「輕先疾雷而馺遺風。」李善注云：「方言曰：『馺，馳也。』」郭璞曰：『馺，疾也。』」劉向九歎：「馺高舉兮。」洪興祖補注引方言：「馺，馬馳也。」注云疾貌。」廣雅：「馺，馳也。」義本此。説文：「馺，馬行相及也。」

一二九　選、延，徧也。

案：「徧」，各本訛作「偏」。廣雅：「周、帀、選、延，徧也。」今據以訂正。

一三〇　澌，索也。盡也。

案：廣雅：「索、澌，盡也。」

一三一　**晞，燥也。**

案：廣雅：「燥、晞，乾也。」

一三二　**梗，覺也。**謂直也。

案：廣雅：「梗，覺也。」義本此。爾雅釋詁：「梗，直也。」詩大雅：「有覺德行。」毛傳：「覺，直也。」

一三三　**萃，集也。**

案：「萃」訓「集」，已見前卷三內。

一三四　**睨、**俾倪。**䁺，**音亦。**明也。**

案：廣雅：「曎，明也。」曹憲音釋：「曎，音亦。」蓋「曎」即「䁺」之訛。說文：「睪，从横目，从㚔。」「䁺」又加目，說文無此字。以義攷之，當作「圛」。洪範「曰驛」，鄭本作「圛」，疏云：「鄭以圛爲明，言色澤光明也。」

一三五　**暟、臨，照也。暟，美也。**暟暟，美德也。呼凱反。

案：「照」，各本訛作「昭」，今訂正。晉語：「臨長晉國者。」韋昭注云：「臨，監也。」「監」即照察之義。廣雅：「暟、臨，照也。」「暟，美也。」玉篇云：「暟，美也，照也。」皆本此。

一三六　**箄、**方氏反。**簍、**音縷。**籅、**音餘。**𥲤，**弓弢。**篆也。**古筥字。**江沔之間謂之籅，趙代之間謂之𥲤，淇衛之間謂之牛筐。**淇，水名也。**篆，其通語也。篆小者，南楚謂之簍，自關而西秦晉之間謂之箄。**今江南亦名籠爲箄。

案：詩召南：「于以盛之，維筐及筥。」毛傳：「方曰筐，圓曰筥。」周頌：「載筐及筥。」鄭箋云：「筐、筥，所以盛黍稷也。」〔一〕説文云：「篆，飲牛筐也。方曰筐，圜曰篆。」「簍，竹籠也。」「飲」乃「飤」之訛。「圓、圜」，古通用。玉篇云：「篆，飤牛筐

〔一〕十三經注疏本無「稷」字。

也〔一〕。亦作筥。」「江東呼小籠爲箄。」廣韻：「篆，飤牛筐。」「箇，牛篆。」「簍，小筐。」廣雅：「箅、箇、箄、簍，篆也。」本此。注内「弓弢」，當作「音弓弢之弢」。

一三七　**籠，南楚江沔之閒謂之篣，**今零陵人呼籠爲篣，音彭。**或謂之笯。**音那墓反。亦呼籃。

案：廣雅：「篣、笯，籠也。」本此。曹憲音釋：「笯，女加、奴慕二反。」楚辭懷沙篇：「鳳皇在笯兮。」王逸注云：「笯，籠落也。」洪興祖補注引説文曰：「籠也。南楚謂之笯。」今説文作「鳥籠也」，無「南楚謂之笯」句。注内「那墓反」，各本「那」訛作「都」，脱「反」字，今訂正。

一三八　**簇，**盛餅筥也。**南楚謂之筲，**今建平人呼筲，音鞭鞘。**趙魏之郊謂之笒簇。**今通語也。

案：廣雅：「筲，簇也。」論語：「斗筲之人。」鄭注云：「筲，竹器，容斗二升。」「筲」，亦作「箱」，説文云：「飯筥也。受五升。秦謂筥曰箱。」又于「箱」字云：「一曰飯器，容

〔一〕飤：文津閣本作「飲」，誤。

五升。」「𥬸」，各本多訛作「去」[一]，曹毅之本作「𥫱」。説文云：「凵盧，飯器，以柳爲之。凵或從竹，厺聲。」士昏禮：「婦執笲棗栗。」鄭注云：「笲，竹器而衣者。其形蓋如今之筥、䔉蘆矣。」釋文：「䔉，羌居反。蘆，音盧。」「䔉蘆」即「凵盧」[二]，又即「𥬸𥳑」。

一三九　**錐謂之鍣。**廣雅作「鉊」字。

案：「鍣」，各本訛作「鍩」，注内「鉊」訛作「銘」，今訂正。廣雅：「鍣，錐也。」曹憲音釋：「鍣，音昭。」與此注云「作鉊」異。

一四〇　**無升謂之刁斗。**謂小鈴也。音貂。見漢書。

案：「無升」二字應有訛舛。「刁」，本作「刀」。史記李將軍列傳：「不擊刁斗以自衛。」集解：「孟康曰：『以銅作鐎器，受一斗，晝炊飯食，夜擊持行，名曰刁斗。』」索隱：「刁，音貂。案荀悦云：『刁斗，小鈴，如宫中傳夜錢也。』[三]蘇林曰：『形如鋗，以銅作

[一] 多訛：遺書系各本作「通」。
[二] 凵：安徽叢書本作「口」，文津閣本作「曰」，皆誤。
[三] 錢：史記索隱原文作「鈴」，當據改。

之，無緣，受一斗，故云刁斗。鐎即銚也。』埤蒼云：『鐎，温器，有柄，斗似銚，無緣。』」說文：「錢，銚也。」「銚，温器也。」廣韻：「鐎，刁斗也。温器，三足而有柄。」據此數說，「無升」或「無緣」之訛，上當有「銚」字。

一四一　**匕謂之匙。**音祇。

案：說文：「匕，一名柶。」「匙，匕也。」廣雅：「柶、匙，匕也。」詩小雅：「有捄棘匕。」毛傳：「匕，所以載鼎實也。」士昏禮：「匕俎從設。」鄭注云：「匕，所以別出牲體也。」特牲饋食禮：「棘心匕刻。」注云：「刻若今龍頭。」少牢饋食禮：「雍人概鼎匕俎于雍爨。廩人概甑甗匕與敦于廩爨。」注云：「匕，所以匕黍稷者也。」疏云：「上雍人云匕者，所以匕肉。此廩人所掌米，故云匕黍稷也。」有司徹：「覆二疏匕于其上。」注云：「疏匕，匕柄有刻識者。」[一]士冠禮：「實勺觶角柶。」注云：「柶，狀如匕，以角爲之者，欲滑也。」雜記：「枇以桑，長三尺，或曰五尺。刊其柄與末。」注云：「枇，所以載牲體者。此謂喪祭也，吉祭枇用棘。」釋文：「枇，音匕，本亦作朼，音同。」

[一] 識：十三經注疏本作「飾」。

一四二　盂謂之㯸，子殄反。河濟之閒謂之盌䀋。椀謂之盦。盂謂之銚鋭。謠音。木謂之梋枤。椀亦盂屬，江東名盂爲凱，亦曰甌也。蠲、決兩音。

案：廣雅：「㯸、盌䀋、銚鋭、梋枤、盦、椀，盂也。」本此。「盌、銚鋭」，已見前卷五内。「梋枤」，各本譌作「涓抉」，今訂正。玉篇云：「㯸，盂也。」「盌䀋，大盂也。」「盌，小盂。亦作椀。」「盦，椀也。」「椀謂之梋，盂屬也。」「枤，椀也。」「梋枤」雙聲，二字合爲一名，玉篇分言之，誤矣。

一四三　餌謂之餻，或謂之餈，或謂之䬆，音鈴。或謂之餣，央怯反。或謂之䬪。音元。

案：周禮籩人：「羞籩之實，糗餌粉餈。」鄭注云：「此二物皆粉稻米、黍米所爲也。合蒸曰餌，餅之曰餈。糗者，擣粉熬大豆爲餌；餈之，黏著以粉之耳。餌言糗，餈言粉，互相足。」疏云：「餌既不餅，明餅之曰餈。今之餈、餻皆餅之，名出于此。」宋玉招魂：「粔籹蜜餌。」洪興祖補注引方言：「餌謂之餻。」廣雅：「餻、𩟔、䬆、餣、䬪，餌也。」「𩟔」即「餈」之別體。

一四四　**餅謂之飥，**音乇。**或謂之餦餛。**長、渾兩音。

案：徐堅初學記全引此條，作「或謂之餦，或謂之餛」。玉篇云：「餺飥，餅屬。」

一四五　**餳謂之餦餭。**即乾飴也。**飴謂之䬵。**音該。**䭑謂之餚。**以豆屑雜餳也。音髓。**餳謂之餹。**江東皆言餹，音唐。**凡飴謂之餳，自關而東陳楚宋衛之間通語也。**

案：宋玉招魂：「有餦餭些。」洪興祖補注引方言「餳謂之餦餭」，注云「即乾飴也」。後漢書皇后紀：「吾但當含飴弄孫。」注引方言：「飴，餳也。陳楚宋衛之間通語。」說文云：「餳[一]，飴和饊者也。」「飴，米糱煎也。」「饊，熬稻粻程也。」「粻程」即「餦餭」。廣雅：「粻餭、飴、䬵、餹，餳也。」「餚謂之䭑。」曹憲音釋：「餳，辭精反。」「餳」字，說文「从食，昜聲」；廣雅作「食」旁「昜」[二]；玉篇「餳」與「餹」竝徒當切，而字作「食」旁「易」。劉熙釋名云：「餳，洋也。煮米消爛，洋洋然也。」周禮小師注：「管如今賣飴餳所吹者。」釋文云：「餳，辭盈反。李音唐。」辭盈、辭精反，音同，當作「餳」；若音「唐」，

[一] 餳：文津閣本作「飴」，誤。
[二] 昜：文津閣本作「易」，誤。

則當作「餳」。廣雅「餹、餳」兩見，自不得同音。此字應以說文爲正。

一四六　**𪎊**、音哭。**𪌭**、音才。**䴷**、于八反。**麰**、音牟。大麥麴。**䴽**、音脾。𦃆餅麴。**䵆**、音蒙。有衣麴。**䴹**，𩺄音。小麥麴爲䴹，即䴳也。**麴也。自關而西秦豳之間曰𪎊；**豳即邠，音斌。**晉之舊都曰𪌭；**今江東人呼麴爲𪌭。**齊右河濟曰䴷，或曰麰；北鄙曰䴽。麴，其通語也。**

案：廣雅：「𪌭、䴷、䴽、麰、𪎊、䴥，麴也。」本此。「䴥」即「䵆」。玉篇云：「𪎊，餅麴也。」「䴽，細餅麴。」「䴥，有衣麴也，女麴也。」注内「𦃆」即「細」。「䴹」，各本訛作「鯤」，「䴳」訛作「䴰」，今訂正。玉篇云：「䴳、麥，麴也。」

一四七　**屋梠謂之欞。**雀梠即屋檐也，亦呼爲連緜。音鈴。

案：劉熙釋名：「梠或謂之槾，緜連榱頭使齊平也。上入曰爵頭，形似爵頭也。」「爵、雀」，古通用。廣雅：「檐、櫺，梠也。」「櫺、欞」同。

一四八　**甑謂之甑。**即屋穩也。今字作甍，音萌。甑，音霤。

案：廣雅作「甍謂之甑」。説文云：「甍，屋棟也。」

一四九　冢，秦晉之閒謂之墳，取名于大防也。或謂之培，音部。或謂之堬，音臾。或謂之埰，古者卿大夫有采地，死葬之，因名也。或謂之埌，波浪。或謂之壠。有界埒似耕壠，以名之。自關而東謂之丘，小者謂之塿，培塿，亦堆高之貌。洛口反。大者謂之丘。又呼冢爲墳也。凡葬而無墳謂之墓。言不封也。墓猶慕也。所以墓謂之墲。墲，謂規度墓地也。漢書曰「初陵之墲」是也。

案：「埰」，各本多作「采」；「丘」訛作「廿」；從曹毅之本。張載七哀詩：「今爲丘山土。」阮籍詠懷詩：「丘墓蔽山岡。」謝脁暫使下都夜發新林至京邑贈西府同僚詩：「思見昭丘陽。」李善注竝引方言：「冢大者爲丘。」顏延之拜陵廟詩：「山煙冒壠生。」注引方言：「秦晉之閒塚謂之壠。」潘岳寡婦賦：「墓門兮肅肅，脩壠兮峨峨。」注引方言：「無墳謂之墓。秦晉之閒或謂冢爲壠。」玉篇引方言：「冢，秦晉之閒謂之墳。」「冢或謂之培。」「秦晉之閒冢或謂之堬。」「冢或謂之埰。」「秦晉或謂冢曰埌。」「冢，秦晉之閒或謂之壠。郭璞曰：有界埒似耕壠，因名也。」又引方言：「自關而東小冢謂之塿。」「墲」字下引方言注云：「規度墓地也。」廣雅：「墳、堬、埰、埌、壠、培、塿、丘、墓，冢也。」「采、埰」，古通用。注内「波浪」，當作「音波浪之浪」。諸刻脱「墓猶慕也」四字，今從永樂大典本補。

劉歆與揚雄書

【案：方言各本附劉歆書及雄答書云：「雄爲郎一歲，作繡補、靈節、龍骨之銘詩三章。及天下上計孝廉，雄問異語，紀十五卷，積二十七年。漢成帝時，劉子駿與雄書，從取方言曰。」此五十二字，不知何人所記，宋本已有之。其曰「漢成帝時」四字，最爲謬妄。據漢書揚雄傳贊云：「初，雄年四十餘，自蜀來至游京師。」又云：「年七十一，天鳳五年卒。」使歆與書在成帝之末年甲寅，下距天鳳五年凡二十五年。由甲寅上溯二十七年，乃元帝竟寧元年戊子，雄年甫二十。豈「年四十餘，自蜀來至游京師」者耶？洪邁不察此五十二字乃後人于標題之下敘述二書之緣起，誤以王莽時爲成帝時，非原書之所有，故所作容齋隨筆稱[一]：「今世所傳揚子雲輶軒使者絶代語釋别國方言凡十三卷，郭璞序而解之，其末又有漢成帝時劉子駿與雄書從取方言及雄答書。既云成帝時子駿與雄書，而其中乃云『孝成皇帝』，反復牴牾。」云云，殊爲未攷。今削此五十二字以免滋

[一] 自「此五十二字」至此，遺書系各本作「漢成帝時四字，係後人序入此二書者之妄，辯之曰」。

疑，惑于後焉〔一〕。】

歆叩頭。昨受詔宓五官郎中田儀【案：常璩華陽國志：「前漢有侍郎田儀。」】與官婢陳徵、駱驛等私逋盜刷越巾事，即其夕竟歸府。詔問三代周秦軒車使者、逌人使者，以歲八月巡路，宋代語、僮謡、歌戲，欲頗得其最目。因從事郝隆求之有日，篇中但有其目，無見文者。歆先君數爲孝成皇帝言：當使諸儒共集訓詁，爾雅所及，五經所詁，不合爾雅者詁籒爲病；及諸經氏之屬，皆無證驗，博士至以窮世之博學者，偶有所見，非徒無主而生是也。會成帝未以爲意，先君又不能獨集。至於歆身，修軌不暇，何偟更創？屬聞子雲獨采集先代絶言、異國殊語，以爲十五卷，其所解略多矣，而不知其目。非子雲澹雅之才、沈鬱之思，不能經年鋭精以成此書。良爲勤矣！【案：任昉王文憲集序：「沈鬱澹雅之思。」李善注云：「揚雄爲方言，劉歆與雄書曰：『非子雲澹雅之才、沈鬱之志，不能成此書。』」「志」乃「思」之訛。】歆雖不遘過庭，亦克識先君雅訓，三代之書蘊藏于家，直不計耳。今聞此，甚爲子雲嘉之已。今聖朝留心典誥，發精于殊語，欲以驗攷四方

〔一〕自「云云」至此，遺書系各本作「是輕執後人增入者之妄以疑古，疏謬甚矣。今仍列此二書，爲逐條引證。删去緣起五十二字，以免滋惑」。

之事，不勞戎馬高車之使，坐知傜俗；適子雲攘意之秋也。不以是時發倉廩以振贍，殊無爲明；語將何獨挈之寶？上以忠信明于上，下以置恩於罷朽，所謂知蓄積、善布施也。蓋蕭何造律，張倉推歷，皆成之于帷幕，貢之于王門，功列于漢室，名流乎無窮。誠以隆秋之時，收藏不殆，饑春之歲，散之不疑，故至于此也。今謹使密人奉手書，願頗與其最目，得使入籙，令聖朝留明明之典。歆叩頭叩頭。

揚雄答劉歆書

【案：劉勰文心雕龍書記篇云：「漢來筆札，辭氣紛紜，觀史遷之報任安，東方朔之難公孫，楊惲之酬會宗，子雲之答劉歆，志氣盤桓，各含殊采，竝杼軸乎尺素，抑揚乎寸心。」】

雄叩頭。賜命謹至。又告以田儀事，事窮竟白，案顯出，甚厚甚厚。田儀與雄同鄉里，幼稚爲鄰，長艾相更〔一〕。視覎動精采，似不爲非者。故舉至之，雄之任也。【案：舊唐書薛登傳：「登本名謙光，天授中爲左補闕。時選舉頗濫，謙光上疏曰：『謹案漢法，所舉之主，終身保任。揚雄之坐田儀，責其冒薦；成子之居魏相，酬于得賢。』」】不意淫迹汙暴于官朝，令舉者懷赧而低眉，任者含聲而冤舌〔二〕。【案：「令」，各本訛作「今」，據文義改正。】知人之德，堯猶病諸，雄何慚焉！叩頭叩頭。又敕以殊言十五卷，君何由知之？謹歸誠底裏，不敢違信。雄少不師章句，亦於五經之訓所不解。嘗聞先代輶軒之使

〔一〕更：各本同。古文苑卷十作「愛」，當據改。
〔二〕冤：各本同。盧文弨重校方言據漢書揚雄傳「欲談者宛舌而固聲」改作「宛」。

奏籍之書，皆藏於周秦之室；【案：「嘗」，各本訛作「常」。文選宣德皇后令：「輶軒萃止。」李善注云：「揚雄答劉歆書曰：『常聞先代輶軒之使。』」亦同訛。謝瞻王撫軍庾西陽集別詩：「輶軒命歸僕。」注引此句作「嘗」，不訛。】及其破也，遺棄無見之者。獨蜀人有嚴君平，【案：常璩華陽國志云：「高尚逸民嚴遵，字君平，成都人。」又云：「嚴君平經德秉哲。」漢書地理志：「後有王褒、嚴遵、揚雄之徒，文章冠天下。」又王貢兩龔鮑傳：「蜀有嚴君平，博覽亡不通，揚雄少時從遊學。蜀人愛敬，至今稱焉。」嚴遵即莊遵，漢顯宗孝明皇帝諱「莊」，始改爲「嚴」。揚雄法言問明篇：「蜀莊沈冥，蜀莊之才之珍也。」吴祕注云：「莊遵，字君平。」洪邁容齋隨筆以法言不諱「莊」字，何獨至此書而曰「嚴」。不知本書不諱而後人改之者多矣，此書下文「蜀人有揚莊者」，不改「莊」字，獨習熟于嚴君平之稱而妄改之，與後「石室」改爲「石渠」同。】臨邛林閭翁孺者，【案：廣韻：「林閭氏出自嬴姓，文字志云：『後漢有蜀郡林閭翁孺，博學善書。』」而華陽國志乃云：「林閭字公孺，臨邛人。揚雄師之，見方言。」又云：「林翁孺訓詁玄遠。」似以爲「林」姓、「閭」名，且「公孺、翁孺」訛舛互異。據此書，「林閭」定是複姓。其曰「見方言」者，與李善注文選引此書稱「揚雄方言曰」同。然則此書附方言内，其來久矣。】深好訓詁，猶見輶軒之使所奏言。翁孺與雄外家牽連之親。又君平過誤，有以私遇，少而與雄也。君平財有千言耳，翁孺梗概之法略有。翁孺往數歲死，婦蜀郡掌氏子，無子而去。【案：王應麟姓氏急就篇云：「掌氏，晉有掌同，前涼有掌據，宋掌禹錫。漢揚雄書『林閭婦蜀郡掌氏子』。」】而雄始能草文，先作縣邸銘、王佴頌、階闥銘及成都城四隅銘。蜀人有楊莊者爲郎，誦之于成帝。【案：華陽國志云：「尚書郎楊壯，成都人，見揚子方言。」又云：「其次楊壯、何顯得意之徒，恂恂焉。斯蓋華岷之靈標，江漢之精華也。」[一]「莊」之爲「壯」，蓋避諱所改。其曰「見揚子方言」者，亦即指此書。】成帝好之，以爲似相如，雄遂以此得外見。【案：文選甘泉賦李善注云：「雄答劉歆書曰：『雄作成都城四隅銘，蜀人有楊莊者爲郎，誦之于成帝，以爲似相如，雄遂以此得見。』」李周翰注云：「揚雄家貧好學，每製作，慕相如之文，嘗作緜竹頌。成帝時直宿郎楊莊誦此文，帝曰：『此似相如之文。』莊曰：『非也，此臣邑人揚子雲。』帝即召見，拜爲黃門侍郎。」】此數者皆都水君嘗見也，故不復奏。【案：古文苑章樵注云：「歆父向也。歆書多稱先君，故此答之。向嘗爲護左都水使者。前所爲文，向既嘗見，歆宜習知之。」】雄爲郎之歲，【案：古文苑章樵注云：「雄年四十餘，自蜀來遊京師。歲餘，奏羽獵賦，除

[一] 遺書系各本無「斯蓋華、岷之靈標，江、漢之精華也」十三字。

爲郎。年七十一，卒于天鳳五年。計爲郎之歲，當在成帝元延年間。」】自奏少不得學，而心好沈博絶麗之文；願不受三歲之奉，且休脱直事之繇〔一〕，得肆心廣意，以自克就。有詔：可，不奪奉。令尚書賜筆墨錢六萬，得觀書于石室。【案：「室」，各本訛作「渠」，蓋後人所改。左思魏都賦：「闞玉策于金縢，案圖籙于石室。」劉逵注云：「揚雄遺劉歆書曰：『得觀書于石室。』」文心雕龍事類篇曰：「夫以子雲之才，而自奏不學，及觀書石室，乃成鴻采。表裏相資，古今一也。」今據以訂正。】如是後一歲，作繡補、靈節、龍骨之銘詩三章。【案：古文苑章樵注云：「繡補，疑是裀褥之類，加繡其上。靈節，靈壽杖也。漢書『靈壽杖』注：『木似竹，有枝龍〔二〕，長不過八九尺，圍三四寸，自然合杖制，不須削治。』節骨〔三〕，水車也。禁苑池沼中或用以引水。銘詩今亡，不可復攷。」王應麟玉海引古文苑及此注。】成帝好之，遂得盡意。故天下上計孝廉及内郡衛卒會者，雄常把三寸弱翰，賫油素四尺，【案：左思吴都賦：「烏策篆素。」李善注云：「篆素，篆書于素也。揚雄書曰：『賫油素四尺。』」】以問其異語，歸即以鉛摘次之於槧，二十七歲

〔一〕繇：遺書系各本作「徭」。

〔二〕龍：文津閣本同。遺書系各本及文淵閣本作「節」，當據改。

〔三〕節：文津閣本同。遺書系各本及文淵閣本作「龍」，當據改。

於今矣。【案：漢書成帝紀：「永始二年春正月己丑，大司馬車騎將軍王音薨。三年十月庚辰，皇太后詔有司復甘泉泰畤、汾陰后土。四年春正月，行幸甘泉，郊泰畤。三月，行幸河東，祠后土。元延二年春正月，行幸甘泉，郊泰畤。三月，行幸河東，祠后土。冬，行幸長楊宮，從胡客大校獵。」揚雄傳：「孝成帝時，客有薦雄文似相如者，上方郊祠甘泉泰畤、汾陰后土，㠯求繼嗣，召雄待詔承明之庭。正月，從上甘泉，還，奏甘泉賦㠯風。其三月，將祭后土，上迺帥羣臣橫大河，湊汾陰。既祭，行遊介山，回安邑，顧龍門，覽鹽池，登歷觀，陟西岳㠯望八荒，迹殷周之虛，眇然㠯思唐虞之風。雄以爲臨川羨魚，不如歸而織罔，還，上河東賦㠯勸。其十二月，羽獵，雄從，聊因校獵賦㠯風。明年，上將大誇胡人㠯多禽獸，秋，命右扶風發民入南山，西自褒斜，東至弘農，南敺漢中，張羅罔罝罘，捕熊羆豪豬虎豹狖玃狐兔麋鹿，載㠯檻車，輸長楊射熊館。㠯罔爲周阹，縱禽獸其中，令胡人手搏之，自取其獲，上親臨觀焉。是時，農民不得收斂。雄從至射熊館，還，上長楊賦㠯風。贊曰：初，雄年四十餘，自蜀來至游京師，大司馬車騎將軍王音奇其文雅，召㠯爲門下史。薦雄待詔。歲餘，奏羽獵賦，除爲郎，給事黃門，與王莽、劉歆竝。哀帝之初，又與董賢同官。當成哀平閒，莽賢皆爲三公，權傾人主，所薦莫不拔擢，而雄三世不徙官。年七十一，天鳳五年卒。」攷王音薨于成帝永始二年丙午正月，設雄至京師即在前一年乙巳，下至王莽天鳳五年戊寅，凡三十四年，時雄年三十八，不得云「年四十餘，始自蜀來至」。復甘泉泰畤、汾陰后土，在永始三年十月，四年始有行幸甘泉、河東事，則王音薨㠯三年。傳序甘泉賦、河東賦、羽獵賦爲一年所作，斷屬元延二年庚戌，王音薨且五年，不得云音「薦雄待詔，歲餘，奏羽獵賦」。今此書言楊莊而絶不及音，音薦雄殆出于傳聞失實，故漢書中紀與傳㠯相矛盾。大抵紀據策書，年月日必詳，而傳所據不一，或作者追憶失之。行幸長楊宫，從胡客大校獵，紀爲元延二年冬，傳因雄有長楊、羽獵二賦，遂以長楊大校獵繫之羽獵後。别云「明年」，若以明年爲元延三年，則紀于三年無其事，若以明年爲元延二年，則紀于元年無行幸甘泉、河東及羽獵事。此亦傳誤也。郊祀志平帝時王莽奏稱：「永始元年三月，㠯未有皇孫，復甘泉、河東祠。」與紀之繫于永始三年十月庚辰不合，此莽追憶，以故年月參差也。李善注文選引七略云：「甘泉賦，永始三年正月待詔臣雄上。羽獵賦，永始三年十二月上。長楊賦，綏和元年上。」善辯之曰：「漢書：永始四年正月行幸甘泉，三年無幸甘泉之文，疑七略誤也。綏和在校獵後四歲，無容元延二年校獵綏和元年賦。又疑七略誤也。」七略之誤，蓋如莽奏之一時追憶，致年月參差，而甘泉諸賦則斷宜作于元延二年，時雄年四十三。楊莊誦其文于成帝，即在此元年、二年閒。所謂「年四十餘，自蜀來至游京師」者〔一〕，語應有據依，非空撰出。班固未見雄方言及歆、雄遺、答書，故列雄論著絶不及此。傳内遺楊莊而以爲王音，然于前云「孝成帝時，客有薦雄文似相如者，上方郊祠甘泉泰畤、汾陰后土，以求繼嗣，召雄待詔承明之庭」，事在王音薨後，與雄答書合。不能指名楊莊，泛目曰客，亦不言王音，原自謹嚴。贊内舉音薦雄待詔，不過附存異聞。使雄由王音薦，則「年四十餘」當改之曰「年三十餘」，其去元延二年爲久滯京師矣。此又書言楊莊，較之傳贊内言王音者爲可信〔二〕。然則劉歆遺雄書求方言應在天鳳三四年之閒矣。古文苑章樵注云：「計雄是時年近七十。」葛洪西京雜記：『揚子雲好事，嘗懷鉛提槧，從諸計吏訪殊方絶域四方之語，以爲裨補輶軒所載，亦洪意也。』」】而語言或交錯相反，方復論思，詳悉集之，燕其疑。【案：古文苑章樵注云：「會集所未聞，使疑者得所安。」】張伯松不好雄賦頌之文，然亦有以奇之。常爲雄道言，其父及其先君憙典訓，【案：漢書張敞傳：「敞三子，官皆至都尉。敞孫竦，王莽時至郡守，封侯，博學文雅過于敞，然政事不及也。」杜鄴傳：「鄴

〔一〕「所謂」之上，遺書系各本有「贊」字。
〔二〕自「此又」至此十八字，遺書系各本無。

少孤，其母張敞女。鄴壯從敞子吉學問，得其家書。初，鄴從張吉學，吉子竦又幼孤，從鄴學。鄴子林，清靜好古，亦有雅才〔一〕，其正文字過于鄴、竦，故世言小學者由杜公。」陳遵傳：「遵少孤，與張竦伯松俱爲京兆史。竦博學通達，以廉僉自守〔二〕，而遵放縱不拘。操行雖異，然相親友，哀帝之末，俱著名字，爲後進冠。遵爲校尉，有功，封嘉威侯，凡三爲二千石。而張竦亦至丹陽太守，封淑德侯。後俱免官，以列侯歸長安。竦居貧，無賓客，時時好事者從之質疑問事，論道經書而已。」藝文志：「倉頡多古字，俗師失其讀。宣帝時徵齊人能正讀者，張敞從受之，傳至外孫之子杜林，爲作訓。」後漢書杜林傳：「父鄴，成、哀閒爲涼州刺史。林少好學沈深，家既多書，又外氏張竦父子喜文采，林從竦受學，博洽多聞，時稱通儒。」許慎說文解字序云：「孝宣時召通倉頡讀者，張敞從受之。涼州刺史杜業、沛人爰禮、講學大夫秦近，亦能言之。孝平時徵禮等百餘人，令說文字未央廷中，以禮爲小學元士。黄門侍郎揚雄采以作訓纂篇。」「杜業」即「杜鄴」。然則此書云「常爲雄道言其父」者，即張吉也。云「及其先君」者，謂張敞也。】屬雄以此篇目

〔一〕 才：漢書原文作「材」。
〔二〕 僉：漢書原文作「儉」。

煩示其成者。伯松曰：「是懸諸日月不刊之書也。」【案：「煩」，或作「頻」，或作「頗」。「示其成者」四字，或作「示之」二字。據上云「語言或交錯相反，方復論思，詳悉集之」，是歆求方言時，雄撰集尚未成，此云「示其成者」，正以見有未成者耳。今書中有僅舉其字，不辨何方云然，蓋方言究屬雄未成之書。洪邁以漢書本傳無所謂方言，藝文志亦不載方言，遂疑非雄作。又云「書稱『汝潁之閒』，先漢人無此語也」，則書内舉水名以表其地者多矣，何以先漢人不得稱「汝潁之閒」耶？應劭風俗通義序云：「周秦常以歲八月遣輶軒之使，求異代方言，還奏籍之，藏于秘室。及嬴氏之亡，遺脱漏棄無見之者。蜀人嚴君平有千餘言，林閭翁孺才有梗概之法。揚雄好之，天下孝廉衛卒交會，周章質問，以次注續，二十七年，爾乃治正，凡九千字。張竦以爲懸諸日月不刊之書。」任昉南徐州蕭公行狀「竝勒成一家，懸諸日月」，李善注云：「揚雄方言曰：『雄以此篇目煩示其成者，張伯松伯松曰：是懸諸日月不刊之書也。』」此注重「伯松」二字，有譌舛。】又言：恐雄爲太玄經，由鼠坻之與牛場也。如其用，則實五稼、飽邦民。否則爲牴糞，棄之於道矣。而雄般之。【案：「般」，古「服」字。】伯松與雄獨何德慧，【案：古文苑章樵注云：「漢人用『慧』字，多與『惠』通。」】而君與雄獨何譖隙，而當匿乎哉！其不勞戎馬高車，令人君坐帷幕之中，知絶遐異俗之語，典流于昆嗣，言列於漢籍，誠雄心所絶極，至精之所想遘也。夫聖朝遠照之明，使君宷此，如君之意，誠雄散之之會也。死之日，則今之榮也。不敢有貳，不敢有愛。少而不以行立于鄉里，長而不以功顯于縣官，著訓于帝籍，但言詞博覽，翰墨爲事，誠欲崇而就之，不可以遺，不可以怠。即君必欲脅之以威，陵之以武，欲令入之于此，此又未定，未可以見。令君又終之，則縊死以從命也。【案：雄以其書未成未定爲辭。時歆爲莽國師，故雄爲是言，絶其終來强以勢求，意可見矣。洪邁乃云：「子駿只從之求書，而答云『必欲脅之以威，陵之以武，則縊死以從命也』，何至是哉！」此于知人論世，漫置不辨，而妄議不輕出其著述爲非，亦不達于理矣。「令君」之「令」，各本訛作「今」，今改正。】而可且寬假延期，必不敢有愛。【案：「而、如」，古多通用。】雄之所爲，得使君輔貢于明朝，則雄無恨，何敢有匿？惟執事圖之。長監于規繡之，就死以爲小，雄敢行之。【案：古文苑章樵注云：「言當長以所規爲監，得緝成其書，以死爲輕。」】謹因還使，雄叩頭叩頭。

李孟傳刻方言後序

西漢氏古書之全者，如鹽鐵論、揚子雲方言，其存蓋無幾。鹽鐵論，前輩每恨其文章不稱漢氏，惟方言之書最奇古。孟傳頃聞之，曾文清公嘗以三詩答呂治先，有云：「傷心昨夜杯中物，不對王郎對影斟。」紫微呂居仁次韻云：「書來肯際銅魚使，記我今年病不斟。」自注云：「出子雲方言。」今所在鏤板輒誤作「病不禁」。【案：王應麟困學紀聞云：「方言：『斟，益也。』凡病少愈而加劇謂之不斟，或謂之何斟。』呂居仁答曾吉父詩『記我今年病不斟』，蓋用此。而不知者改爲『不禁』。」與此所言同。】此書世所有，而無與是正，知好之者少也。山谷詩云：「追隨富貴勞牽尾。」乃用太玄經語。紹興初，胡少汲、洪玉父、李文若諸人校黄詩刊本，乃誤作「縈牽尾」，自此他本遂承誤。「鬱蒼蒼」三字，文人多愛之，亦或鮮記其出于太玄。大抵子雲精于小學，且多見先秦古書，故方言多識奇字，太玄多有奇語，然其用之，亦各有宜。子雲諸賦多古字，至法言、劇秦所用則無幾。古人文章，蓋莫不然：西漢一書，惟相如、子雲等諸賦；韓退之文，唯曹成王碑；柳子厚自騷詞、晉問等。他皆不用古字。本朝歐文忠、王荆公、蘇長公、曾南豐諸宗工，文章照映今古，亦不多用古字。得非以謂古文奇字聲形之學，雖在所當講，而文律之妙則不專在是；若有意用之，或反累正氣也耶？學者要知所以用之，當其可，則盡善耳。今方言自閩本外不多見，每惜其未廣。予來官尋陽，有以大字本見示者，因刊置郡齋，而附以所聞一二，蓋惜前輩之言久或不傳也。慶元庚申仲春甲子，會稽李孟傳書。【案：孟傳，字文授，會稽上虞人。父光，謚莊簡。父子皆宋名臣，宋史有傳。而孟傳有兩傳，一見卷三百六十三，一見卷四百一，前略後詳，後訛作孟傅。】

朱質跋李刻方言

漢儒訓詁之學惟謹，而揚子雲尤爲洽聞。蓋一物不知，君子所耻；博學詳説，將以反約。凡其辨名物，析度數，研精覃思，毫釐必計。下而五方之音，殊俗之語，莫不推尋其故，而旁通其義。非徒猥瑣拘泥，而爲是弗憚煩也。世之學者忽近而慕遠，捨實而徇名，高談性命，過自賢聖，視訓詁諸書，往往束之高閣。盍亦思夫周官太平之典，其道甚大，百物不廢，雖醫卜方技，纖悉畢載。聖門學詩，不獨取其可興、可觀、可羣、可怨，而鳥獸草木之名亦貴多識，本末精粗竝行而不相悖。故漢儒尊經重古，純慤有守之風，類非後人所能企及。子雲博極羣書，于小學奇字無不通，且遠採諸國，以爲方言，誠足備爾雅之遺闕。平時所以用力于此深矣，世之好之者蓋鮮。前太守尚書郎李公，一日語余，苦無善本。質偶得諸相識，字畫落落可觀。因以告而録之木，輒併附管見云。慶元庚申重午日東陽朱質書。

參考文獻目錄

一、方言注本校本

輶軒使者絶代語釋別國方言十三卷　漢揚雄撰，晉郭璞注　叢書集成初編影印武英殿聚珍版

方言十三卷　漢揚雄撰，晉郭璞注　清乾隆寫文淵閣四庫全書本

方言十三卷　漢揚雄撰，晉郭璞注　清乾隆寫文津閣四庫全書本

輶軒使者絶代語釋別國方言十三卷　漢揚雄撰，清戴震疏證　續修四庫全書影印微波榭叢書本

輶軒使者絶代語釋別國方言十三卷　漢揚雄撰，清戴震疏證　安徽叢書戴東原全集影印微波榭叢書本

方言疏證　清戴震撰　黄山書社一九九五年戴震全書本

方言疏證　清戴震撰　清華大學出版社一九九七年戴震全集本

重校方言　清盧文弨撰　乾隆甲辰杭州刻抱經堂本
方言校箋　周祖謨校箋　科學出版社一九五六年初版
揚雄方言校釋匯證　華學誠匯證　中華書局二〇〇六年初版

二、相關辭書類書

爾雅詁林　朱祖延主編　湖北教育出版社一九九八年初版
説文解字詁林　丁福保輯　中華書局二〇一四年縮印本
廣雅詁林　徐復主編　江蘇古籍出版社一九九八年初版
小爾雅義證十三卷　清胡承珙撰　四部備要據墨莊遺書本校刊本
通俗文輯校　段書偉輯校　中州古籍出版社一九九三年初版
釋名　漢劉熙撰　上海古籍出版社一九八九年清疏四種合刊本
釋名疏證補　清王先謙撰集　上海古籍出版社一九八九年清疏四種合刊本
原本玉篇殘卷　梁顧野王編撰　中華書局一九八五年影印初版
經典釋文　唐陸德明撰　中華書局一九八三年黄焯斷句本
藝文類聚　唐歐陽詢撰　上海古籍出版社一九八二年新一版排印本

初學記　唐徐堅等撰　中華書局一九六二年排印本
一切經音義　唐玄應撰　商務印書館一九三六年叢書集成初編本
正續一切經音義　唐慧琳、希麟撰　上海古籍出版社一九八六年影印日本獅谷白蓮社刊本
太平御覽　宋李昉等編　中華書局一九六〇年影印本
玉海　宋王應麟撰　上海書店一九八七年據嘉慶十一年校刻本影印
宋本廣韻　宋陳彭年等撰　北京市中國書店一九八二年影印張氏澤存堂本
宋本玉篇　宋陳彭年等撰　北京市中國書店一九八三年影印張氏澤存堂本
類篇　宋司馬光等撰　上海古籍出版社一九八四年影印汲古閣影宋抄本
集韻　宋丁度等撰　上海古籍出版社一九八五年影印述古堂影宋抄本
正字通　明張自烈、廖文英撰　康熙秀水王氏芥子園重刻本

三、其他主要文獻

十三經注疏　清阮元校刻　中華書局一九八〇年影印世界書局縮印本
二十二子　浙江書局彙刻　上海古籍出版社一九八六年影印本

國語　春秋左丘明撰　上海古籍出版社一九七八年校點本
戰國策　漢劉向集録　上海古籍出版社一九八五年排印本
史記　漢司馬遷撰　中華書局一九六四年出版標點本
漢書　漢班固撰　中華書局一九六二年出版標點本
後漢書　劉宋范曄撰　中華書局一九六五年出版標點本
三國志　晉陳壽撰　中華書局一九五九年出版標點本
隋書　唐魏徵撰　中華書局一九七三年出版標點本
南史　唐李延年撰　中華書局一九七五年出版標點本
宋書　梁沈約撰　中華書局一九七四年出版標點本
舊唐書　後晉劉昫等撰　中華書局一九七五年出版標點本
楚辭補注　宋洪興祖撰　中華書局一九八三年排印本
風俗通義校釋　吴樹平校釋　天津人民出版社一九八〇年版
毛詩草木鳥獸蟲魚疏　三國吴陸璣撰　古經解匯函本
華陽國志校補圖注　東晉常璩撰　任乃强校注　上海古籍出版社一九八七年版
西京雜記　東晉葛洪輯　中華書局一九八五年古小説叢刊本

文心雕龍　南朝劉勰撰　中華書局一九六二年楊明照校注本
文選　梁蕭統編　唐李善注　中華書局一九七七年影印本
急就篇　漢史游撰　唐顔師古注　宋王應麟補注　福山王氏天壤閣叢書本
古文苑　宋章樵注　上海古籍出版社一九八七年影印四庫全書本
容齋隨筆　宋洪邁撰　上海古籍出版社一九七八年標點本
困學紀聞　宋王應麟撰　上海古籍出版社二〇〇八年
讀書敏求記　清錢曾撰　長洲章鈺刊印校證本
讀書雜志　清王念孫撰　江蘇古籍出版社一九八五年影印王氏家刻本
經義述聞　清王引之撰　江蘇古籍出版社二〇〇〇年影印道光本
中國近三百年學術史　梁啟超　中國書店一九八五年影印初版
文字音韻訓詁知見書目　陽海清、褚佩瑜、蘭秀英編　湖北人民出版社二〇〇二年初版

筆畫索引

説明：

1. 本索引收入方言原文及郭璞注中的解釋詞和被釋詞，不收入戴震疏證内容。

2. 所有反切，只保留上下字，不保留“切、反”等。

3. 本索引依據首字筆畫多寡排列，首字筆畫數相同者按筆形順序排列，首字筆畫、筆形相同者按第二字筆畫、筆形順序排列，以此類推。

4. 索引項後標明所在頁碼。同一索引項在書中不同頁碼出現時，按先後次序依次列明所在頁碼。來自郭注的以小字“注”標於頁碼之後以示區别。

五畫

六畫

七畫

十畫

十四畫

十七畫

十九畫

二十畫